CARBON FINANCE

碳金融

风险管理视角

A RISK MANAGEMENT VIEW

马丁·赫米奇(Martin Hellmich)
吕迪格·基塞尔(Rüdiger Kiesel) ◎著

李学武　谢华军　◎译

中国金融出版社

责任编辑：王雪珂

责任校对：刘　明

责任印制：陈晓川

北京版权合同登记图字 01 - 2022 - 4193

图书在版编目（CIP）数据

碳金融：风险管理视角/（德）马丁·赫米奇，（德）吕迪格·基塞尔著；李学武，谢华军译. —北京：中国金融出版社，2024.1

ISBN 978 - 7 - 5220 - 2261 - 1

Ⅰ.①碳…　Ⅱ.①马…②吕…③李…④谢…　Ⅲ.①二氧化碳—排污交易—金融市场—风险管理　Ⅳ.①F830.9②X511

中国国家版本馆 CIP 数据核字（2024）第 001961 号

碳金融：风险管理视角

TANJINRONG：FENGXIAN GUANLI SHIJIAO

出版
发行　**中国金融出版社**

社址　北京市丰台区益泽路 2 号

市场开发部　（010）66024766，63805472，63439533（传真）

网上书店　www.cfph.cn

　　　　　（010）66024766，63372837（传真）

读者服务部　（010）66070833，62568380

邮编　100071

经销　新华书店

印刷　保利达印务有限公司

尺寸　169 毫米×239 毫米

印张　16.5

字数　240 千

版次　2024 年 1 月第 1 版

印次　2024 年 1 月第 1 次印刷

定价　69.00 元

ISBN 978 - 7 - 5220 - 2261 - 1

如出现印装错误本社负责调换　联系电话（010）63263947

献给我的父母，玛丽·路易斯和彼得·赫米奇

马丁·赫米奇（Martin Hellmich）

献给我的父母，莉迪娅和齐格弗里德·基塞尔

吕迪格·基塞尔（Rüdiger Kiesel）

译者序

近年来，全球变暖已成为不争的事实，极端气候事件增多、生物多样性丧失等气候变化已经对人类经济社会产生了深远影响。联合国秘书长古特雷斯曾警告："过去半个世纪，温度的上升速度创下了 2000 年来的最高值，二氧化碳浓度是 200 万年来的最高值。气候定时炸弹正在滴答作响。"如今，国际社会正按下"快进键"，积极采取适应和减缓措施，努力将全球升温控制在不超过工业化前 1.5 摄氏度以内。中国是全球气候治理的积极参与者，双碳目标向世界释放了中国坚定走绿色低碳发展道路、推动全球生态文明建设和美丽世界建设的积极信号，政府部门、金融机构、专家学者、企业决策者纷纷为这个目标而积极行动。

在实现"碳达峰、碳中和"目标的过程中，金融业不仅责无旁贷，而且大有可为。近年来，中国人民银行会同相关部门，加强和完善绿色金融发展顶层设计，牵头出台《关于构建绿色金融体系的指导意见》，确立了中国绿色金融体系建设的顶层框架。2021 年，中国人民银行还接连创设碳减排支持工具和支持煤炭清洁高效利用专项再贷款工具，引导更多金融资源投向绿色低碳领域。目前，国内已经形成以绿色贷款和绿色债券为主，多种绿色金融工具蓬勃发展的多层次的绿色金融市场体系。

碳金融（Carbon Finance）是绿色金融极为重要的一环，是为减缓气候变化而开展的投融资活动。《碳金融：风险管理视角》一书从管理气候变化风险的视角，介绍和讨论了气候变化风险管理策略，并将经济建模、统计分析、数据处理和金融分析结合在一起来处理碳金融及其相关的碳风险，进而为促进绿色金融稳步发展提出建设性意见。本书分为三大部分共13章：第一部分（第1~4章）阐述了气候风险定义、碳风险理论等基础知识；第二部分（第5~7章）主要描述了适用的数据统计技术、数据需求分析和"大数据"解决方案，重点描述了差分隐私、联邦学习、人工神经网络等人工智能技术处理碳金融数据的可行性，以实现在气候科学、宏观经济学和金融学交叉领域的有效应用；第三部分（第8~13章）讨论了碳风险对金融资产和金融市场的影响，阐述了金融机构风险管理方法及碳风险敞口管理实践，评估了中央银行作用发挥机理，详细描述了压力测试作为评估碳风险主要工具的运行机制，深化了金融风险管理实践。

近期，中央金融工作会议也明确提出要做好科技金融、绿色金融、普惠金融、养老金融、数字金融五篇大文章，其中绿色金融是重中之重，将为助力双碳目标稳步实现提供重要支撑。在国家进一步强化金融支持绿色低碳发展顶层设计，推动绿色金融与转型金融有效衔接之际，如何加强风险管理，引导绿色金融健康可持续发展，尚需实践基础上的理论创新作为支撑。他山之石，可以攻玉，本书正好给我们提供了相应参考。借由这部译著的付梓，寄希望我国绿色金融发展能够取得更加丰硕的成果。

本书在翻译出版过程中，中国金融出版社王雪珂编辑在翻译、编辑、校对等方面给予了诸多支持，在此一并表示感谢。考虑到书中内容涉及众多跨学科的文献资料，囿于译者的水平，译稿难免存在疏漏之处，还请广大读者不吝指正，以便我们不断改进和完善。

译者
2023 年 11 月 17 日

前　言

人们忘记了早期人类生存依赖着森林，如今人类创新变革活动却在慢慢侵蚀着地球资源①。

——亚历山大·冯·洪堡，1849 年

气候变化和向低碳经济转型对金融部门来说机遇与风险并存②。

——美联储理事莱尔·布雷纳德，2021 年

彼得·伯恩斯坦曾在《与天为敌：风险探索传奇》③ 一书中写道：是什么将几千年的历史与我们所认为的现代区分开来？一种定义现代和过去之间分界线的革命性观点是掌握风险：认为未来不能仅仅看到人类面对大自然时的"一脸茫然"，还要看到人类在大自然面前的主动性。

目前，人类面临着有史以来最大的风险——气候变化，但直到最近人类才采取措施来管理气候变化风险。那么，我们在风险管理上变得被动了吗？面对无法应对的极端天气，我们是不是又回到了面对大自然时的"一脸茫然"？暴风雪、洪水、持续干旱等极端天气事件对人类造成了前所未有的冲击——人类无法采取适当的策略来应对上述风险。

风险管理问题存在诸多深层次的不确定性，但对于所有随机问题而言，我们应该制定更有效的对冲风险管理策略。与确定性问题相反，我们

---

① 《1849 年年鉴》第二版。

② 2021 年 2 月 18 日，美联储理事莱尔·布雷纳德在 2021 年 IIF 美国气候融资峰会上的演讲。

③ 约翰·威利父子出版公司，1996 年。

针对不确定性制定策略并应对不可预见的事件。本书的目的旨在介绍和讨论气候变化风险管理策略。

本书使用碳金融（Carbon Finance）作为各类金融活动形式的统称，旨在限制气候变化并适应其可能带来的后果。为实现这一目的，需要制定策略和准备行动，并深入了解人类活动与自然环境之间的复杂相互作用、各个行业和区域经济活动之间的动态相互关系以及技术变革带来的机遇和挑战。

碳金融信息数据往往不是经济统计分析的标准形式，相反形式多种多样，且变化速度往往更快，因此需要应用最先进的数据存储技术，建立相互关联项目的连通性，以及基于分析目的的预处理数据。因此，本书将经济建模、统计分析、数据处理和金融分析结合在一起来处理碳金融及其相关的碳风险。本书试图从风险管理的视角来看待这些问题，正如本书探讨的主旨一样。通常，风险经理将挑战视为机遇，本书将本着这种精神分析问题。

本书内容源于长久的专业工作和丰富的学术教学。吕迪格·基塞尔（Rüdiger Kiesel）曾分别在杜伊斯堡埃森大学、坐落于特隆赫姆的挪威科技大学、奥斯陆大学和迈索尔大学讲授碳金融课程，在与学生的交流讨论中受益匪浅。许多同事也与我们讨论了这些话题，特别是 Andrej Bajic、Frank Bauer、Richard Biegler–König、Reik Börger、T. S. Devaraja、Stein–Erik Fleten、Sikandar Siddiqui 和 Sunil D. Sousa。

吕迪格·基塞尔与 Fred–Espen Benth、Florentina Paraschiv 和 Luca Taschini 就碳金融等领域开展了卓有成效的交流讨论。

如果没有 Andrej Bajic 和 Alex Blasberg 的帮助，本书不可能完成，他们提出的观点总是别出心裁。Kateryna Chekriy 在生成 LaTeX 文件方面给予了诸多帮助，Ulrike Keller 还帮忙制作了大量图表。

N. H. Bingham 在正确使用英语对手稿方面进行了最终润色。

　　吕迪格·基塞尔感谢 Una 和 Roman 能与其一起探讨社会医学气候科学。Una 还阅读了手稿的部分内容，并给予了不同的见解。

　　吕迪格·基塞尔感谢 Li‐Li 给了他那么多的灵感、支持和爱。

　　马丁·赫米奇（Martin Hellmich）对 Gabriele 在研究和撰写本书过程中提供了一如既往的支持表示深深的感谢。如果没有她，深入研究和管理每日专业工作这两大挑战几乎不可能完成。

目　　录

第一部分　碳金融——基础

第二部分　碳金融——数据

第三部分 碳金融——市场

目　录

第一部分
碳金融——基础

本书第一部分共分为四章，分别讨论了气候变化的物理影响和国际社会正在采取的若干措施，突出强调了气候变化不确定性的作用和影响以及如何管理不确定性，介绍了气候变化的基础性知识和国际社会对气候变化的现实反应。同时，基于市场工具重点回顾了气候经济学产生的背景，描述了气候风险定义及其衡量指标，并阐述了气候变化更多实证分析的理论框架。

第1章　气候变化

1.1　正在悄然发生的气候变化

1.1.1　实物证据

众所周知，地球气候正在加速变暖，未来几十年这种趋势大概率仍会延续。与工业化前相比，全球平均气温上升了 1.1 摄氏度左右，上升速度比以往任何时候都快。例如，2020 年既是欧洲历史记录以来最热的一年，也是全球范围内有记录以来最热的年份（Hook，2020）。美国国家海洋和大气管理局（NOAA）以及美国宇航局（NASA）两家权威机构公布的数据显示，全球有记录以来最热的五年（包括 2010 年和 2020 年）均发生在 2010 年以后，此前1998 年和 1995 年是全球有记录以来最热的年份。联合国气候行动峰会科学咨询小组 2019 年发布的评估报告（《团结在科学之中（2020 年）》）指出，与1981—2010 年平均气温相比，2020 年全球平均气温高出 0.6 摄氏度，欧洲甚至高出 1.6 摄氏度。

此外，2020 年北极和西伯利亚北部部分地区气温比历史平均水平高出 6摄氏度以上，创下新纪录。北极圈内的俄罗斯北部温度记录更是让人匪夷所思，2020 年 6 月气温甚至高达 38 摄氏度。

可见，平均气温随着极端情况下温度的大幅波动出现明显变化。气温分布正在向右移动（中位数低于平均值），并显示出肥尾效应（极值概率增加）。如同在金融市场中，正态分布（又称高斯分布）不再适用于收益率建模，而是需要考虑肥尾分布和极值理论，就像几十年来评估堤坝高度时需要考虑涨潮、猛烈风暴等因素一样（Embrechts 等，1997）。最终结果是气温平均天数会随着平均值变化拉长，而极热天数随着肥尾分布变化会越来越多。

《团结在科学之中（2020 年）》发布的数据还表明，全球海平面上升速度正从 1990 年的 3 毫米加速上升至 2020 年的 5 毫米，几乎是 1901—1990 年全球海平面上升速度的 2.5 倍。由于二次函数非常拟合年度数据，因此全球海平面上升呈线性趋势。根据《团结在科学之中（2020 年）》报告，除了全球变暖因素之外，冰盖加速融化也是导致海平面上升的主要因素。

全球平均气温升高将对全球气候灾害发生频率和严重性方面产生巨大影响。在最不利的气候情景（RCP 8.5 情景）下，局部平均温度将升高 1.5 ~ 5 摄氏度，北极地区更为明显。极端降水和飓风预计将更频繁、更大程度地冲击美国东南部、东南亚部分地区等受影响严重的地区。致命热浪①每年发生的概率将超过 60%。干旱发生的空间区域和时间长度均会有所扩大。可再生淡水供应也将受到严重影响，南非、澳大利亚、地中海以及美国和墨西哥部分地区年均地表水供应量将继续下降。

全球气候变化进程持续。根据政府间气候变化专门委员会（IPCC，2017）的定义，气候变化（Climate Change）是指气候状态的变化，这种变化可根据气候特征的均值和/或变率的变化进行识别（如采用统计检验方法），且会持续一段时间，通常为几十年或更长时间。此外，观察结果显示，不仅相关分布的均值和方差发生变化，而且肥尾也在变化，说明极值发生的频率和严重性在增加。关注风险尾部分布变化情况将是风险管理的主要内容。因此，非常有必要从风险管理的视角讨论气候变化及其影响。

1.1.2　风险感知

过去几年，全球变暖已成为社会大众和专家学者热议的话题。"未来星期五"（Fridays for Future）环保抗议运动已经开始，新冠疫情暴发前，该运动

---

①　致命热浪是连续三日每日平均最高温度超出阴凉处健康人体可承受极限的热浪。

和其他气候变化运动吸引了大量学生和老年人参加。市面上大量书籍也讨论了气候变化，并强调采取预防措施的必要性，如 Gates（2021）、Mann（2021）、Helm（2020）、Cullenward 和 Victor（2020）以及本书。

过去 20 年，气候变化已成为一个持续报道且高度政治化的新闻话题（参见 Engle 等 2020 年设立的《华尔街日报》气候变化新闻指数、Faccini 和 Matin（2021a）设立的类似新闻指数）。特别是在气候变化风险方面，媒体、政府和公众舆论之间存在高度的关联性（Boykoff，2013）。正如 Barkemeyer 等（2017）的报道显示，过去几十年，气候变化的新闻报道数量显著增加，但不同国家之间存在显著差异。不幸的是，由于政治、经济和结构性原因，美国新闻媒体对气候变化的报道数量相当有限。与此相反，有关美国气候怀疑论者的新闻报道却占据较大的篇幅，参见 Boykoff（2013）和 Park（2018）。

世界经济论坛（WEF）第十六版《全球风险报告（2021 年）》历史上首次将环境风险列为全球首要问题。就世界经济论坛各个利益攸关方而言，环境问题可能会主导长期风险。世界前五大风险中有三大风险事关环境问题。在全球杰出青年社区（世界经济论坛的年轻成员）排名中，环境风险在短期风险和长期风险中均排在首位。

尽管如此，公众并未完全意识到气候变化风险。造成这种情况的原因可能是危险认知缺乏、信息透明度不高和气候风险成因复杂。此外，气候风险因时间、地理之间因果关系的不确定性也导致对风险感知的难度增加。

1.1.3　科学证据

联合国政府间气候变化专门委员会（Intergovernmental Panel on Climate Change，IPCC）是组织讨论全球气候变化情况，评估与气候变化相关科学的国际组织。IPCC 是世界气象组织（WMO）和联合国环境规划署（UNEP）于 1988 年共同建立的政府间机构，旨在为决策者定期提供气候变化科学知识的现状、气候变化对社会经济的潜在影响以及评估适应和减缓气候变化政策。IPCC 目前正在准备其第六次评估报告（Sixth Assessment Report，AR6），该报告于 2021 年发布。第五次评估报告（Fifth Assessment Report，AR5）评估了与气候变化相关的自然科学知识状况（IPCC，2014），明确承认了人类对大气和海洋变暖、全球水循环变化、冰雪减少、全球平均海平面上升以及极端气候发生频率和严重程度的影响。评估报告特别指出（AR5，第 4 页）："自工业化以来，受经济发展、人口增长等多重因素影响，全球温室气体（GHG）排放量增加，导致大气中二氧化碳（CO_2）、甲烷（CH_4）和一氧化二氮（N_2O）的大气浓度至少已上升到过去 80 万年以来前所未有的水平，可以说现在比以往任何时期都高。和其他人为因素一起已经影响到整个气候系统，并且极有可能是自 20 世纪中叶以来大气变暖的主要原因。

全球变暖 CO_2[①] 约占 75%，其他主要是 CH_4（包括从永久冻土层释放出的封存 CH_4）、N_2O 和氢氟碳化合物（HFCs）造成。

温室气体排放量稳步上升可以追溯到工业化革命前。与工业化前水平相比，温室气体排放量明显增加，以至于其极不可能发生在自然过程的任何环节。较高的温室气体排放会提高大气中温室气体的浓度，从而使更多来自地球的红外辐射反射回地球表面，进一步推高地表温度。

现有证据充分证明 CO_2 累积排放量与全球变暖直接相关，分析显示两者几乎呈线性关系，即大气中存量 CO_2 与人类排放的 CO_2 数量相当。

政府间气候变化专门委员会（IPCC）2014 年第五次评估报告（AR5）给出了更广泛的气温预测结果，提供了进一步的科学证据，可以更好地理解和应对气候变化。除了详细讨论全球变暖的因果关系外，该报告还提出了将 CO_2 排放路径与全球气温上升联系起来的参考情景。

如果按照目前的温室气体排放趋势，到 2100 年全球平均温度会比工业化前水平高出 3.5 摄氏度左右。如此大幅度的温度上升将导致自然碳汇（包括永久冻土或亚马逊雨林）超过危险的临界点，在气候系统中形成恶性反馈机制（例如冰盖流失、CH_4 快速释放和海洋环流变化），进而放大人类温室气体排放的影响。火灾、洪水、风暴等物理影响的频率和强度将继续增加，从而对生态系统和人类生活造成巨大影响。气候变化直接影响五大社会经济系统，

---

① CO_2 是温室气体的主要来源，本书对 CO_2、GHG、CO_2e（CO_2 当量）并未做明显区分。

包括宜居和宜业性、粮食系统、实物资产、基础设施服务和自然资本。

到目前为止，全球气候明显正在逐渐接近部分气候体系临界点。最新证据表明，湾流系统正在弱化（RealClimate，2015；Caesar 等，2021）。其他气候临界点包括亚马逊雨林遭到破坏、北极和南极海冰融化破裂以及西伯利亚永久冻土融化。Steeffen（2018）对这些临界点（或阈值）进行了理论探讨。本书第 3 章将讨论分析这些阈值发生的可能性。

另一个令人不安的事实是生物多样性丧失。生物多样性传统上是地球上所有生命形式的总称，包括物种多样性、遗传多样性和生态系统多样性。一份由联合国生物多样性和生态系统服务政府间科学政策平台（IPBES，2020）发布的报告显示，如今在全世界 800 万个物种中有 100 万个正因人类活动而遭受灭绝威胁，其中大多数物种会在几十年内灭绝。生态系统需要数百万年才能从此类事件中恢复过来。

1.2　全球风险管理

1.2.1　国际气候谈判：缔约方大会（Conference of the Parties，COP）

1992 年，国际社会正式启动《联合国气候变化框架公约》（UNFCCC），154 个国家在 1992 年里约联合国环境与发展大会（UNCED）（又称地球峰会）上签署该公约，以应对气候变化[①]。UNFCCC 是限制全球平均气温水平上升及其引起的气候变化而制定的国际合作框架，由缔约方大会制定法律框架并确定强制性目标。到 1995 年，各国启动了加强全球应对气候变化的谈判，并在两年后通过了《京都议定书》。《京都议定书》是第一个实施限制全球变暖的措施，并在法律上约束发达国家缔约方遵守减排目标。《京都议定书》旨在根据 2012 年多哈会议商定的修止案，规定发达国家在 2008—2012 年第一承诺期和 2013—2020 年第二承诺期的减排义务。《京都议定书》目标主要是通过各

---

① 1979 年 2 月在日内瓦召开的第一次世界气候大会（FWCC）上首次正式提出气候变暖是人为原因造成的结论。

国采取措施来实现。此外，碳市场始于《京都议定书》引入的三种市场机制，即国际排放贸易机制（IET）、清洁发展机制（CDM）和联合履约机制（JI）。不幸的是，因为允许各国灵活选择，即使未履约也不会对缔约国实施惩罚，且作为补偿的未来义务也未具体说明。

2010 年坎昆会议期间，各方达成协议把全球变暖限制在 2 摄氏度以内，并在 2015 年巴黎会议期间正式确定，该会议确定了几种新机制（见第 1.2.2节）。2015 年《巴黎协定》标志着联合国气候变化机制取得了最新进展，各国在该协定下稳步开展工作。

下文说明了历次缔约方大会召开的基本情况，指出了优先需要采取的措施。

1.2.2 《巴黎协定》(*Paris Agreement*)

2015 年 12 月，196 个缔约方在巴黎举行的缔约方大会第二十一届会议上签署了《巴黎协定》，该协定具有法律约束力，督促各缔约方应对气候变化。55 个缔约方签署了《巴黎协定》，这些成员温室气体排放占全球碳排放总量的 55% 以上，并于 2016 年 11 月正式生效。所有缔约方承诺采取积极措施努力应对气候变化并适应其影响，同时给予发展中国家支持。《巴黎协定》要求各方通过国家自主贡献（NDC）采取措施，并在未来几年确保这些措施取得效果。通过 NDC，各缔约方还可以就适应和减缓气候变化进行沟通交流。

《巴黎协定》旨在使 21 世纪全球气温上升远低于 2 摄氏度（最好低于 1.5摄氏度），并提高各国应对气候变化影响的能力。同时，要求各国尽快明确全球温室气体排放峰值，到 21 世纪中叶应实现碳中和。为了实现该目标，《巴黎协定》还针对各国之间的资金、技术和能力建设提供了支持框架，同时支持技术开发和转让，以提高应对气候变化抵御能力，减少温室气体排放，以及应对气候变化挑战的能力建设行动。发达国家还应当向资金不足的国家提供资金援助。

《巴黎协定》还要求就总体进展情况在 2023 年进行第一次全球盘点，此后每五年进行一次，并使用现有的最佳科学方法评估《巴黎协定》目标的实现情况。全球盘点结果有助于向所有缔约方通报进展，并进一步更新和完善工作方法措施，促进国际合作。《巴黎协定》还通过提高公众意识（过去几年已经实现的目标）、鼓励公众参与和帮助公众获得信息来强调行动的重要性。与近期大多数监管工作一样，《巴黎协定》提高了透明度要求[①]。《巴黎协定》要求有关减缓、适应和支持的信息必须接受国际技术专家的评估。

最新关于全球变暖的特别报告（IPCC，2019）提出了实现 1.5 摄氏度目标的几种路径。图 1-1 显示了 CO_2 净零排放时间的具体路径。该报告还讨论了一系列潜在的减缓策略，强调了全球变暖对能源使用、人口发展、经济增长以及金融市场的影响。详细情况将在第 12 章压力测试章节进行阐述。

为实现《巴黎协定》目标而作出的任何努力都必然会产生严重的经济副作用，其中许多影响已经可以衡量。对这些问题的讨论，特别是针对能源和金融领域的讨论，后面章节会逐一论述。

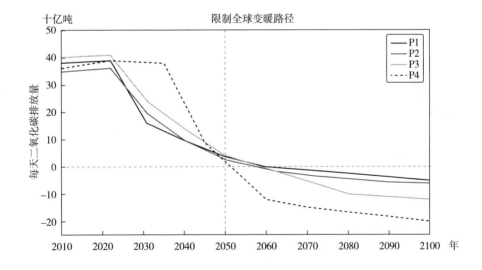

图 1-1　全球二氧化碳净零排放典型路径（IPCC，2019）

---

① 有关巴塞尔银行监管透明度，请参阅 Hull（2018）第 15 章。

1.2.3　资金的作用

《巴黎协定》强调发达国家有义务向发展中国家提供资金来源，以帮助其实现减排目标，并要求发达国家动用公共资金、私人资金等多种资金来源。气候资金引导各个地区、国家或国际间将公共资金、私人资金和其他可替代资金来源流向资金需求方，以支持应对气候变化的减缓和适应行动。一般来说，资金流向是从发达国家流向欠发达国家。气候资金对于应对气候变化至关重要，因为减少碳排放需要大规模投资，才能有效采取适应措施。

为了促进各方运行气候资金，《巴黎协定》为发达国家缔约方建立了资金机制，以提供资金来源。全球环境基金（Global Environment Facility）和绿色气候基金（Green Climate Fund）是该资金机制的运营实体。此外，还设立了资金常设委员会（Standing Committee on Finance，SCF），支持缔约方衡量、报告和核实向发展中国家提供的资金支持，尤其是该委员会努力在调动、转移和获取资金方面建立透明度。因此，SCF 每年组织一次气候融资论坛，定期评估资金机制运行情况，公布气候资金流动评估和概览报告①。

缔约方大会第十六届会议建立了绿色气候基金（GCF），作为《联合国气候变化框架公约》资金机制的运营实体。GCF 将支持发展中国家缔约方的减排项目、计划、政策和其他活动。GCF 董事会负责资金治理，该董事会成员由 UNFCCC 的 194 个主权政府成员组成。董事会保持独立，受缔约方大会领导，确保发达国家和发展中国家之间实现治理平衡，以达成基于共识的决策。

目前，117 个发展中国家的 158 个项目受到 GCF 支持，融资金额达到 72 亿美元，联合融资金额达到 157 亿美元。这些资金投资于适应（24%）、减缓（44%）和兼具适应减缓两方面（32%）的项目。兼具适应减缓项目是指既能减少未来温室气体排放又能提高行业或社会韧性的项目。

---

① 气候资金最新数据可从《联合国气候变化框架公约》气候资金数据门户网站获取，见 https://unfccc.int/climatefinance? home。

1.3　分析

1.3.1　不确定性

气候变化的特点是存在大量风险和不确定性。根据 IPCC 的 AR5 报告,不确定性是指缺乏有关已知或可知事物的信息或对其认识缺乏一致性的认知状态。为了描述不确定性,可以使用概率分布和置信区间。风险是指由于不确定性而对生命、生活、健康状况、经济、社会文化资产、服务（包括环境）和基础设施产生不利影响的可能性。专家们通常会就其发生的可能性及其后果的估计达成一致。

本书拟从多个不同维度更详细、更准确地区分不确定性。风险是能够按照唯一分布（或概率$\mathbb{P}$），并从该分布中抽取的随机事件结果的情形。成熟度高、流动性强的金融市场（股票市场或固定收益市场）中不确定性就是这种情况。在模糊厌恶情况下,分布（或概率$\mathbb{P}_1$,$\mathbb{P}_2$,……）存在几种可能性,且主要来自参数族。通常流动性较低的金融市场会出现这种情况,如信贷市场或操作风险评估。最后,在奈特不确定性情况下,我们无法指定精确的分布（或概率$\mathbb{P}$）。事实上,我们甚至可能无法指出所有可能的结果。

最近,诸如黑天鹅（Taleb,2008）和绿天鹅（Bolton 等,2020）等概念不断涌现。这些概念的共性在于:风险过去未发生但如今却发生;具有极端影响;事件发生后可以通过概念框架合理化;绿天鹅事件几乎肯定会成为现实,尽管尚不清楚如何、何时以及何处发生;绿天鹅事件可能是不可逆转的和系统性的。尽管这些是金融市场极端事件和气候变化方面的说明性概念,但我们仍将停留在上述更精确的定量设置中。

为了说明起见,我们将在描述性部分使用广义层面的不确定性定义,并且在讨论特定框架时会更加精确。尽管如此,量化气候风险仍涉及关于未来发展/情景的概率（Smith 和 Stern,2011）和可能情景范围的高度不确定性。

因此，学术界对公开讨论定量方法颇有争议，很大程度上缺乏对各种不确定性的系统建模（参见 IPCC 报告中对不确定性的分类）（Kunreuther 等，2014）。Kunreuther 等（2012）已经描述了运用风险管理方法衡量气候变化的多种尝试方法。

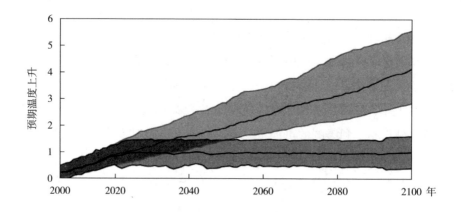

图 1 - 2　2014 年 IPCC 温度变化情景分析

AR5 报告（IPCC，2014）描述了高度不确定性的一个例子。图 1 - 2 显示了 2000—2100 年全球平均地表温度变化的两个参考情景。很明显，情景中的温度变化存在很大差异。因此，在分析此类情景时，必须考虑置信区间的范围。

气候变化风险管理方法的主要挑战是所涉及的不确定性范围和相互作用以及反馈效应的动态变化。温室气体排放会导致全球气候发生变化，并转化为本地影响。这些影响具有物理损坏的特定危害，可能会影响农业和基础设施，并造成个人和社会经济损失，对社会经济产生直接和间接影响。然而，人们普遍认为，气候风险减缓活动对关键宏观经济变量（如 GDP、通货膨胀和就业）以及经济体的部门构成/"行业组合"影响深远。因此，气候政策被视为风险管理工具需要进行合理评估。

1.3.2　温度升高概率

为了管理金融风险，人们主要关注下行方面的不确定性，即限制潜在损失或交易头寸最终价值低于预期回报的金额。因此，定义侧重于代表最终结果随机变量分布的下尾风险衡量。因此，作为可变性度量的均值和方差与中心分布更相关，且被潜在分布尾部的评估所取代。

在金融环境中，一个众所周知的尾部风险衡量方法是风险价值（VaR），它量化了给定时间 T 内和给定置信水平 α 下，潜在的未来损失不会被超过的数值。具体来看，假设 X 是一个随机变量，表示某个交易周期 T 内某个头寸的价值变化。然后，寻找最大数值 $q_{1-\alpha}$，得到概率为

$$\mathbb{P}(X \leqslant q_{1-\alpha}) = 1 - \alpha \qquad (1-1)$$

其中，$q_{1-\alpha}$ 是 X 分布的 $(1-\alpha)$ 分位数。那么，$-q_{1-\alpha}$ 是不会以 $\alpha\%$ 的概率被超过的损失水平。我们称为置信水平为 α 的 VaR：

$$VaR_{\alpha}(X) = -q_{1-\alpha}(X)$$

对于每种风险类型，VaR 数值是根据特定的置信水平和时间段计算的，例如，流动头寸的市场风险可能需要中等的置信水平和较短的时间段，而信用风险可能需要较高的置信水平和更长的时间范围。当然，这些评估是基于丰富的数据集和时间范围，远远低于评估气候变化所需的时间范围（马克·卡尼称为"地平线的悲剧"的事实，2021）。

为了说明方便，本书使用风险价值方法来限制全球平均温度的升高。为此，我们考虑 2100 年全辐射强迫水平的估计值，以 CO_2e①浓度表示。辐射强迫水平经常被用作情景中的目标，并且根据这些指标制定了典型浓度路径（RCP）（VanVuuren，2011）。选择的情景类别与四个 RCP 相关，但所考虑的情景涵盖了大部分文献所描述的情景（IPCC，2014）。表 1-1 显示了 2100 年相对于 1850—1900 年平均温度升高的概率（以% 为单位）。Stern（2010）发表的文章在表 1-1 中显示了特定的稳态水平、概率和可能性，这些都是可比证据。

---

① CO_2e 是指 CO_2 当量，包括以 CO_2 量表示的所有温室气体。

表 1 − 1　气温升高的概率高于不同情景下的升温概率

（根据 IPCC 2014 年第三次全球气候变化报告表 6.3）

当量范围	温度范围	>1.5 摄氏度概率	>2 摄氏度概率	>3 摄氏度概率	>4 摄氏度概率
（RCP 2.6）430 ~ 480	1.5 ~ 1.7	49 ~ 86	12 ~ 37	1 ~ 3	0 ~ 1
（RCP 4.5）580 ~ 650	2.3 ~ 2.6	96 ~ 100	74 ~ 93	14 ~ 35	2 ~ 8
（RCP 6）720 ~ 1000	3.1 ~ 3.7	100	97 ~ 100	55 ~ 83	14 ~ 39
（RCP 8.5）>1000	4.1 ~ 4.8	100	100	92 ~ 98	53 ~ 78

可以使用表 1 − 1 提出以下问题："我能接受到 2100 年温度超过 4 摄氏度并产生所有后果的概率有多大？"考虑到这种规模的全球变暖影响，RCP 4.5 中的 2% 概率似乎很难接受。从风险管理的视角来看，有必要立刻实施对冲。不幸的是，国际社会迄今为止未能就合适的对冲策略达成一致。

1.3.3　参考情景

风险管理中广泛使用的方法是使用情景分析，分析异常市场状况时尤其如此。由于风险价值概念依赖（估计或实证）分布，它是一种后顾法（Backward − looking Approach），必须伴随着前瞻性评估。由于前所未见的不断变化的市场条件，许多最严重的金融灾难发生了。2009 年金融危机之后，压力测试开始出现。此外，情景分析还需要考虑最坏的情况（极其昂贵的结果，概率很小但为正）。

由于气候风险被认为是金融风险（至少在金融界），在气候变化背景下使用情景方法变得顺其自然。这些情景基于综合评估模型[①]、气候模型、物理模型和全球碳循环的组合。

这些模型中最著名的是 AR5 定义的四种典型浓度路径（RCP）（WGI，参见 IPCC 2014）。它们根据 2100 年的近似总辐射强迫来进行定义，包括一种低强迫水平的减缓情景（RCP 2.6）、两种稳定情景（RCP 4.5 和 RCP 6）和一

---

① 综合评估模型（Integrated Assessment Models，IAM）模拟未来能源技术和排放同时使用的情景。排放情景随后被用来运行复杂的气候模型，模拟未来气候可能发生的变化。这些模型的复杂性只允许考虑有限数量的排放情景。

种高水平情景（RCP 8.5），其中经常被用来模拟一切照旧（BAU）的温室气体排放①。

AR5 描述了物理效应报告中高排放情景的后果。对于 RCP 8.5，情况看起来很可怕——21 世纪全球气温可能会升至 4 摄氏度以上——远高于科学家认为的安全极限 1.5 摄氏度。海平面上升将使生活在低洼地区的 1 亿~20 亿人不堪重负，40 亿人可能面临缺水风险。随着冰盖完全融化，亚马逊热带雨林可能会消失，地球表面将发生巨大变化。但即使在低排放情景 RCP 2.6 中，世界上最热的地区农作物产量将严重下降，但其他地区的肥力增加可能会抵消这一点。我们将看到洪水、干旱和风暴的增加，但损失仍然可控。

对于即将到来的 IPCC AR6，正在讨论其他强制情景。这些情景基于共享社会经济路径（SSP）（Riahi，2017），它依赖对人口、经济增长和其他社会经济因素的假设。因此，SSP 涵盖了不同之处，例如技术开发、教育机会、城市化、资源可用性、供应限制和需求驱动因素、生活方式的改变等。关于全球合作、资源共享和能源使用程度不同的共享社会经济路径有五个方面。SSP1（以可持续发展为重点）和 SSP5（以增长为重点）设想了改善全球教育和健康以及高度合作的乐观趋势。随着 SSP1 向可持续发展转变，能源使用方面考虑明显有差异，而 SSP5 则是基于能源驱动的以化石燃料为基础的经济。SSP3（复兴民族主义）和 SSP4（加剧不平等）在全球合作方面更为悲观。除了少数人，快速增长的人口将难以获得教育和卫生系统。SSP2（历史模式的延续）依赖其他模式之间的发展。每个 SSP 在减缓和适应气候方面都面临着自身的一系列挑战。为了评估上述情景，综合评估模型（IAM）用于将 SSP 的社会经济条件转化为对未来能源使用和温室气体排放的估计。模型情景显示了 SSP 中的温室气体排放如何根据能源生产、能源使用和经济活动以及为满足气候减缓目标采取措施而发生变化的情况。通过使用共享的政策假设，这些情景还评估了在每个 SSP 中国际气候政策合作的速度以及尊重每个路径中围绕人口增长、经济活动和技术发展的基本假设所施加的限制。

---

① RCP 8.5 的目的是代表 2011 年左右可获得的第 90 个百分位数的无减缓情景的情况。

在稍后的分析中，我们将在讨论系统层面和单个企业层面的压力测试设计时参考上述部分情景。

1.3.4 故事继续

Tol（2019）指出："多年的全球气候政策谈判实践已经证明，世界各国很难就全球公共产品事项达成一致意见。经过长达 20 年的探索，全球气候政策已经放弃了原有追求硬性法律约束力条款的目标，而是转向以自主贡献为中心的承诺和评估。"

因此，如同大多数关于国际合作和气候政策的经典文献分析结论，我们距离全球风险管理流程还很远，或者引用瑞典环保少女格蕾塔·桑伯格（Greta Thunberg）所说"房子着火了"①，但是没有人去灭火，至少不是在全球范围内。下文我们将针对部分"燃烧的房子"，讨论使用哪些工具来管理火灾。

---

① 2019 年在世界经济论坛上的演讲。

第 2 章　气候经济学

2.1　气候变化政策

从气候经济学的角度来看，温室气体排放由于其外部性特点，容易导致市场失灵。当居民、家庭、企业、政府等实体所获得的效用取决于另外一个实体的行为活动时，就容易出现外部性。经济政策则可以通过纠偏市场均衡和最优均衡之间的差距来避免外部性。换句话说，外部性应当被内部化（Endres，2011）。毫无疑问，大多数经济环境问题要避免外部性面临着重重挑战，但可以分析和尝试解决市场失灵的结构性原因。为此，可以考虑外部性货币化，进而解决私人成本和外部成本。但如下文所述，用货币表示外部性本身非常复杂。

气候变化政策面临的问题更加复杂，因为温室气体排放是累积排放，而不是一段时间的排放水平或只考虑排放源。因此，在很长时间内温室气体排放会受到流量和存量水平的支配。此外，影响的规模、相互作用和反馈机制存在很大的不确定性。目前，温室气体排放和政策措施的结果只能在未来看到，且由于跨越未知临界点具有不可逆转的后果，因此后果可能与预想的有所差距（见第 3 章）。因此，气候政策面临"搭便车"问题，要求当代人为子孙后代（可能更富有）的利益作出牺牲。

解决气候变化外部性的标准方法是碳定价，通过征收庇古税使碳价等于碳排放的社会成本（Social Cost of Carbon，SCC），即现阶段额外排放一吨碳所损失的总效用的预期贴现值。然而，关键问题是应该使用什么效用函数和哪个社会贴现因子（Social Discount Factor）？

效用函数需要考虑环境、健康、技术进步和消费类型。同时，还会影响同一时期不同人之间资源和精力的跨期分配。

然而，社会贴现因子会影响不同人在不同时间获得的收益，但却可以解决跨期分配（代际）问题。学术界和公众对此争论激烈。Nordhaus（2007）将社会贴现因子描述为气候政策措施背景下最重要的决策变量。Stern（2007b）使用1.4%的贴现因子，得到的碳价格比Nordhaus（2008）使用5.5%的贴现因子高出10倍。然而，正如Stern（2010）所说，社会贴现率是内生的，取决于道德价值观、气候变化路径和投资决策。因此，市场利率并不能代表气候变化政策重要性的所有考量因素。

此外，温度升高会影响生产力，进而影响经济增长。Burke等（2020）实证分析表明，整体经济生产力与温度呈非线性关系，生产力在年平均温度13摄氏度时达到峰值，但在更高的温度下急剧下降。研究结果表明，预期的全球经济损失与全球平均温度大致呈线性关系。根据损失率估计，最优碳价格差异会很大。Nordhaus（2017）指出损失率允许温度上升到超过《巴黎协定》规定的目标。Burke等（2020）研究结果显示，温度需要保持在2摄氏度以下。

正如上文分析，最优碳价是由伦理因子（效用贴现率和代际不平等厌恶）、物理因子（对累积碳排放的瞬态气候响应）和经济因子（经济活动水平及其趋势增长率）以及气温对损失率的边际效应决定的。因此，模型的各种建模假设和参数化方法可以对最佳碳价进行广义估计。

鉴于上述不确定性，庇古方法并不适用，取而代之的是稳定目标，这更容易被政府间气候变化专门委员会（IPCC）、各国政府和监管机构所理解。现在的目标是为碳价格选择成本最小化的时间路径，使平均温度始终低于给定的上限。由于平均温度是累积碳排放量的函数，因此最终需考虑累积碳排放量上限或碳预算。考虑到气温围绕碳排放趋势出现的随机变化，累积碳排放量的上限也更容易实施。基于稳定目标，可以制定诸如许可的碳排放流量、减排目标等后续措施。当然，这种方法也有很大的不确定性。我们必须考虑气候敏感性，即大气中温室气体存量与温度升高之间的关系。气候科学的大气环流模式（General Circulation Models，GCM）试图阐明温室气体存量。该模式使用计算密集型模拟方法（蒙特卡罗分析），可计算出结果的概率分布，这种设计对参数值具有高度敏感性。成本估算通过比较模式评估是否考虑气候政策而得到最终结果。很明显，成本估算的好坏取决于计算模型和所用参数的准确性。

在确定性的世界中，碳价格基本上等同于一个数量，可以从给定的上限中推断出来。然而，在存在风险和不确定性的环境中，碳价格对结构化假设高度敏感，并承担实现比预期更高存量碳排放的风险，从而导致尾部风险。鉴于上述不确定性，我们可能采取"绿色大赌注"（Big Green Bet）方法（Gollier，2020）：我们不知道可靠的碳预算、未来碳排放增长规模、未来碳减排成本规模和减缓措施的成本。

有的国家可能"搭便车"，如果某些国家碳定价不确定（政治风险），碳泄漏（Carbon Leakage）这种现象就会发生。气候政策可能会对较贫穷国家和发展中国家带来不成比例的负担。现在已经存在气候殖民主义（Climate Colonialism）问题，"富裕国家通过旨在减缓气候崩溃速度的措施来统治贫穷国家和人民"，因为在全球南方（Global South）通过气候政策实施殖民的成本比削弱土著人民权利的代价更低。例如，国际特赦组织（Amnesty Internation）发布报告指出，作为政府减少森林砍伐计划的一部分，在肯尼亚安博波特（Embobut）森林居住的森格韦尔族人（Sengwer）被暴力驱逐出家园，并剥夺了他们祖传的土地。森格韦尔族人在没有征求意见的情况下被迫迁移，并且从未同意政府的迁移计划，虽然该计划违反了肯尼亚国内法律和国际法（英国绿色和平组织，2021）。

根据上述讨论，下面将讨论带有数量目标的碳定价（与气温目标相关的温室气体排放存量）。此外，应该建立透明机制对碳价格的上涨路径作出可信承诺，进而实现这一目标。

积极的气候政策将产生各种附加好处，如改善城市空气质量。因此，良好的气候变化政策影响局部可见，有助于提高气候政策的接受度。

正如政府间气候变化专门委员会（IPCC）在几份官方文件中指出的那样，实施雄心勃勃的气候政策需要清晰的碳定价，且强有力的价格信号将会引导人们朝着兼具成本效益的脱碳路径不断迈进。

2.2 碳定价

考虑到讨论目标基于限制平均温度上升（制定大气中温室气体排放水平上限），因此我们现在需要考虑实现这一目标的可能机制。如图 2-1 所示，基本上有两种方法。

一种是基于命令与控制的方法（Command - and - control），该方法允许对单个排放源的排放量进行法律限制。从理论上讲，这种方法将保证达到所需的排放水平，但很明显实践中需要付出巨大的组织努力，且实施成本过高。另一种是基于市场的机制（Market - based）。这种机制似乎更具吸引力，选择征税直接固定碳价还是固定数量并实施确定价格的交易机制需要进行充分权衡。如前一节所述，在确定性的世界中，两种方式没有多大区别，但在随机环境中，需要考虑多种影响。因此，需要综合考虑比较碳税（Carbon Tax）和碳排放权交易体系（Emission Trading Scheme，ETS）的优缺点。

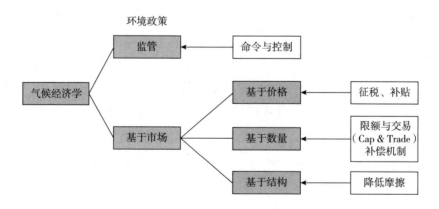

图 2-1 监管策略

2.2.1 碳税与碳排放权交易体系

碳税规定了排放价格，但总排放量不确定。配额供给具有无限弹性，因为代理人希望以固定价格（税率）购买相应配额。碳排放权交易控制总碳排放量，因为供给完全没有弹性，但价格不确定。使用上限实施碳排放权交易理论上可以精确地实施碳排放（100% 有效性）。由于税收水平是在边际减排成本不确定的情况下设定的，因此税收制度无法保证确切的碳排放量。

然而，Weitzman（1974）在其开创性文章中比较了不确定条件下数量型工具和价格型工具之间的收益率，结果显示两者的相对优势取决于边际环境损失的斜率和作为排放函数的成本。由于合规成本不确定，工具的选择取决于边际收益曲线和边际减排成本曲线的相对曲率。在温室气体排放的情况下，损失不取决于排放流量，而是取决于温室气体在大气中的积累量，这一结果表明，在不确定情况下，碳税比碳排放权交易体系更经济有效。

如果将 Weitzman 方法应用于气候政策通常意味着边际减排成本函数比损失函数更加陡峭，因此倾向于支持实施碳税。

人们可能会想到创建既不是完全平坦（纯税收）也不是完全垂直（纯限额与交易），而是（逐步）向上倾斜的供给曲线的混合模式。混合模式使用价格上限和价格下限来定义交易区域。只要混合模式处在交易区域内，交易就会达到目标上限值。一旦达到上限，就会提供额外的证书（或者允许参与者以固定费用额外排放），生态目标就会被稀释。万一触底，监管机构购买配额或收取费用，购买者必须在配额价格之外支付。征收底线会给公共财政带来潜在负担。

价格上限和价格下限为投资者提供了更大的清晰度（长期投资是最佳投资策略）。价格下限将保证低碳技术投资有一定的最低回报，从而降低企业创新面临的风险。

欧盟碳排放权交易体系（EUETS）第一阶段曾广泛讨论了混合模式（见第 2.3 节）。许可证价格大幅下跌，随后价格在零以上徘徊了五个多月，引发了政策制定者之间关于新的限额与交易计划是否需要额外安全阀功能的讨论。

一些国家随后在全国范围内引入了额外功能，以建立事实上的混合模式。有关这些问题的讨论，请参阅 Hepburn（2009）。我们将仅提供基于期权理论的简要成本分析。

假定 P 为合规日期许可证短缺的企业面临的罚款金额。如果企业许可证过多，则每单位许可证获得补贴 S。假设 $0 < S \leqslant P$，N 为分配给相关企业的初始许可证数量。那么，$F(t,T) = P \cdot \mathbb{P}(q_{[0,T]} > N \,|\, \mathcal{F}_t)$ 是一般模式中的期货许可价格。现在计算行权价 S 和到期日 T 的看跌期权价值（见附录 A）：

$$\mathbb{E}\left[(S - F(T,T))^+ \,|\, \mathcal{F}_t\right]$$

$$= \mathbb{E}\left[(S - P\mathbf{1}_{|q_{[0,T]}>N|})^+ \,|\, \mathcal{F}_t\right]$$

$$= (S - P)^+ \,\mathbb{P}(q_{[0,T]} > N \,|\, \mathcal{F}_t) + (S - 0)^+ \,\mathbb{P}(q_{[0,T]} \leqslant N \,|\, \mathcal{F}_t)$$

$$\overset{S<P}{=} S \cdot \mathbb{P}(q_{[0,T]} \leqslant N \,|\, \mathcal{F}_t)$$

现在计算混合模式中许可证的期货价格 $\widetilde{F}(t,T)$：

$$\widetilde{F}(t,T) = P \cdot \mathbb{P}(q_{[0,T]} > N \,|\, \mathcal{F}_t) + S \cdot \mathbb{P}(q_{[0,T]} \leqslant N \,|\, \mathcal{F}_t)$$

$$= P \cdot \mathbb{P}(q_{[0,T]} > N \,|\, \mathcal{F}_t) + S \cdot (1 - \mathbb{P}(q_{[0,T]} > N \,|\, \mathcal{F}_t))$$

$$= S + \frac{P - S}{P} \cdot P \cdot \mathbb{P}(q_{[0,T]} > N \,|\, \mathcal{F}_t)$$

$$= S + \frac{P - S}{P} \cdot F(t,T) = F(t,T) + S\left(1 - \frac{F(t,T)}{P}\right)$$

第一行显示混合模式中的期货价格是一般模式中期货价格加上行权价 S、到期日为 T 的期货看跌期权价值。因此，这种混合模式的实施可能会给环境政策监管机构带来巨大的财务负担。当前这种负担大小可以通过计算看跌期权的价格来获得。

此外，混合模式类似于多政策策略（Multi - policy Strategy），会导致效率损失。

2.2.2 多政策工具

当前的政策通常涉及多种工具，例如命令与控制监管、补贴、税收和碳排放权交易体系。瑞典、挪威、丹麦和爱尔兰（税收）以及德国和西班牙（可再生能源补贴）等国家已经引入许可证交易体系、碳税、特定技术补贴和监管标准的混合政策。然而，这些组合可能会导致效率损失，现在用一个简单的模型对此说明（Fankhauser，2011）。

假设碳税 t（欧元/吨）表示税收和交易监管，价格 p 表示限额与交易计划。受制于该交易计划的任何企业都要缴纳税款，并且必须获得碳排放证书。用 e_0 表示基准排放和 a 表示减排，$e = e_0 - a$ 表示减排后的排放量。假设企业面临凸性的减排成本 $c(a)$（因此，$c' > 0$，$c'' > 0$），所以必须解决优化问题：

$$\min_e \{ c(e_0 - e) + te + pe \} = \min_e \{ f(e) \} \qquad (2-1)$$

在给定凸性的情况下，很容易得到最优碳减排量为 $e^* = e_0 - c'^{-1}(t+p) = e^*(t,p)$，以获得最低成本。现在通过计算偏导数来获得最佳数量的灵敏度[①]：

$$e_t^* = e_p^* = -\frac{1}{c''} < 0 \qquad (2-2)$$

因此，征税可以减少碳排放量，反之则相反。

假设经济体有 n 个完全相同的企业，它们面临一个累积交易上限 c，因此总排放量为 $c = ne^*$。对于固定上限来说，我们发现 $ne_t^* \, dt + ne_p^* \, dp = 0$，因此：

$$\frac{dp}{dt} = -\frac{e_t^*}{e_p^*} = -1 \qquad (2-3)$$

也就是说，"税收的小幅增加会导致许可证价格的等量下降"。因此，增加税收会降低许可证价格，并且不会实现额外的减排。平均碳价将降低，且价格体系崩溃的风险增加。

当然，也可以对补贴交易、交易法规进行类似的计算（Fankhauser，2011）。

在额外监管仅影响一小部分企业的情况下（如欧盟成员国实施单独监管），类似的计算表明，企业的边际成本会出现差异，减缓成本将会增加。

总之，不确定性条件下的效率分析对政策工具的选择影响微乎其微。倾

---

① 本书中 $f(t,x)$ 的偏导数标记为 $f_t(t,x)$ 和 $f_x(t,x)$。

向于碳排放权交易体系而不是碳税主要是由强大的政治经济因素所主导。碳排放权交易体系更容易实施，而且在政治上也更容易获得支持。

2.3 碳排放权交易体系（ETS）

2.3.1 设计碳排放权交易体系

如前文所述，碳排放权交易体系对企业碳排放总量设定了上限。企业获得免费分配额度（"祖父法"）、拍卖或购买碳排放配额，并可以在交易期间进行交易。在交易期内，企业必须在所涵盖的年末使碳配额控制在碳排放配额以内，否则必须缴纳罚款。企业可以交易碳排放配额，如果允许开立银行交易账户开展碳交易，则企业保留备用碳排放配额以备不时之需。这种碳交易机制更加灵活，以确保在成本效益高的地方减少碳排放。

为了让碳排放权交易体系正常运行并产生可信的价格信号，监管机构必须监测排放量并建立登记处，以记录和跟踪所有有形交易，即所有权变更。监管机构还需要提供必要的信息，维护市场正常运行。第一个十年期间，欧盟碳排放权交易体系发现了多起增值税（VAT）欺诈和碳排放配额盗窃案件，详见 Nield 和 Pereira（2011）。目前，碳排放交易体系已经实现了重大改进，有利于保护交易体系的完整性。在这方面向前迈出的一大步是将碳排放配额限定为金融工具，从而允许应用若干监管标准。此外，登记表的安全性也得到了显著提高。到目前为止，碳排放证书的二级市场已经建立，透明度大大提高。

为了确保碳排放市场能够正常运行，发挥投资者减少碳排放的价格信号，可用碳排放证书价格表示潜在的成本收益。由于碳排放配额供给一旦分配完成就完全缺乏弹性，因此需求激增可能导致价格大幅波动。所以，该交易体系应该具有一定的跨期灵活性，可以通过开立银行交易账户允许交易碳排放证书，从而有效增加市场的深度和流动性。因此，当前价格是较长时间活动的函数，而不是完全由短期因素来决定的。同时，开立银行交易账户也为碳配额价格上涨和拥有配额的企业创造了利益。价格上涨也会激励企业尽早采取行动，限制后期增加碳配额成本。

借用碳配额不被视为交易体系的内在特征。监管机构通常没有合适的能力来评估企业的信誉和偿付能力，这些企业在借用配额时成为交易体系的债务人。如果这些企业认为减排目标过于繁重其随后会弱化，它们会推迟归还碳排放配额。此外，拥有借入配额的企业会积极游说降低碳减排目标或完全放弃碳排放权交易，进而取消债务。

碳排放权交易体系通常允许在期限内和不同期限之间进行银行账户交易（一个显著的例子是第一阶段的欧盟排放权交易体系），并且通常不允许出借（或仅允许非常有限的出借）。

适当设置承诺期的长度也很重要。投资者投资碳减排往往需要较长时间收回成本。如果承诺期太短，投资者就不得不猜测未来政府设定的碳排放上限，并试图预测碳交易框架基础结构的变化。Frankhauser 和 Hepburn（2009）从概念维度详细讨论了碳排放权交易体系。

因此，需要维护碳排放权交易体系设计的透明度和交易体系运行的坚定承诺。强有力的碳价格信号同样重要，这样才能促进对清洁能源和低碳技术投资。

2.3.2 碳排放权交易体系现状

全球范围内实施碳排放权交易体系的国家达 21 个，覆盖了 29 个司法管辖区。自 2012 年以来，这个数字增加了两倍多。

美国的几个州已经实施了碳排放权交易体系。区域温室气体倡议（RG-GI）于 2009 年启动，是美国第一个限制电力行业二氧化碳排放的强制性限额与交易排放体系。它由 11 个东部州组成，2017 年全面审查交易体系后，RG-GI 各州在 2020—2030 年实施了新的 30% 上限减排路径。区域温室气体倡议设置二氧化碳上限代表了电力行业二氧化碳排放的区域预算。交通与气候倡议（TCI）还发布了一个框架草案，概述了区域交通部门碳排放权交易体系的基本设计特征，最早于 2022 年实施。加利福尼亚州于 2013 年启动了碳排放权交易体系，适用于大型电厂、工厂和燃料经销商。自 2014 年起，加利福尼亚州的限额与交易体系与魁北克的限额与交易体系实现相互连接。

中国碳交易市场始于 2021 年 2 月 1 日推出全国碳排放权交易体系，将覆盖电力行业，然后逐步扩展到其他七个行业，包括石化、建材和钢铁行业。这些行业加起来占中国能源消费总量的 50% 以上。

澳大利亚碳排放权交易体系原定于 2014 年启动。原计划第一阶段采用基于征税的方式。换届后，政府弃用了征税方式，碳排放权交易体系被搁置。新西兰决定在 2019 年进一步改革其制度，包括从 2021 年开始逐步减少工业部门免费配额，以及取消和更换《京都议定书》第一个承诺期的减排单位。新西兰还为林业部门引入了新的会计方法，并确认了新的罚款标准。同时，与农业部门达成一项协议促进农场减排，并努力在 2025 年之前实施农场层面的单独定价。

欧盟于 2005 年建立了欧盟碳排放权交易体系，作为世界上第一个国际交易体系，目前已进入交易的第四阶段。德国将在 2021 年推出国家供暖和运输燃料排放权交易体系，作为欧盟碳排放权交易体系的补充。2019 年通过立法逐步实施该交易体系，首先采取固定的年度价格，然后在 2021—2025 年逐年增加。到 2026 年，欧盟将引入最低价格和最高价格的拍卖机制。

2.3.3 欧盟碳排放权交易体系案例

欧盟碳排放权交易体系于 2005 年实施了第一阶段，初期设计为限额与交易体系。最初，该体系分为三个阶段，涵盖了 2005—2020 年。第一阶段（2005—2007 年）旨在作为"边干边学"的试运行阶段，以为执行《京都议定书》后续阶段做好准备。第一阶段仅涵盖发电厂和能源密集型行业的二氧化碳排放量。配额按"祖父法"分配（即免费提供），不能存入银行账户供以后阶段使用。违规罚款金额为 40 欧元/吨。由于配额分配过度，预估分配配额总量过高，配额价格在 2007 年一度降至 0。

第二阶段（2008—2012 年）与《京都议定书》承诺期相吻合。由于部分配额用于拍卖，免费配额的比例下降到 90%。配额上限降低，未被配额覆盖的每排放一吨二氧化碳的罚款增加到 100 欧元。此外，分配方案基于第一阶段经核证的年度排放量。每个国家必须向欧盟委员会（EC）提交国家分配计划（NAP）。欧盟委员会可在必要时调整各个国家分配计划，各国根据欧盟委员会最终批准的国家分配计划在本国受监管的企业之间分配配额。尽管如此，由于 2008 年经济危机导致经济活动大幅减少，碳减排量超出预期。因此，碳配额出现大量盈余，压低了这一时期的碳配额价格。

与前两个阶段相比，第三阶段（2013—2020 年）发生了显著变化。国家上限计划被单一的欧盟范围内上限所取代。从 2013 年开始，拍卖是初始配额分配的默认方法（NAP 被废除）。电力部门初始拍卖份额比例为 100%。对于所有其他行业，初始拍卖份额为 20%，到 2020 年增加到 70%（到 2027 年增加到100%）。非拍卖配额的分配统一进行，并以基准为基础。此外，第三阶段的超额排放罚款金额与欧元区的年通货膨胀率挂钩。2013 年第三阶段开始时，配额过剩接近 20 亿欧元，是 2012 年初水平的两倍。作为一项短期措施，欧盟委员会已将 9 亿欧元配额的拍卖推迟到 2019—2020 年。由于回购只是一项临时措施，欧盟委员会建议在 2021 年下一个交易期开始时建立市场稳定储备。

为使欧盟实现其 2030 年总体温室气体减排目标，欧盟碳排放权交易体系涵盖的行业排放量必须比 2005 年水平下降 43%。因此，碳排放配额总量需要以更快的速度进行削减（相较于第三阶段的 1.74%，年削减速度提高至 2.2%）。

当前阶段，基准分为两个不同的时期：2021—2025 年和 2026—2030 年，并根据行业内的技术进步水平进行更新。同时，还将根据预先确定的降幅进行额外更新，降幅在 0.2%~0.6%。进一步降低基准取决于所覆盖行业及其相关风险。如果碳泄漏、碳减排成本等风险较高，则基准的降幅会更低，碳排放配额也会随之发生变化。基于碳配额变化的免费分配前提是两年移动平均数增加/减少 15% 或更多。

由于经济衰退引发了严重的需求冲击，而向碳密集度较低经济的转型导致配额需求减少，因此交易体系需要更大的灵活性。所以，市场稳定储备（MSR）得到了大幅加强。2019—2023 年，市场稳定储备中的配额将增加一倍，达到流通配额的 24% 。预计到 2024 年恢复 12% 的常规供给率。Kollen-berg 和 Taschini（2019）对类似于市场稳定储备的供应管理机制（SMM）进行了分析。作者展示了在什么条件下 SMM（对 MSR 有影响）会影响开立碳排放权交易体系银行账户和减排，目前第一次审查了 MSR，详细讨论了总体设计，包括分析当前基于数量的供应机制与基于价格的调整机制之间的效率（Perino 等，2021）。

随着政策措施陆续出台，尤其是《欧洲绿色协议》预计会对碳配额价格产生影响。《欧洲绿色协议》是欧盟委员会主席乌尔苏拉·冯德莱恩于 2019 年 12 月 11 日提出的一系列政策举措，其总体目标是使欧洲成为世界上第一个气候中立的大陆。该协议包括审查和修订对所有相关气候相关政策的工具，其中欧盟碳排放权交易体系就是其中之一。修订后的能源税指令将对化石燃料补贴和免税（航空、航运）产生影响，并对配额价格产生连锁反应。

欧盟强调欧盟碳排放权交易体系有效运行的重要性，因为稳健的碳价格越来越成为投资评估的关键因素。此次修订显著强化了碳价格信号并加强了长期体系建设，增强了对碳泄漏风险的保护，建立了专门用于促进低碳投资的工具。随着气候变化成为欧盟委员会的首要任务之一，欧盟碳排放权交易体系将继续在实现减排和推动行业转型方面发挥关键作用。强化后的欧盟碳排放权交易体系是欧盟委员会国际气候变化参与的核心，2019 年标志着欧盟碳排放权交易体系和瑞士碳排放权交易体系正式建立连接，并继续合作，包括与加利福尼亚、中国和新西兰的合作。事实证明，建立、管理和加强碳定价框架的经验对于实现符合《欧洲绿色协议》目标的渐进式转型具有不可估量的价值。

欧洲市场约占 2020 年全球市场总价值的 90% 。同年，常规碳排放配额和航空碳排放配额已交易 81 亿欧元，总市值从 2019 年的 1690 亿欧元增加到 2010 亿欧元。2020 年 12 月底市场价格收于 33.72 欧元/吨，2021 年继续保持向好趋势，2021 年 4 月初的市场价格约 43 欧元/吨。欧盟 "Fit for 55" 一揽子计划预期是驱动市场价格的主要因素，因为《欧洲气候法》规定到 2030 年将欧盟碳排放量至少减少 55% 的欧盟气候目标列为一项法律义务，预计将于

2021 年 6 月由欧盟委员会发布。此外,欧盟碳排放权交易体系的范围有望进一步涵盖海运、公路运输和建筑行业。

2.3.4 欧盟碳配额(EUA)价格

正如上一节所述,早期欧盟碳配额价格通常是由监管不到位(第一阶段的配额数量)或监管公告所驱动。价格变动可以追溯到欧盟委员会、欧洲议会,甚至议会委员会的讨论或决定。图 2 - 2 突出显示了一些与"折量拍卖"(Back - loading)相关的内容。特别是在 2011 年 12 月 20 日,欧洲议会环境委员会投票赞成取消 14 亿份许可证,随即 EUA 价格上涨了 40%。2013 年 1 月 24 日,欧洲议会工业委员会否决了"折量拍卖"的想法。此后,EUA 价格下降了 60%。2013 年 4 月 16 日,欧盟委员会拒绝了"折量拍卖",导致欧盟碳价格再次下调 40%。有关与公告相关的其他分析请参阅 Koch 等(2016)。

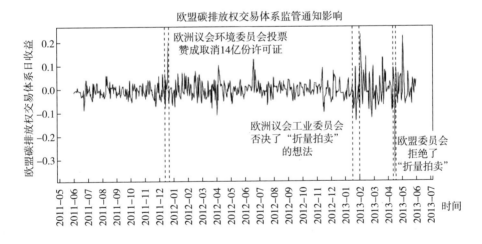

图 2 - 2 欧盟碳配额现货价格——政策影响

欧盟碳配额价格的时间序列通过变点分析法分析确认其发生的结构性变化[①]。欧盟碳排放权交易体系的不同阶段清晰可见。此外,图 2 - 3 还可识别出投资者态度的变化,导致欧盟碳配额价格以高梯度上涨,同样检测到梯度

---

① 作为变点检测算法,我们应用了修剪精确线性时间(PELT)方法(Killick 等,2012)。

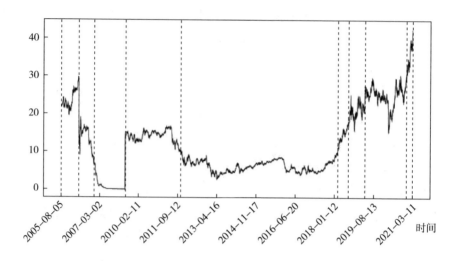

图 2 - 3　欧盟碳配额现货价格变化

的平坦化及其重新上升。在政治上，这些变化与欧盟议会的指示性投票保持一致，以使欧盟 2030 年碳减排目标与《巴黎协定》保持一致（意味着更严格的排放目标、更严格的总量上限），以及一些报告在 2018 年声称欧盟碳价格已设定到 2021 年翻一番。如果欧盟政策行动符合《巴黎协定》，到 2030 年可能达到 55 欧元/吨。由于市场稳定储备重新建立了政治信誉，欧盟碳配额价格开始上涨（参见第 8 章图 8 - 1）。各种论据也显示支持欧盟碳配额价格进一步上涨。尽管如此，市场认为欧盟将对碳排放实施更严格的控制并将提高上限（《金融时报》，2021）。几位分析师预计价格将上涨至 90 欧元左右，因此投机性投资似乎更明显。欧盟碳配额证书作为多样化的投资工具，显然可以作为高碳足迹投资组合的自然对冲工具。

2.4　碳信用

碳信用来自碳减排量和减排项目，用于补偿温室气体排放。碳信用市场可以交易（监管）碳排放配额，相当长的一段时间内一直被环境经济学家视为推动整个经济脱碳的有效工具。因此，《京都议定书》第 12 条建立了清洁发展机制（CDM）。其附件一国家的企业有机会通过《京都议定书》预先确定的发展中国家建立温室气体排放机制，根据当地现行的排放政策补偿其在居住国的碳排放量。每减少一吨二氧化碳当量，就会发行可交易的经核证减排量（CER）。清洁发展机制项目获得指定国家主管部门批准之前，必须通过冗长且官僚的注册和签发程序才能获得资格。例如，与常规情景相比，它必须满足关于已避免的排放量吨数的额外性声明。除了审批过程中的监管风险外，还存在碳配额价格波动方面的财务风险，因为经核证减排量可以与欧盟碳配额价格进行交易。Barrieu（2010）解释了经核证减排量和碳配额价格的差异。因此，随着欧盟碳排放权交易体系内碳排放证书价格的下降，经核证减排量的价值将下降并保持在较低水平。清洁发展机制项目对企业和投资者来说吸引力大幅下降，市场几乎停滞不前。

与上述发展并行的是创建碳信用自愿性框架，如黄金标准（GS）或自愿/核证碳减排标准（VCS）。自愿碳信用是一种可交易的证书，代表一公吨二氧化碳或阻止进入大气或从大气中清除的另一种温室气体（GHG）的二氧化碳当量（CO_2e）。

自愿碳减排项目需要满足一定标准，如满足黄金标准或自愿碳减排标准才能发行碳信用。不同的标准覆盖的碳减排范围不同，有时还需社会参与以及不同的行政要求相结合。由于清洁发展机制带来了沉重的监管负担，期望承诺生态和社会责任的企业越来越多地转向自愿碳市场。因此，从 2003 年起，第一个集中式交易平台芝加哥碳交易所（CCX）市场早期特别活跃。此外，标准化合同得到巩固并持续完善，从而减少了用户摩擦。然而，金融危机迫使该平台结束了早期阶段，CCX 在 2010 年关闭了约 44% 的自愿交易二氧化碳当量。交易随后在场外交易市场（OTC）进行，但由于价格下跌（与证券市场并行），交易量稳步下降。由于监管存在不确定性，《巴黎协定》生效后，该交易跌至低点。然而，《巴黎协定》关于新的国际碳市场/机制的谈判尚未最终确定，特别是私营部门参与者购买的碳信用是否应计入各国 2020 年后的气候承诺，还是仅作为增量进行解决，至今尚未定论。

近年来，多项碳中和倡议实施以来，市场开始回暖。碳信用有两种方式提高碳中和承诺的可信度。一种方式是碳信用可以通过投资于可再生能源、能源效率和自然资本来支持侧重于避免和减少碳排放的项目。另一种方式是碳信用收益可以资助从大气中清除二氧化碳的项目。因此，碳信用可以产生负排放，补偿持续存在或甚至计入历史排放的剩余碳排放。图 2 - 4 显示了近年来碳信用市场的发展状况。

随着越来越多的国家和企业承诺实现碳中和，Trove Research 与 UCL Geography 共同牵头发布的报告预测，到 2030 年，碳抵消市场的价值可能高达每年 250 亿美元（180 亿英镑），而相比之下目前只有 4 亿美元（3 亿英镑）。此外，2021 年 2 月前英格兰银行行长马克·卡尼倡导下的扩大自愿碳市场工作组（TSVCM）（2021）发布的报告显示，未来新的自愿碳市场规模预计每年将达到 50 亿~1000 亿美元。

图 2 - 4　自愿碳市场退出和发行规模

碳抵消概念依赖碳信用环境的完整性——具体来说，用来支付碳抵消的资金必须用于减少碳排放或从大气中捕获二氧化碳。因此，扩大自愿碳市场特别工作组建议制定核心碳原则——定义碳信用的关键标准——由独立的第三方来检查碳信用是否一致及质量高低。较旧的低质量碳信用应该退出市场，需要登记处、政府和买家共同努力。鉴于近期绿色债券市场发展趋势（见第 11 章），在公众舆论的压力下，买家可能会发挥主导作用。该原则可由独立组织发布，就购买碳信用的真实性向买家提供建议。因此，与绿色债券发展相比，需要高质量的分类（可根据评级体系予以确定）。

价格透明、一致和清晰是市场运行良好的先决条件，因此，必须建立一个以流动性、交易所交易（现货和期货）合约为核心的可信的全球碳市场。该合约还将构成场外交易市场的基础，反映不同类型的碳抵消。目前，碳信用定价波动明显，交易缺乏透明度，项目开发商可以直接向企业和个人出售，也可以通过经纪人或交易所出售。扩大自愿碳市场特别工作组在其行动计划中强调了上述要求。

一些环保团体批评自愿碳抵消，认为这些企业对减排并不认真，只是表现出正在采取行动的样子，本质上是"漂绿"。重要的是要建立与绝对碳减排量（即排放量本身）的联系。类似于绿色债券，碳信用可以与总排放量挂钩（在数据可用的情况下）。然而，新技术投资等一些项目对碳信用并没有直接影响。

因此，"漂绿"仍然是规模大、信誉好的碳抵消市场的最大风险之一。为了防范企业"漂绿"，需要强有力的监管、透明度，并与碳排放挂钩。预计企业将制订正式和具体的计划以实现净零排放，重点是减少直接排放，并将碳抵消仅用作实现目标的附加工具。在某些行业，向净零目标的转型受到所用技术的限制，因此碳抵消将在转型期间发挥重要作用。在转型过程中需要高度关注的行业包括公用事业和能源行业。图 2-5 比较了购买碳信用的企业和未购买碳信用的公用事业或能源行业的碳强度（定义为二氧化碳当量除以总收入）中位数。可以观察到，基于碳抵消的企业实际碳足迹存在细微差异，并且与非碳抵消企业相比，碳抵消企业碳足迹略高。我们认为，至少对于这两个行业，碳信用是额外实施环境友好项目的一种工具，这些项目不一定对降低碳强度有直接影响（与绿色债券相比）。

市场参与者和监管机构正在研究讨论建立适当的市场基础设施，以扩大碳信用市场规模。必要的基础设施改进包括交易、交易后、融资以及数据验证和存储。交易基础设施至关重要，必须建设严格的网络安全标准并处理大量交易数据。世界银行碳市场与创新团队和世界银行信息技术服务与创新（ITSTI）实验室（世界银行，2020）研究表明，区块链具有去中心化和不变

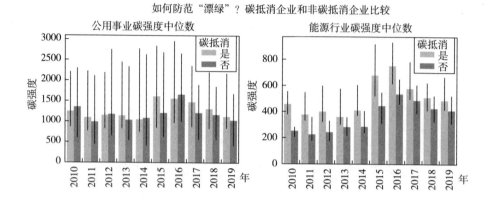

图 2-5　碳抵消企业和非碳抵消企业碳强度中位数比较

性特点，可以简化数据共享和验证过程。它已被证明能够抵御网络攻击并防止信息被操纵。拟议的气候市场区块链技术使用许可网络，通过节点协议而不是挖掘（需要大量能源消耗）达成共识，并允许灵活的用户角色和授权跨越不同的监管和组织环境（见第 7 章）。

为了建立碳信用市场竞争力，扩大自愿碳市场工作组行动计划强调需要建立可靠的分类法、核心碳参考合约及交易基础设施、达成碳抵消合法性共识、确保市场完整性等。本书第 8 章将继续阐述这个主题，并详细描述各种市场设计的可能性。

参考合约的定价和风险管理可以有多种方式。类似于清洁发展机制中生成的经核证减排量，可以建立与碳排放权交易体系的连接，从而建立对交易证书的价格参考。或者可以优化基础方法，类似于本书第 11 章阐述的不同种类的绿色债券，可以为不同的碳信用定价留出更大的价格空间。但清晰的分类和可靠的价格信息仍然是发展碳信用亟待解决的主要问题。

第3章 气候风险

3.1 碳风险

一般来说，低碳经济转型会对经济体和企业带来诸多风险，特别是银行和保险机构受影响尤为明显。本章旨在描述风险分类和风险衡量方法，同时探讨了可持续性背景下的碳风险分类。

金融机构捕获碳风险存在以下困难：全球经济脱碳路径存在不确定性、各国限制温室气体排放规模和技术创新鼓励政策不统一、缺乏可用于建模的历史数据、气候相关风险分布倾斜且有肥尾效应、临界点可能完全扭转现有结果等。

此外，时间范围也会发生变化。金融行为主体通常以 1～3 年期限来考虑气候风险，但远远短于气候风险实际发生的时间范围。

气候相关风险是指金融机构因物理效应或气候变化适应措施而面临的金融风险。

中央银行与监管机构绿色金融体系网络（NGFS，2019）制定了气候相关风险的分类标准，并成为业界共识（另请参阅 Volz 等 2020 年发表的文章，详细讨论了国际金融体系中气候风险的传导渠道）。

气候变化风险分为物理风险和转型风险。物理风险是指气候的物理变化会改变气候模式以及极端天气事件发生的频率和强度。这些变化可能会改变大多数行业的供需格局，导致资产物理损坏，进而增加适应成本和损失经济价值。

低碳经济实现过程中不可避免地会出现转型风险，并改变部分存量资本和经营模式的财务可行性。相关金融风险和机遇将改变资产和投资组合的整体绩效。虽然经济社会需要不断适应低碳经济转型，但转变过快可能会对金融稳定和更广泛的经济产生不良影响，如公用事业或重工业等碳密集型行业可能会因转型过快而受到影响。

正如我们第 1 章描述的情况，许多风险已经出现并改变了经济运行进程。然而，财务影响只是缓慢地浮现出来，但实际上其影响规模正在增加。

物理风险主要有两大驱动因素。第一大驱动因素是极端天气事件。无论是更猛烈的风暴、洪水、极端高温还是寒冷天气，极端天气事件发生的频率越来越高。受极端事件影响的区域，企业和相应劳动力需要搬迁。由于额外成本上升，公司和市政当局税收减少，企业投资和债务偿还能力下降。因此，银行的债务组合和非保险公司资产负债表的负债风险可能会增加。此外，资产管理公司和养老基金也可能不得不调整其投资组合。

第二大驱动因素是气候模式逐渐转向。海平面上升或沙漠扩大迫使人口迁移，导致需求和供给受到冲击。图 3 - 1 显示了物理风险发生后面临的后果。

转型风险主要有三大来源。一是碳税、碳排放权交易体系等严格的气候减缓政策（见第 2 章）。气候减缓政策可能危及企业经营模式并导致企业价值大幅下降。例如，过去十年德国公用事业部门因可再生能源兴起以及同步淘汰核电而遭受巨大损失。大量发电厂停产成为搁浅资产（见第 3.4 节）无法从以往投资中获得经济回报。投资基金受影响同样巨大，公司估值过高（碳泡沫，见第 3.4 节）会导致投资回报严重下降，详细信息请参阅第 12 章和第 13 章，因此必须实施有效的重组计划重振该行业。二是技术创新。技术曲线前后都有风险。押注于一项新技术不一定会进步，但是会导致巨大的沉没成本。同样，技术创新较晚的企业会被赶出市场。三是公众情绪正在转向更加气候友好的行为。年轻一代不仅要求在公共运动中实现政策变化，如"未来星期五"，而且已经在需求模式、偏好和预期中促进向低碳经济转变。此外，针对涉及碳密集型行业和生产过程的公司诉讼增加将导致财务成本和声誉风险。公司甚至因未充分考虑气候风险或未披露其碳风险的相关信息而面临法律风险。金融机构为碳密集型项目融资或持有高碳投资组合方面也可能面临审查。

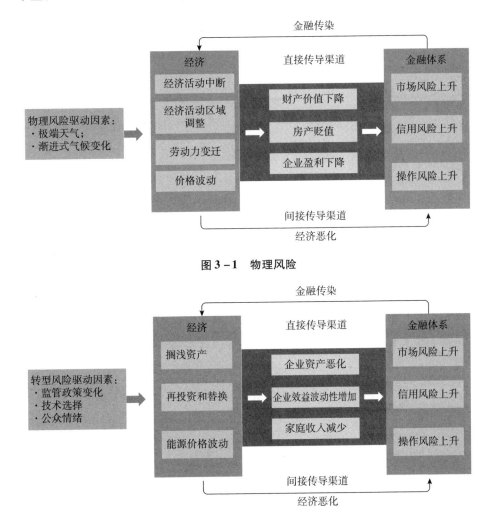

图 3 - 1　物理风险

图 3 - 2　转型风险

图 3 - 2 描述了转型风险，进一步总结了转型风险影响金融体系的传导渠道。

本书使用"碳风险"表示与温室气体排放相关并影响企业和金融机构的

风险。碳风险最终转化为传统的审慎风险类型。如工业碳政策风险，通过碳排放权交易体系或碳税（或两者兼有）对温室气体排放进行定价，以及碳相关的市场约束，这些约束是与能源转型相关的需求和价格变化。市场信号不确定性增加和原材料成本上涨的可能性也会存在。我们还面临目标公司因以往排放而产生的气候诉讼风险。投资监管框架会对资金成本和可获得性施加影响，就金融机构而言，可能转化为额外的资本要求。利益相关者会表达他们对被污名化行业的担忧，并对投资策略给出负面反馈。在对受碳泡沫影响的公司进行快速价值评估的情况下，机构投资者会通过与信托责任相关的诉讼进行索赔。总而言之，碳风险涉及监管风险、诉讼风险、竞争风险、生产风险和声誉风险。

下面分析主要聚焦于碳风险对标准审慎风险的影响，特别是对市场风险、信用风险和操作风险的影响。首先了解一下巴塞尔银行监管委员会关于审慎风险的定义（Hull，2018）。

市场风险是指因市场价格变动而导致表内外头寸损失的风险。从监管的角度来看，市场风险来源于银行交易账户中的所有头寸，以及整个资产负债表中的商品风险和外汇风险头寸。破坏基础设施的极端天气事件等物理风险或监管政策等转型风险可能导致资产负债重新定价，影响相应证券的价值。因此，碳风险会带来市场风险，证券价格势必要反映碳风险溢价。本书第9章到第11章讨论了资产和债券价格溢价的情形。

信用风险最简单地定义为银行借款人或交易对手方未能履行约定条款中的义务而造成经济损失的可能性。银行需要管理整个投资组合中固有的信用风险以及个别信用风险或交易风险。显然，物理风险和转型风险会影响个别信用风险和信贷组合。极端天气事件可能会影响整个地区，而渐进的气候变化可能会导致某些地区的需求和供给发生变化，从而改变产业部门结构。最后，监管政策可能会改变资产价值，使经营模式不再可维持。同样地，信用风险也包含与碳风险相关的内容，本书将在第10章研究这种关系。

操作风险是指由不完善或有问题的内部流程、人员及系统或外部事件所造成损失的风险。操作风险有七大表现形式：内部欺诈，外部欺诈，就业制度和工作场所安全，客户、产品和商业行为，有形资产损失，经营中断和系统故障，执行交割和流程管理。显然，碳风险在物理风险和转型风险方面都会对操作风险产生影响。

虽然本书不会具体讨论碳风险与流动性风险、承保风险之间的关系，但物理风险或转型风险很明显会影响这些风险。

Semieniuk 等（2020）描述了碳密集型行业退出并向低碳产业转变的转型风险理论框架，还讨论了对金融体系和整体经济的影响。

3.2　碳排放衡量

温室气体总排放量（通常是 CO_2e 排放量）显然是评估企业碳风险敞口的最简单方法。然而，衡量总排放量仍然非常困难，因为在理想情况下，企业所有活动的温室气体排放量都应该被捕获。

世界资源研究所（WRI）和世界可持续发展商业理事会（WBCSD）联合制定了温室气体核算体系（Greenhouse Gas Protocol）衡量标准，这两个非政府机构致力于促进环境可持续性（见 WRI 和 WBCSD，2016 和 2004）。基于 Bernoville（2020）研究，温室气体核算体系将碳排放分为三个范围，具体如下：

- 范围 1 是企业拥有或所控制资源的直接排放。主要包括四类：固定燃烧（如燃料、热源）、移动燃烧（车辆燃料）、无组织排放（温室气体泄漏，如冰箱）和过程排放（工业过程中释放）。

- 范围 2 是企业从公用事业供应商购买能源产生的间接排放。包括购买的电力、蒸汽、加热和冷却因消耗而释放的温室气体排放量。

- 范围 3 是所有与企业运营相关但不包括在范围 1 或范围 2 内的间接排放。范围 3 是企业运营活动的结果，但不由企业直接拥有或控制，如使用购买的商品或服务。

显然，针对不同的企业需要准确确定碳排放情况。标准化衡量温室气体排放可以通过多种方式实现。一般来说，可以采用碳强度（或碳足迹）来衡量。TCFD 建议衡量碳强度的公式如下：

碳强度 = 二氧化碳当量排放吨数 / 百万货币收入

标准化衡量使企业之间碳排放可以相互比较，且可以作为衡量企业经营绩效的替代指标（效率概念）。然而，这些数字对分母的可变性变得敏感，分母本身与气候问题和/或运营进展无关。因此，如果数据可用，可以选择具有绝对物理指标的强度级别。然而，为了使行业范围、企业范围和行业内的比较成为可能，需要认真标准化。

通常，基准指数中最大的企业很可能是温室气体排放水平最高的机构。忽视这种情况往往会对大企业产生偏见。适合每个行业的标准化都是可行的，例如，将二氧化碳排放当量除以下指标：

- 石油和天然气行业产量吨数；
- 运输行业在一定距离内运输一吨货物的收入；
- 电力行业的总发电量（GWh）；
- 房地产行业的建筑面积；
- 零售业的总销售额。

社会上有不同的企业测量碳足迹，如 Trucost、South Pole Group、MSCI ESG Research 等企业。温室气体排放指标也分为三个范围，但由于排放量没有系统化的、标准化的报告，不同的企业可能对同一家公司报告的数值会有所不同。

碳强度也会面临若干限制。本书第 6 章将讨论数据问题。除此之外，碳强度是后顾性（Backward – looking）指标而不是前瞻性（Forward – looking）指标[①]。由于只能使用历史数据，我们无法立即判断企业是否有动力转向低碳经济，还无法仅使用一个数字来区分动态变化的公司和停滞不前的公司。非上市资产无法提供计算碳强度的相关数据。碳强度衡量可能使用不同的分母，使比较不同公司之间的数据变得困难。此外，由于公司改变其运营计划，未来可能会出现搁浅资产，而这些资产并不会出现在任何生产过程中。

---

① Trinks 等（2020）研究指出了碳强度的高度持续性。

3.3　可持续金融

本节将讨论环境社会治理（ESG）或可持续性风险（Sustainability Risk）与碳风险之间的区别。碳风险被归入 ESG 的"E"维度，并且直到最近才因其自身而受到重视。图 3 – 3 显示，可持续性风险来源多种多样，并在多个方面影响企业部门。

ESG 风险会对产品、服务和生产流程、成本和需求产生重大影响。因此，ESG 因素会对损益表（P&L）、现金流量表（CF）和资产负债表产生影响。ESG 风险可能导致价值链中断或供应商被排除在外（如由侵犯人权引起）。

正如我们已经讨论过的碳风险，ESG 风险对现有风险类型均有影响。信用风险可能来自更高的潜在违约概率和更低的回收率。由于 ESG 风险直接影响企业利润和估值，因此市场风险也会受到影响。此外，为不可持续行业或化石燃料提供资金可能会导致声誉风险。

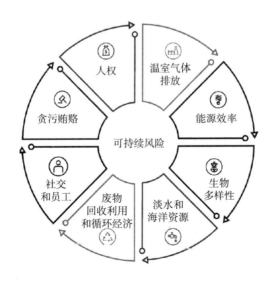

图 3 – 3　可持续风险

欧盟《可持续发展融资行动计划》已经解决了 ESG 风险。欧盟还为可持续性活动制订了分类方案。图 3 – 4 概述了该分类法的几大维度。该行动计划试图创建一种工具，支持投资者、公司、发行人和项目发起人向低碳、有韧性和资源高效的经济转型。它为经济活动定义了基本门槛（称为技术筛选标准），至少对六个环境目标中的一个作出重大贡献，同时对其他五个目标中的任何一个都没有重大损失（如果相关），并满足其他要求最低保障措施（例如经济合作与发展组织指引或联合国指引）。因此，它成为可持续增长提供资金的一种手段。

另一个目标是在审慎监管中考虑可持续性。当然，这涉及发布类似指引的欧洲中央银行（ECB）。该指引描述了欧洲央行对如何处理与经营模式和战略、治理和风险偏好、风险管理和披露相关的气候环境风险的监管理解（另见第12章）。

图3-4 欧盟可持续分类

3.4 搁浅资产（Stranded Assets）与碳泡沫（Carbon Bubble）

Meinshausen等（2009）指出，如果到2050年全球平均温度不超过工业化前水平2摄氏度，则需要对总排放量进行严格限制。他们预测，为实现2摄氏度的目标，2007—2050年，世界上已探明的可开采石油、天然气和煤炭的排放量不能超过一半。因此，世界上大部分化石燃料将被搁浅，在所研究的气候变化情景下可能毫无价值。这可能会引发能源公司估值的急剧下降，因为财务报表很大一部分是由搁浅资产组成。

Carbon Tracker（2013、2015）引入了碳预算（Carbon Budget）概念，将温度上升与温室气体排放量联系起来，因为温度上升程度与累计年排放量有关。因此，对于被认为可以接受的温度升高，存在温室气体排放预算，即碳预算。碳预算与特定的温度升高相关联，涵盖特定时间段并说明可能性水平。显然，更高的预算会降低将升温限制在特定温度的可能性（见第 1 章）。人们可以用保持给定排放水平和给定特定温度升高的概率估算碳预算剩下的年数。例如，根据 2019 年的排放水平（43.1Gt CO_2），升温 1.5 摄氏度的概率为50%（碳追踪）还剩 11.5 年。

为了保持在碳预算之内，必须限制温室气体排放。Meinshausen 等（2009）指出，限制温室气体排放导致化石燃料能源储备和物理上无法燃烧，这些不可燃烧的碳成为过剩的可用化石燃料。

根据 Spedding 等（2013）研究，由于使用短期估值模型，石油和天然气价格下降（需求减少）和不可燃烧的化石燃料储量同时发生，世界前 200 强能源公司 40% ~ 60% 的市值将面临风险。股票持有者可能会面临巨大的财富损失，从而打破了一些分析师和评论员所说的化石燃料储量错误定价造成的碳泡沫。因此，投资者应该撤出涉及不可燃烧碳相关的投资。正如第 13 章即将描述的情况，还有各种其他工具可用于限制对这些资产的敞口。与金融市场不同，碳泡沫是由市场情绪或政策影响产生的，潜在碳泡沫的大小取决于具体的温度目标和相应的物理风险和转型风险影响。例如，由技术发展驱动的转型可能会对电力生产商造成负面冲击，同时降低其他一些行业的生产成本。除能源行业外，与能源使用相关的更广泛的经济变化也将影响一系列其他高碳和气候相关部门，特别是公用事业、运输和制造行业。拥有化石燃料储备的政府财政收入将下降，主权债券价值被动缩水。Meinshausen 等（2009）已经指出，大规模化石储备留在地下会导致资产减值。到目前为止，由于向低碳经济转型，在整个投资时间跨度内无法获得经济回报的资产被称为搁浅资产。资产搁浅的具体因素可以是物理原因、经济原因或监管原因。由于财务和监管原因，德国公用事业公司在转向现代煤炭和天然气发电厂过程中，出现了大量搁浅资产。

至于《巴黎协定》目标，McGlade 和 Ekins（2015）报告称，全球 80% 以上的煤炭储量、近一半的天然气储量和全球约三分之一的石油储量无法燃烧，才能确保达到 1.5 摄氏度目标。因此，依靠化石燃料的行业将受到严重影响。此外，许多当前具有生产力的行业部门必须改变其生产方法或经营模式。

Griffin 等（2015）研究显示，相关公司的股价在该报告发布前后的三天内下跌了 1.5% ~ 2%。多年来有关面临搁浅资产的能源公司的更多消息表明市场反应更小。也许投资者期待技术进步，例如碳捕获和封存（CCS），或者对政府有意执行严格的碳标准持怀疑态度。

3.5 尾部风险

基于 IPCC（2014）第四次评估报告（Meinshausen 等，2009；Millner 等，2013），图 3 - 5 显示了 19 项公开发表气候研究的气候敏感性概率密度估计。气候敏感性（Climate sensitivity）是指大气中二氧化碳浓度当量增加一倍时，全球平均地表温度年平均值的平衡变化。大多数综合评估模型（Integrated Assessment Models）将其作为全球平均温度对 GHG 浓度增加的响应的汇总统计数据。尽管这些概率密度估计是基于不同的气候建模方法，但都表明全球平均温度响应受"肥右尾"分布的支配，因此极端增加的可能性很小[①]。

理解肥尾分布的影响至关重要。当然，我们可以通过增加期望值和方差（可能与时间相关的分量）来解决气温实证观察值的增加和变化问题，但随后我们将使用一些变量对气温分布进行建模，如参考较严寒的天气或更热的天气，但不会考虑更多创纪录的极热天气。换句话说，我们会看到相同类型的模式只是平均温度更高，分布中心变化更大。这种情况目前会有所不同，结果会出现更高的平均值、更多的可变性以及更频繁和更高程度的极端事件。考虑到气候临界点，情况会变得更加复杂，因为我们需要根据可用数据模拟我们之前没有看到的事件。极值理论是专门为这种情况下估计问题而开发的

---

① Millner 等（2013）指出图 3 - 5 存在歧义，我们将在第四章中讨论该问题。

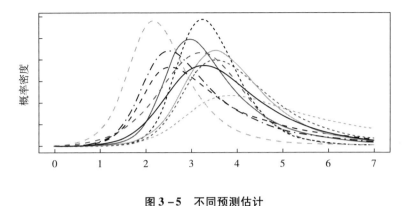

图 3 – 5　不同预测估计

（资料来源：Meinshausen 等，2009）

数学方法。有关详细讨论，建议读者参阅 Embrechts 等（1997）；另见 Fasen 等（2014）关于气温数据集的分析。

　　根据（右）肥尾分布，假设随机变量（过程）T 模拟全球温度高于某个工业化前（在某个地区和某个时间）的平均值。在气候建模中，气候变化的经济成本用损失函数 $d(.)$ 表示，全球平均温度 T 作为输入参数（Stern，2007），所以：

$$d(T) = cT^{\beta}$$

　　式中，c 是常数，β 是损失函数指数。为了便于解释，$\beta = 2$ 更为常见（因为这意味着线性边际收益函数），但更高的值更符合实际（Stern，2007a；Dietz，2011）。因此，由于温度分布已经有肥尾，气候损失的分布将延续这一特征①。

　　气候变化福利分析的下一步是指定一个社会福利函数，它具有常数相对风险规避系数（Constant Relative Risk Aversion，CRRA）类型的加权效用函数特征。举个例子：

---

①　以密度为 f_α 且 $0 < \alpha \leqslant 1$ 的帕累托分布为例，则不存在期望和密度的渐进性 $f_\alpha(t) \sim \dfrac{1}{t^{\alpha+1}}$，$t \to \infty$。对于损失函数而言，尾部的渐进性是 $f_d(t) \sim \dfrac{1}{t^{\frac{\alpha}{\beta}+1}}$，$t \to \infty$，且 $\beta > 1$，这种尾部要比气温分布尾部更重。

$$u(c) = \begin{cases} \dfrac{c^{1-\gamma}}{1-\gamma} & \gamma \neq 1 \\[2mm] \log(c) & \gamma = 1 \end{cases}$$

式中，c 是人均消费，γ 是消费边际效用的弹性。该公式中，γ 是相对风险厌恶，同时规避不同地区和时间的消费不公平。气候变化经济学建议假设 $\gamma > 1$，因此，随着消费趋于零，效用趋于负无穷大，边际效用 u' 趋于无穷大。

由此可知，社会避免零消费的边际意愿是无限的。如果存在气候损失价值至少与基准消费同等的未来状态，则为避免这种情况社会边际支付意愿是无限的。由于损失分布有肥尾，这种结果可能性很小但也可能会发生。因此，气候经济模型需要使用约束条件避免高于基准消费损失。Dietz（2011）详细讨论了解决该问题的方法，建议读者阅读这篇启发性的作品。

当然，上述讨论与"悲观定理"（Dismal Theorem）有关（Weitzman，2009、2011）。现在使用 Weitzman（2014）阐述的一个简单例子来解释悲观定理和尾部概率对于气候风险分析的重要性。

使用时间 $t = 0$、1 的两期模型（Two-period Model）。将当前消费 $c_0 = 1$ 归一化，并将气候变化破坏后的未来消费作为随机变量 C_1。福利 W 是：

$$U(C_1) = U(1) + \beta \mathbb{E} U(C_1)$$

式中，$U(.)$ 是效用函数，β 是贴现率。现在假设每一单位碳减排因乘数因子 $\theta > 0$ 影响使未来消费量上升。碳社会成本（SCC）现在是（负）在 $t = 0$ 时为减排支付的数量，并且仍然获得与以前相同的福利水平。假设损失分布在低消费边界处 C_p 具有点质量概率（Point Mass Probability）p。我们只是使用这个结果（并忽略剩余概率 $1 - p$）来获得 SCC 的下限：

$$SCC \approx \rho \theta p C_p^{1-\gamma}$$

很明显，当 $\gamma > 1$ 时且 $C_p \to 0$ 时，数量 $C_p^{1-\gamma} \to \infty$，因此需要分析 SCC 的收敛性。为了根据尾部厚度显示渐近行为，我们再次按照 Weitzman（2014）方法并调整变量。因此，令 $x = -\log C_p$，并调用 $p(x)$ 代表 x 的概率（现在将"低消费"移动到右尾，就像我们习惯使用损失函数一样）。所以，就 x 而言，可得：

$$SCC \approx \rho\theta(p(x)\exp\{(\gamma-1)x\})$$

因此，很明显，对于像点质量 $p(x) \sim \exp\{-x^2\}$ 这样的正态分布，上式中的 SCC 仍然是有限的。事实上，概率只需要 x 的下降速度快于指数（薄尾），SCC 存在有限值。对于多项式表达式下降，如帕累托情形，我们有 $x^{-\alpha}$，$\alpha > 0$，因此式（3-3）中的 SCC 将是无限的。因此，只要人均消费概率受边际效用支配，即使零消费或无限损失（灾难）的概率为零，SCC 也是无限的。这就是 Weitzman（2009）所说的"悲观定理"。他还列举了"悲观定理"这一荒谬结果的各种原因。然而，正如 Weitzman（2014）所说，"'悲观定理'应该作为一个警示标志，表明对气候变化的可靠经济分析应该认真考虑损失的极端尾值及其概率。"

Dietz（2011）的著作详细分析了低概率高影响力的事件，并在几个似是而非的函数形式下发现了显著的尾部效应。当作者进行模拟练习时，渐近分析当然不可能，但是会讨论和研究额外的假设，例如，损失函数的上限和消费的下限。Quiggin（2017）把气候敏感性右尾的重要性作为"悲观定理"的核心政策含义进行了讨论。

总而言之，物理气候科学中肥尾分布的存在意味着额外排放的影响越来越大。由于损失函数是凸性的，这意味着与额外的变暖程度相关的更大的总损失和边际损失。从效用函数的凹性来看，附加损失的风险调整现值随边际增加。

在气候变化分析中规避问题肥尾分布的一种可能方法是为感兴趣的变量和函数设置界限，就像 Dietz（2011）对消费所做的那样。考虑到气候政策的影响，特别是减排政策，Millner（2013）和 Hwang 等（2016）表明，肥尾分布意味着更严格的减排政策，但碳社会成本仍然有限。

第 4 章　碳风险理论

4.1　如何确定碳价？

第 3 章图 3 – 5 不仅显示了高度相关气候风险参数的尾部风险（在这种情况下，气候敏感性在综合评估模型中发挥着重要作用），还显示了高度的不确定性。下一节将讨论如何运用离散模型制定最优碳政策和碳价格如何考虑气候不确定性。

到目前为止，很大程度上缺乏对各种不确定性水平的系统建模（IPCC，2007；Kunreuther 等，2014）。我们描述了最佳气候政策的基本框架，并讨论了在这种情况下不确定性建模的作用。

4.1.1　效用框架

鉴于当前气候政策长期影响经济社会各个方面，因此必须予以慎重考虑。Stern（2007a）和 Nordhaus（2007）等将社会贴现因子描述为气候政策背景下最重要的决策变量。Stern（2007b）使用 1.4% 的贴现因子得到的碳价比 Nordhaus（2008）使用 5.5% 的贴现因子高出 10 倍。跨期贴现的核心问题取决于如何评估不同时间点消费和投资决策的收益，特别是需要实现与不同时间点相关效用值的可比性。当前减排投资将减少消费和对其他经济部门的投资，但不投资则可能会加剧气候破坏，导致未来成本增加。本书不会详细讨论该问题，只是提及计算贴现率需要考虑的各种因素，并参考 Gollier（2012）、Stern（2010）和 Tol（2019）的相关研究。

先行考虑基于效用的建模框架，并逐渐增加模型构建的复杂性。初始模型需要考虑风险偏好、时间偏好、模糊厌恶（Ambiguity Aversion）等因素，并使当代和后代的跨期效用最大化。

就纯时间偏好而言，一般假设决策者更倾向于现在消费，而不是将来消费，所以将来消费所占权重较低。在这种情况下，纯时间偏好独立于风险评估。

至于与增长有关的时间偏好，一般假设消费增长率为正，也就是将来消费高于现在消费。因此，子孙后代会更富有。这种偏好导致人们倾向于现在消费，而不是将来消费。

最后一个因素是不确定性。显然，必须考虑将来消费在多大程度上具备可用性。因此，需要围绕将来消费的规模和可用性建立概率框架。但概率框架受到各种不确定性程度的影响，包括不变概率测度、可变概率测度和不可测概率测度。下面用时期 $t = 1$，2 的两期模型（Two - Period Model）来说明。每个时期存在消费 c_1、c_2，每一组消费对应一个用附加效用函数 $U(c_1, c_2)$ 表示的收益。此效用函数为

$$U(c_1, c_2) = u(c_1) + e^{-\delta} u(c_2) \qquad (4-1)$$

经济增长率也可以用 $g = \log(c_2/c_1)$ 来表示。假设函数 $u(c)$ 为常相对风险厌恶效用函数（CRRA）：$u(c) = c^{1-\gamma}/(1-\gamma)$，$\gamma > 0$，$\gamma \neq 1$，则贴现因子由拉姆齐方程 $r = \delta + g\gamma$ 给定。拉姆齐方程将贴现因子 r 分为两部分。第一部分为纯时间偏好率 δ，δ 越大表明人们更倾向于现在消费，而不是将来消费，从而贴现因子 r 增加。较高的贴现因子意味着未来现金流的现值较低。第二部分为经济增长率和相对风险厌恶水平的乘积。增长率 g 越大，下一期消费就越大，意味着人们愿意放弃现在消费而更加注重将来消费，具体反映在更高的贴现因子上。

效用框架中参数 γ 会影响贴现因子和相对风险厌恶，因此需要考虑风险态度和时间偏好两个变量组合的共同作用。要么是低风险厌恶和愿意将现在消费推迟到未来消费（低 γ），要么是高风险厌恶和放弃现在消费意愿（高 γ）。在简化的常相对风险厌恶效用函数框架内，不可能将低/高风险厌恶与

相对应的低/高延迟消费意愿结合起来。因此，在气候政策背景下，仅基于 CRRA 效用的模型可能不够灵活，需要将风险偏好和时间偏好分开进行考虑。

4.1.2 风险厌恶与跨期替代

假设将来消费是随机的，并将随机变量 C_2 定义为特定概率空间（$\Omega, \mathcal{F}, \mathbb{P}$）（见附录 A）。现在使用递归框架（Recursive Framework）来区分风险厌恶和对消费跨期变化的态度。运用递增和凹函数 f，即所谓的聚合函数，将现在消费和将来消费的现值聚合在一起（Munk，2013）（本书第 5.7 节）。本书使用确定等值 $\mu(C_2)$[①]作为现值和等弹性时间聚合函数（Isoelastic Time Aggregator Function）。因此：

$$U_1 = (c_1^{1-\rho} + \beta \mathbb{E}[\mu(C_2)^{1-\rho}])^{\frac{1}{1-\rho}} \qquad (4-2)$$

式中，$\beta \in (0,1)$，表示纯时间偏好［其中 $\delta = \log((1-\beta)/\beta)$，4.1 中参数 $1/\rho$ 表示跨期替代弹性（Elasticity of Intertemporal Substitution，EIS），且 γ 是风险厌恶参数。所以风险厌恶和时间偏好是独立的。为了能够快速理解该框架，以 Ha – Duong 和 Treich（2004）研究案例为基础解释碳风险。将消费变量分为两部分：外生值 y_t 和内生控制值 e_t，后者代表 t 时的二氧化碳排放量。大气中污染物的初始存量为 m_0，从一个时期转到下一时期的过程中，大气中残留的污染物比例为 $q(0 < q < 1)$。此外，由于污染排放增加，对于时期 $t = 1、2$，$m_t = qm_{t-1} + e_t$。由于气候损失 $D(X) = m_2(1-X)$，第一期消费和相关排放将减少第二期的消费。因此，气候损失与污染 m_2 成正比，代表了消费和排放的结果。随机变量 X 描述了碳排放造成的气候损失的不确定性。两个时期的消费分别为

$$c_1 = y_1 + e_1 = y_1 + m_1 - qm_0 \qquad (4-3)$$

$$C_2 = y_2 + e_2 - D(X) = y_2 - qm_1 + Xm_2 \qquad (4-4)$$

现在使用式（4-2）的效用框架来优化效用并获得最佳消费水平和可用资源。因此，确定等值的显性形式是：

---

① 指定将来消费 C 的确定等值 $\mu(C) = \mathbb{E}(u(C))$（Munk，2013）（本书第 5.6 节）。

$$\max_{(m_1,m_2)} U_1 = \left\{ (y_1 + m_1 - qm_0)^{1-\rho} + \beta \,\mathbb{E}\left[(y_2 - qm_1 + Xm_2)^{1-\gamma} \right]^{\frac{1-\rho}{1-\gamma}} \right\}^{\frac{1}{1-\rho}}$$

$$(4-5)$$

可以分两步求解式（4-5）。第一步，由于所有数量都为正，因此只需查看 $\mathbb{E}\left[(y_2 - qm_1 + Xm_2)^{1-\gamma} \right]$ 及其一阶条件：

$$\frac{\partial}{\partial m_2} \mathbb{E}\left[(y_2 - qm_1 + Xm_2)^{1-\gamma} \right]$$

$$= (1-\gamma)\, \mathbb{E}\left[X \left(1 + \frac{m_2}{y_2 - qm_1} \right)^{-\gamma} \right] = 0$$

因此，定义 k 为 $\mathbb{E}\left[\tilde{x} (1 + k\tilde{x})^{-\gamma} \right] = 0$ 的解，发现：

$$m_2^* = (y_2 - qm_1)k \qquad (4-6)$$

定义 $\mu(\gamma) := \mathbb{E}\left[(1 + k\tilde{x})^{1-\gamma} \right]^{\frac{1}{1-\gamma}}$，将来消费的确定等值是：

$$\mu(C_2) = (y_2 - qm_1)\mu(\gamma) \qquad (4-7)$$

现在，插入式（4-5）的最优值 m_2^* 和求解 m_1，一阶条件是：

$$(y_1 + m_1 - qm_0)^{-\rho} - \beta \left[(y_2 - qm_1)\mu(\gamma) \right]^{-\rho} q\mu(\gamma) = 0$$

给定

$$m_1^* = \frac{qm_0 - y_1 + y_2\mu(\gamma)\left[\beta q\mu(\gamma) \right]^{-\frac{1}{\rho}}}{1 + q\mu(\gamma)\left[\beta q\mu(\gamma) \right]^{-\frac{1}{\rho}}} \qquad (4-8)$$

现在可以计算第一期最优消费量：

$$c_1^*(\gamma,\rho) = \frac{\dfrac{y_2}{q} + y_1 - qm_0}{1 + \beta^{\frac{1}{\rho}}\left[\mu(\gamma)q \right]^{\frac{1}{\rho}-1}} \qquad (4-9)$$

第一期消费的显性形式使人们可以轻松地分析气候敏感性。需注意消费在外生禀赋 y_1 和 y_2 中增加，初始污染水平、衰减因子（Decay Factor）q 和贴现因子 β 则降低（对应于贴现率 γ 增加）。

为了分析关于风险厌恶和时间偏好相互作用的解，可以计算 c_1^* 的全导数：

$$\mathrm{d}c_1^* = \frac{\partial c_1^*}{\partial \rho}\mathrm{d}\rho + \frac{\partial c_1^*}{\partial \gamma}\mathrm{d}\gamma \qquad (4-10)$$

因此，我们可以厘清风险厌恶和跨期替代的影响。计算偏导数可以看到 $\dfrac{\partial c_1^*(\rho,\gamma)}{\partial \gamma} < 0$，有且只有 $\rho > 1$，一般假定 $\rho > 1$，我们发现风险厌恶对第一期的消费有负面影响。随着风险厌恶情绪的增加，即对未来气候破坏的担忧加剧，消费和相关排放量减少。

跨期替代效应则作用相反，即如果 $\beta q\mu(\gamma) > 1$，则 $\dfrac{\partial c_1^*(\rho,\gamma)}{\partial \rho} > 0$。如果 $\mu(C_2) > c_1^*$，替代效应增加意味着消费分布尽可能均匀，因此消费从更富裕的将来转移到现在（因为存在正增长率）。

考虑到增长率 g 的不确定性。假设 g 被建模为随机变量：$g \sim N(\mu_g, \sigma_g^2)$。因此，参数 μ_g 可以解释为预期增长率。就式（4-1）的纯加性定义，$r = \delta + \gamma\mu_g - \gamma^2 \dfrac{\sigma_g^2}{2}$。观察到增长率的不确定性降低了贴现因子，这种情况下意味着没有明确的时间偏好，并增加将来消费的现值。在当前式（4-2）等式中，可得

$$r = \delta + \rho\mu_g - (\gamma - \rho + \rho\gamma)\frac{\sigma_g^2}{2} \tag{4-11}$$

在风险厌恶大于跨期风险厌恶（$\gamma > \rho$）的标准假设下，将来消费将以较低的增长率贴现。因此，与现在消费相比，将来消费的收益被贴现的程度更小，权重更高，详见 Gollier（2012）分析，包括不确定性波动的情况。

4.1.3 模糊厌恶和不确定性

现在扩展式（4-2）方法，将未来概率分布的不确定性纳入其中。按照 Klibanoff 等（2005）提出的"平滑模糊厌恶"（Smooth Ambiguity Aversion）思想，即未来事件的概率分布会被未来事件的可能概率分布所取代。本书框架与 Klibanoff 等（2009）的递归变体（Recursive Variant）有所相关。模型中的不确定性取决于随机变量 X。但我们不确定该变量的分布（因为不确定损失函数的准确形式，但可以在模型风险框架中处理）。我们将使用整类分布（Whole Class of Distributions）D 来捕捉这一点。递归方法（Recursive

Approach）现在需要对这种所谓的二阶不确定性分布进行平均处理（Klibanoff 等，2009）。对于这一步，假设整类分布 D 可以通过参数空间 Θ 进行参数化。可能概率分布用 $\theta \in \Theta$ 参数化后标记为 $\mathbb{P}(\theta)$，并假设在空间 θ 上存在概率分布 π，明确事件发生的可能性。为了引入模糊偏好（Ambiguity Preference），我们使用了一个递增的凹函数 $\phi(\phi' > 0, \phi'' < 0)$。融入模糊偏好的扩展效用函数变为

$$U_1(\Theta, \pi) = \left[c_1^{1-\rho} + \beta \phi^{-1} \left\{ \int_{\Theta} \phi [\mu(C_2, \theta)^{1-\rho}] \mathrm{d}\pi(\theta) \right\} \right]^{\frac{1}{1-\rho}} \quad (4-12)$$

式中，$\mu(C, \theta) = \mathbb{E}_{\mathbb{P}(\theta)}(u(C))$ 是对应于标记为 θ 的特定分布的确定等值。

由于在一般情况下无法获得封闭解，我们报告了一些模拟练习的结果。对于 $\xi > \rho > 1$，使用以下等式：

$$\phi(u) = \frac{-(-u)^{1+\xi}}{1+\xi} \quad (4-13)$$

对于参数选择，使用典型值 $\rho = 1.5$、$\gamma = 2$ 和 $\xi \in [5,10]$（Millner 等，2013）。模拟结果表明，ξ 增加，即模糊厌恶增加导致避免排放的措施增加，因此第一期消费减少。在控制损失分布的概率 π 可以观察到类似的结果。如果更高预期损失和/或更高损失可变性分布的概率权重增加，则第一期消费同样减少。一般来说，模糊厌恶增加会提高预期效用低状态的权重，降低预期效用高状态的权重。对于 $\gamma = \rho$ 的情况，Millner 等（2013）使用气候与经济动态综合模型（DICE）模型进行了多周期讨论。此外，Traeger（2014）详细讨论了模糊厌恶对贴现率的影响，且结论与本书结论一致，因为模糊厌恶会减少现在消费。另见 Gollier（2012）第 6 章关于不确定性波动的影响。

4.2　资产定价方法

现在将碳排放定价问题纳入资产定价框架。在这种情况下，大气中的温室气体被视为负收益资产。我们引入一个多周期离散模型，该模型运用 Epstein – Zin 递归效用框架，其他各种连续时间动态模型作为补充。

4.2.1　离散时间模型

根据 Daniel 等（2016）建议的代表性代理人模型。存在周期 $t \in \{0,1,\cdots, T\}$，在每个周期中，代理人都有一定数量的可用消费品 c_t^b。现在，代理人可以在每个时期减少 $0 \leq x_t \leq 1$ 的排放量，减少的消费部分用 $k_t(x_t)$ 表示。此外，气候变化损失减少了他/她的消费。损失函数由 $D_t(\overline{x_t}, X_t)$ 给出，并取决于累积的温室气体减排量 $\overline{x_t}$ 和随机变量 X_t，后者反映了大气中温室气体浓度和消费损失的不确定影响。

因此，$t \in \{1,2,\cdots, T\}$ 的消费流由式（4-14）给出：

$$c_0 = c_0^b[1 - k_0(x_0)]$$

$$c_t = c_t^b[1 - D_t(\overline{x_t}, X_t) - k_t(x_t)], t \in \{0,1,\cdots, T-1\} \quad (4-14)$$

$$c_T = c_T^b[1 - D_T(\overline{x_T}, X_T)]$$

代理人的最优选择决定了最优减缓策略 $x_t^*(X_t), t \in \{0,1,\cdots, T\}$，以最大化他/她的效用。

正如第 4.1 节中的讨论以及 Daniel 等（2016）的研究，将时间偏好和风险偏好分开考虑至关重要。使用 Epstein-Zin（4-2）模型函数形式，效用表示为

$$U_t = (c_t^{1-\rho} + \beta \, \mathbb{E}_t[\mu(U_{t+1})^{1-\rho}])^{\frac{1}{1-\rho}}, \ t = 0,1,\cdots, T-1 \quad (4-15)$$

式中，$\mu(U_{t+1})$ 是考虑相对风险厌恶系数 γ 未来寿命效用的确定等值。最后时间点 T 的效用累积了所有未来效用，并计算为永续年金，详见 Daniel 等（2016）的研究。

为了校准模型，随着时间的推移对边际减排成本的估计以及根据税率对碳排放进行定价都与消费损失相关联。只要技术不改变消费损失函数，就假定 k 是非时变的。通过定义技术改变成本因子，从而将技术变化引入模型。损失函数根据最终时间点 T 的温度变化 $\Delta(T)$ 来设定。其他时间点的温度分布由以下函数形式设定：

$$\Delta(t) = 2\Delta(T)(1 - e^{-\frac{t}{T}\log 2})$$

这意味着多年来温度升高的幅度正在减小。基于 IPCC（2007）第四次评

估报告的数据，Pindyck（2012）设定模型将经济损失与温度升高相关联。此外，还包括对导致极端破坏临界点的概率假设。

Daniel 等（2016）校准了从 2015 年开始的五年期模型，作为碳排放和消费的初始值，并以 30 年的间隔步骤进行。模拟结果表明，碳排放应该在早期定价更高（远高于每吨 CO_2e 排放 100 美元），然后随着时间的推移下降。他们还证明了尾部风险的重要性，尾部风险会大幅提高碳价格，并在风险厌恶和时间偏好独立的情况下产生更大的影响。

当然，如 4.1 节所述，未来影响的不确定性也可以通过使用平滑模糊厌恶模型来反映。同样地，使用先验 π，它反映了代表性代理人对不同分布的信息，递归效用可以表述如下：

$$U_t = \left\{ c_t^{1-\rho} + \beta \left\{ \int_{\Theta} \mathbb{E}_{\theta} [\mu(U_{t+1})]^{1-\xi} \mathrm{d}\pi(\theta) \right\}^{\frac{1-\rho}{1-\xi}} \right\}^{\frac{1}{1-\rho}} \qquad (4-16)$$

式中，参数 ξ 现在表示模糊厌恶，增加 ξ 将导致更高水平的碳价格。

4.2.2　连续时间模型

连续时间随机均衡模型允许对优化问题进行数学表述，通常可以用 Hamilton - Jacobi - Bellman（HJB）方程表，其最优策略可以作为偏微分方程的解（详见附录 A）。我们介绍了 Hambel 等（2020）开发的技术。

这种模型函数形式提供了大气中二氧化碳浓度、全球平均温度和全球国内生产总值（GDP）及其相互作用的模型。下节描述了模型函数形式的具体内容。

4.2.2.1　二氧化碳模型

人类活动和自然气候冲击增加二氧化碳浓度，而海洋和森林等自然汇则会减少二氧化碳浓度。二氧化碳模型可以解决上述两种影响。从当前大气中的 CO_2 浓度开始，设定下列模型：

$$Y_t^S = \tilde{Y}_0 + Y_t \qquad (4-17)$$

式中，$\tilde{Y}_0$ 是某个工业化前时代的起始浓度，Y_t 是大气中人为造成的二氧化碳含量。从动态模型上看：

$$dY_t = Y_t \left[(\mu_y(t) - \alpha_t)dt + \sigma_y dW_t^y \right] \qquad (4-18)$$

式中，W^y 是一个标准的布朗运动。过程 μ_y 模拟了大气中二氧化碳的预期增长率，即基准情景。额外的减排策略用过程 α 来表示，并改变整体增长率。技术限制用于设定可行减排策略的上限。W^y 用波动率 σ_y 模拟意外冲击。此外，还包括测量已经被自然汇吸收的大气中二氧化碳总量的过程 X。X 和 Y 由随机微分方程等式连接，我们建议读者参考原始说明。

4.2.2.2 气候模型

气候模型将大气中的二氧化碳浓度与全球变暖联系起来：

$$T_t = \eta_\tau \log\left(\frac{Y_t^S}{\tilde{Y}_0} \right)$$

全球平均温度动态变化表达式为

$$dT_t = \frac{\eta_\tau Y_t}{Y_t^S}(\mu_y(t) - \alpha_t)dt + \frac{\sigma_\tau Y}{Y_t^S}dW_t^{y,\tau} + \Gamma_\tau(T_{t-})dN_t^\tau \qquad (4-19)$$

式中，$W_t^{y,\tau} = \rho_{y\tau}W_t^y + \sqrt{1 - \rho_{y,\tau}}W_t^\tau$ 中的布朗运动 W^τ 独立于 W^y 和 $\rho_{y,\tau}$，N^τ 是一个独立于强度 λ_τ 和跳跃规模分布为 Γ_τ 的布朗运动的点过程，两者都取决于温度过程 T_t。因此，温度过程是一个跳跃扩散过程[①]，具有右偏肥尾分布，与本书第 3.5 节所述一致。

4.2.2.3 经济模型

全球变暖对 GDP 变化具有负面影响。代表性代理人（社会）只能通过选择减排策略来间接降低负面影响。与第 4.1.1 节一样，经济模型引入了根据减排政策 α 捕获减排成本的因子 K_t^α 和依赖气候变化的损失因子 D_t。在当前背景下，实际 GDP C_t 是要考虑的经济变量：

$$C_t = \overline{C}_t K_t^\alpha D_t \qquad (4-20)$$

式中，$\overline{C}_t$ 是没有气候变化影响的影子 GDP，其动态变化表达等式为

$$d\overline{C}_t = \overline{C}_t(g(t)dt + \sigma_c dW_t^{y,\tau,c}) \qquad (4-21)$$

---

① 有关这些过程的一般特征和变体，即莱维过程（L'evy 过程），请参见 Bingham 和 Kiesel（2004）。

式中，$W_t^{y,\tau,c} = \rho_{c,y}W_t^y + \rho_{c,\tau}W_t^\tau + \rho_c W^c$ 是布朗运动，独立于 W^τ、W^y 和点过程 N^τ。$\rho_{c,y}$、$\rho_{c,\tau}$ 和 ρ_c 是相关参数。g 是增长率但可能取决于消费率 χ。

Hambel 等（2020）认为需要考虑损失函数的两种变体。作者使用水平冲击影响 $D_t = D(T_t)$，其中损失仅取决于当前温度。一个更现实的模型是将损失与温度变化的整个路径联系起来 $D_t = \exp\{-\zeta_d \int_0^t T_s \mathrm{d}s\}$，其中 ζ_d 是一个尺度参数（Scaling Parameter）。这种变体可能会造成持久的损失，如越过临界点。定义成本过程 $K_t^\alpha = \exp\{-\int_0^t k(s, Y_s, \alpha_s)\mathrm{d}s\}$，其中 k 为瞬时增长效应，得出实际 GDP 动态变化等式：

$$\mathrm{d}C_t = C_t\{[g(t,\chi) - \zeta_d T_t]\mathrm{d}t + \sigma_c \mathrm{d}W^{y,\tau,c} - k(t, Y_t, \alpha_t)\} \quad (4-22)$$

现在，用 Epstein-Zin 类型偏好表示代表性代理人 t 时的效用 $J_t^{\alpha,\chi}$：

$$J_t^{\alpha,\chi} = E_t\left[\int_t^\infty f(C_s^{\alpha,\chi}, J_s^{\alpha,\chi})\mathrm{d}s\right] \quad (4-23)$$

聚合函数与上述效用函数采用的参数相同，即相对风险厌恶 γ、跨期替代弹性 ρ 和纯时间偏好率 δ。

代表性代理人有一组可接受的减排—消费集合 A 的策略 α，χ 在每个时间点 t 最大化时间 t 效用。根据变量 C、X、Y 和 T 的当前值进行优化：

$$J(t, c, x, y, \tau) = \sup_{(\alpha,\chi)\in A}\{J_t^{\alpha,\chi} | C_t = c, X_t = x, Y_t = y, T_t = \tau\} \quad (4-24)$$

因此，Hamilton-Jacobi-Bellman（HJB）方程[①]是：

$$
\begin{aligned}
0 = \sup_{\alpha,\chi}\Big\{ & J_t + c(g - \zeta_d\tau - \kappa)J_c + \frac{1}{2}c^2\sigma_c^2 J_{cc} + y(\mu_y - \alpha)J_y \\
& + \frac{1}{2}y^2\sigma_y^2 J_{yy} - \delta_y(x)yJ_x + \frac{y\eta_\tau}{y + \tilde{Y}_0}(\mu_y - \alpha)J_\tau + \frac{1}{2}\left(\frac{\sigma_\tau y}{y + \tilde{Y}_0}\right)J_{\tau\tau} \\
& + \frac{y^2}{y + \tilde{Y}_0}\rho_{y,\tau}\sigma_y\sigma_\tau J_{y\tau} + cy\rho_{c,y}\sigma_y\sigma_c J_{cy} + c\sigma_c\rho_{c,\tau}\frac{\sigma_\tau y}{y + \tilde{Y}_0}J_{c\tau} \\
& + \lambda_\tau\lfloor J(t, c, y, \tau + \Gamma_\tau) - J\rfloor + f(\chi c, J)\Big\}
\end{aligned}
$$

$$(4-25)$$

---

① J 的下标表示偏导数。

HJB（4 – 25）可以通过数值方法求解，如使用有限差分。求解过程也不会说明校准程序，而是直接说明主要结果。

重要的是，该分析揭示了模拟气候变化对产出水平与增长影响的差异。如果影响是对产出水平的影响，则最佳减排政策以及碳社会成本（即碳价）会随温度变化很大。在这种情况下，风险厌恶和跨期替代的弹性对政策选择具有显著影响。在增长影响的情况下，风险厌恶的重要性减弱。与第4.1节中的结果相反，碳价格在所考虑的整个时间段内（到2200年结束）都在增加。

Barnett等（2019）也依赖类似的连续时间模型和递归效用过程，并明确关注不确定性的建模及其对政策决策的影响。为此，作者调查的内容包括模糊厌恶和模型稳健性（模型的不确定性）。为了解决模糊厌恶，作者使用平滑模糊设定模型（Klibanoff等，2005）（见本书第4.1节）。结果显示不确定性对碳社会成本具有重要影响，大约占其成本的一半。同样，碳社会成本在所考虑的时期内（未来100年）增加。关于不确定性如何影响碳社会成本的详细分析是Lemoine（2020）的研究重点。预防性储蓄、损失与消费的比例、将来消费与当前减排量对将来消费增长影响之间的协方差被确定为影响碳社会成本的主要渠道。通过数值模拟，表明不确定性大大增加了碳社会成本，气候变化对消费影响的不确定性尤为重要。

Cai和Lontzek（2019）研究了一种称为气候和经济的动态随机综合模型（DSICE）的随机模型。作者强调气候临界点不可逆转地过渡到不同气候过程阈值的重要性。作者基于高维马尔科夫链方法，运用了大量的计算资源，发现不确定性会显著影响碳社会成本，特别是临界点会显著增加碳社会成本（超过3倍）。

本书的结果充分表明，数学模型在分析气候变化对社会的影响方面发挥着重要作用。本书还强调了在结果解释和稳健性方面谨慎使用此类模型。然而，如果处理得当，可以提供有关风险管理措施的观点，以改变气候变化引起的风险。

4.3　市场怎么看?

4.3.1　绿色影响投资

本书讨论企业温室气体排放（或强度）是否可能由绿色投资者施加的压力所驱动，即绿色（影响）投资。深入了解影响企业减排和减缓决策的机制对于讨论大型投资组合投资者（甚至中央银行）的作用也很重要。绿色投资者筛选公司并排除（通过撤资）或减持碳密集型（以某种形式的碳强度衡量）公司。因此，相关研究内化了所投资公司未来环境外部性的预期财务影响。这些外部性可能是正面的，也可能是负面的，具体取决于公司面临的转型风险、物理风险或诉讼风险。

为了讨论绿色投资，本书按照 DeAngelis 等（2020）提供的连续时间动态框架的简化版本。证券市场模型使用 n 维布朗运动作为随机源。有 n 个风险股票，编号为 $i \in \{1, \cdots, n\}$ 并且可以在 $t \in [0, T]$ 交易，即直到终止日期 T。因此，市场模型没有套利而且是完全的（见附录 A 定义）。每只股票都在 T 时拥有单一清算股息 D_T^i 的追索权，因此 $p_T^i = D_T^i$ 等式中，p_T^i 表示均衡价格过程。股息的 n 维向量为

$$D_T = D_0 + \int_0^T \sigma_t \mathrm{d}B_t \qquad (4-26)$$

式中，σ_t 是确定性波动率 (n, n) 矩阵，B_t 是在过滤概率空间 $(\Omega, \mathcal{F}, \mathbb{F}, \mathbb{P})$ 上定义的标准 n 维布朗运动[①]。潜在的解释是终期红利是由每只股票 i 的 $\sigma_t^i \mathrm{d}W_t^i$ 给出的一系列现金流量事件驱动的。股息预测由条件期望 $D_t = \mathbb{E}(D_T \mid \mathcal{F}_t)$ 给出。

市场上两种类型的投资者对现金流消息有不同的预期。普通投资者信息由上一段的框架给出，而绿色投资者将其所投资公司的预期环境外部性的财

---

① 通常将 W 用布朗运动，但考虑到本节需要一个财富过程，本书改变了符号。这两种类型都在文献中使用。

务影响内部化，导致等式中的额外漂移项式（4 - 26）。尤其是漂移项由递减函数 $\theta_i(\psi_t^i)$ 给出，式中 ψ_t^i 是公司 i 在 t 时的排放量（或相关量）。在向量符号中，过程 D_t 具有确定性漂移 $\int_0^t \theta(\psi_s)\,\mathrm{d}s$，绿色投资者的终期红利为

$$D_T = D_0 + \int_0^T \theta(\psi_t)\,\mathrm{d}t + \int_0^T \sigma_t\,\mathrm{d}W_t \qquad (4-27)$$

及其条件期望为：$\mathbb{E}(D_T|\mathcal{F}_t) = D_t + \int_t^T \theta(\psi_s)\,\mathrm{d}s$。

普通投资者（r）和绿色（g）投资者使用（n 维）交易策略 $\varphi_t^{r,g}$ 交易可用资产，该策略指定 t 时持有资产 i 的数量。所以，财富过程①为

$$W_t^x = w + \int_0^T (\varphi_s^x)'\mathrm{d}p_s, \quad x \in \{r,g\} \qquad (4-28)$$

式中，w 是投资者的（相等的）初始财富。现在，投资者最大化财富 W_T 的预期效用：

$$\mathbb{E}(1 - \exp\{-\gamma W_T^x\}) \quad x \in \{r,g\} \qquad (4-29)$$

y 表示投资者的绝对风险厌恶程度，并假定所有投资者的风险厌恶程度都相同。在此基础上，均衡资产价格为

$$p_t = D_t - \int_t^T \mu_s \mathrm{d}s \text{ 和 } \mu_t = \gamma_t \sum_t 1 - \frac{1}{2}\theta(\psi_t)$$

$$\sum_t = \sigma_t'\sigma_t \qquad (4-30)$$

式中，$-\frac{1}{2}\theta(\psi_t)$ 是外部性溢价，将资产价格与碳排放计划联系起来。现在可以获得普通投资者和绿色投资者的最佳交易策略：

$$\varphi_t^r = \frac{1}{2}\left(1 - \frac{1}{\gamma}\sum_t{}^{-1}\theta(\psi_t)\right) \qquad (4-31)$$

和

$$\varphi_t^\gamma = \frac{1}{2}\left(1 + \frac{1}{\gamma}\sum_t{}^{-1}\theta(\psi_t)\right) \qquad (4-32)$$

在讨论之前，首先看上述结果的证明步骤，详细信息可参阅 DeAngelis 等

---

① 对于向量 x，y，x' 表示转置向量，$x'y$ 表示通常的向量的乘法。

（2020）的研究文章。现在，由于市场是完全的且没有套利，因此存在唯一的等效市场测度，称为风险中性测度（Risk - neutral Measure）。无论是普通投资者还是绿色投资者，假设他们各自的资产价格动态变化由不同的信息过程引起，投资者可解决优化问题。为了找到最佳的最终财富，可以使用标准的拉格朗日乘数参数（根据预算约束进行优化）。请注意，此优化问题是在一组可接受的随机变量中搜索随机变量。下一步使用市场出清条件，投资者的终端财富总和必须是 T 时的股息支付，以确定风险中性测度。鞅条件可以计算资产价格动态变化。为了找到最佳交易策略，市场的完全性特征必须考虑。事实上，（普通和绿色）投资者的最佳终端财富是一种或有债权，可以通过交易资产来复制。复制普通投资者和绿色投资者的最优终端财富的交易策略就是最优策略。

式（4 - 26）显示了资产价格如何对外部性溢价调整作出反应。通过函数 θ 驱动的绿色投资者内部化，价格随着未来环境外部性的财务影响而上涨。DeAngelis 等（2020）提供了一个更丰富的模型，该模型还允许绿色投资者和普通投资者拥有不同的初始财富。研究表明，价格也随着绿色投资者的财富占总财富的比例而增加。总之，"棕色"企业的资产价格将低于"绿色"企业的资产价格（相反均衡回报率更高）。

在进一步的模型扩展中，DeAngelis 等（2020）在分析中包括环境外部性的不确定性。由于气候风险的特点是肥尾和临界点（见第 3.5 节），因此应使用点过程来模拟这种额外的不确定性。具有（n 维）强度（Λ_t）和独立跳跃规模（Y_k）$_{k>1}$ 的时间非齐次泊松过程 N 用于表示终端红利的向量：

$$D_T = D_0 + \int_0^T \sigma_t \mathrm{d}B_t + \sum_{k+1}^{N_T} Y_k \qquad (4-33)$$

因此，在时间间隔 $[0,T]$ 内，会发生随机数量的跳跃规模为 Y_k^i 的冲击 N^i。当未来环境外部性的不确定性以这种方式内化时，绿色投资者减少了对"绿色"企业的投资份额，"棕色"企业的预期回报减少，"绿色"企业的预期回报增加，再次凸显了企业温室气体排放数据透明度和准确性的必要性（第 6 章将进行讨论）。

DeAngelis 等（2020）还将优化企业的排放时间表纳入其框架。最佳时间表平衡了不采取减排措施所节省的成本和环境外部性的负面影响。研究表明，排放量随着绿色投资者管理的资产比例及其环境严格程度的变化而减少，并随着环境外部性的成本减少而增加。因此，让公司获得低成本技术解决方案以减少碳排放非常重要，证明支持更绿色的技术开发是合理可行的。

第 13 章讨论了这些影响的经验证据。

4.3.2 绿色股票与棕色股票

使用 Pastor 等（2020）模型的简化版本。考虑一个单期模型，$t \in \{0,$ $1\}$，有 n 个企业、u 个投资者的连续样本。（超额[①]）收益向量是：

$$R = \mu + \varepsilon \tag{4-34}$$

式中，μ 为均衡（超额）回报，且 $\varepsilon \sim N(0, \sum)$。公司具有碳特征 $g = (g_i)$，如果公司产生正外部性，则为正；如果公司产生负外部性，则为负。我们标记第一类企业为"绿色"企业，第二类企业为"棕色"企业。投资者会关心企业所属类型，碳敏感度 $d_u \geqslant 0$（增加 d_u 意味着重要程度更高）。初始时间 $t = 0$，投资者的财富是 w，在 $t = 1$ 时的财富是 $W_u = w_u(1 + x'_u R)$，式中 x_u 是向量，第 i 个元素指定在资产 i 中投资者 u 投资资产的财富比例。

投资者 u 的效用为

$$U(W_u, x_u) = -\exp\{-\gamma_u W_u - x'_u b_u\} \tag{4-35}$$

且 $b_u = d_u g$。

假设投资者具有相同的相对风险厌恶 $\rho = \gamma_u w_u$。为了获得最佳投资组合权重，我们使用正态假设（暂时使用正态分布随机变量的生成函数）并评估一阶条件：

$$\mathbb{E}[U(W_u, x'_u)] = \mathbb{E}[-\exp\{-\rho(1 + xx'_u R) - x'_u b_u\}]$$

$$= -e^{-\rho} \mathbb{E}\left[\exp\left\{-\rho x'_u \left(R + \frac{b_u}{\rho}\right)\right\}\right]$$

---

① 假设无风险利率为零。

$$= - e^{-\rho}\exp\left\{ - \rho x'_u\left(\mu + \frac{b_u}{\rho}\right) + \frac{\rho^2}{2}x'_u\sum x'_u\right\}$$

对 x'_u 微分，得到一阶条件：

$$- \rho\left(\mu + \frac{b_u}{\rho}\right) + \frac{\rho^2}{2}\sum x_u = 0$$

所以，

$$x'_u = \frac{1}{\rho}\sum{}^{-1}\left(\mu + \frac{b_u}{\rho}\right) \tag{4-36}$$

设 $\omega = \int \omega_u \mathrm{d}u$ 为初始总财富，$\omega_u = \omega_u/\omega$ 为投资者 u 在总财富中的比重。定义 $\bar{d} = \int \omega_u d_u \mathrm{d}u \geqslant 0$ 为投资者碳敏感度的财富加权平均值。现在，使用市场出清条件可以找到市场组合的权重 x_M：

$$x_M = \int \omega_u x_u \mathrm{d}u = \frac{1}{\rho}\sum{}^{-1}\int \omega_u\left(\mu + \frac{b_u}{\rho}\right)\mathrm{d}u$$

$$= \frac{1}{\rho}\sum{}^{-1}\mu + \frac{\bar{d}}{\rho^2}\sum{}^{-1}g$$

由此，我们得到市场股权溢价：

$$\mu_M = x'_M\mu = \rho\sigma_M^2 - \frac{\bar{d}}{\rho}x'_M g \tag{4-37}$$

式中，σ_M^2 为市场回报方差。假设市场是碳中性的，即 $x'_M g = 0$，发现（Pastor 等 2020 年设计的命题 1）：

$$\mu = \mu_m\beta - \frac{\bar{d}}{\rho}g \tag{4-38}$$

式中，$\beta = \frac{1}{\sigma_M^2}\sum x_M$ 是市场贝塔值。因此，对于 $\bar{d} > 0$，股票 i 的预期回报在 g_i 中下降，即股票碳特征的预期回报下降。式（4-38）也意味着股票 i 的 Alpha 值是：

$$\mu_i = - \frac{\bar{d}}{\rho}g_i \tag{4-39}$$

因此，"绿色"股票（这些股票 $g_i > 0$）的 α 为负，而"棕色"股票的 α 为正。

　　该框架还允许人们深入了解"绿色"股票和"棕色"股票的贝塔值，以防因环境问题而出现随机冲击。我们只给出一个简要的概述，并请读者参考 Pastor 等（2020）的详细分析。为了考虑环境冲击，假设存在宏观冲击 Z_g 和消费者因环境问题而发生的需求变化。除了暴露于环境消费风险之外，股票还受到投资者担忧的影响，因此股票暴露于碳风险因子 Z_g。设 g 和 h 是公司对这些冲击的敏感度，回报由 $R = Z_h h + Z_g g + \varepsilon$ 给出。在计算出市场组合权重 x_M 后，市场收益为 $R_M = (x'_M h) Z_h + (x'_M g) Z_g g + x'_M \varepsilon$。现在，$x'_M g = 0$，事实证明，只要 $\mathbb{C}\mathrm{ov} Z_h, Z_g > 0$，绿色因素的贝塔值为正。这意味着绿色公司的市场贝塔值随碳因子而增加，而棕色公司的市场随贝塔值减少。因此，绿色公司在市场上行时的表现优于棕色公司，反之则相反。

第二部分

碳金融——数据

第二部分主要描述了适用的统计技术、数据需求分析和"大数据"解决方案。深入理解高维度数据都需要运用数学模型来阐述和校准，这些模型可以捕捉自然界、经济社会领域中普遍存在的因果关系。以往经验表明，由于建模时因变量是由多个输入变量和随机误差加权计算，导致大多数线性模型（Linear Model）和加性模型（Additive Model）缺乏灵活性，无法可靠地反映因果关系。为了解决这一问题，需要探索开发建立足够灵活的模型，以更好地解决因变量之间的复杂关系，同时又能够透明地开展一些基本的合理性校验（Plausibility Check），必要时还可对模型实际输出值与模型预期输出值存在的偏差进行因果分析。当前，"大数据分析"（Big Data Analytics）已经开发出各种工具和算法，可以有效解决上述问题。例如，高效存储大量原始数据的非关系型数据库（Non-relational Database）、解决拥有大量输入参数的复杂分类或回归问题的人工神经网络（Artificial Neural Network）或正则化技术（Regularisation Technique）、有助于高维度数据集图形展示的各种可视化工具。这些技术在气候科学、宏观经济学和金融学交叉领域的有效应用，有望提供可行的解决方案。

第5章　碳金融和人工智能

最近，人工智能（Artificial Intelligence，AI）或机器学习（Machine Learning，ML）技术在资产定价、风险对冲和金融资产估值方面受到普遍关注。机器学习是应用计算机算法程序的统称，能够运用数据和以往经验自动改进计算机算法。机器学习是人工智能的一部分，人工智能是所有应用程序的总称，可以指令机器执行类似人类的智能行为，如学习、评估或解决问题。人工智能技术的应用为及时解决跨领域的大型复杂数据结构创造了机会，从而识别出以前未知的相互关系。通常，降维是指从高维复杂的数据中提取出基础信息，把数据从高维空间降到低维空间，使数据的低维展示能够保留原始数据某些有意义的特征。

人工智能技术在金融市场中的应用案例之一是使用市场数据和元信息（Meta-information）组合来校准债券利差，包括债券币种、利息支付时间及其性质和幅度、优先级和抵押品以及发行人的信用评级、居住国和行业属性。碳数据与市场数据结合可以分析碳风险对信用利差、股价表现的影响，分析波动性则是使用人工智能技术的另一个典型应用。可以看到，识别和衡量碳风险与股权/债务成本、传统风险因素（行业、国别等）之间的关系，以及碳风险敞口与财务风险之间的相互关系可以应用人工智能技术。目前，比较流行且具有特色的例子是文本挖掘（Text Mining），即基于算法将大量文本转换为定量信息的过程。在碳风险背景下的应用包括构建气候新闻指数或简单地从公司报告中提取与碳风险相关的信息。Dixon 等（2020）阐述了文本挖掘技术在金融领域的更多应用。

5.1 机器学习简介

本章首先阐述基础的统计技术，该技术是了解数据密集型机器学习技术方法的起点。

5.1.1 线性模型和广义线性模型（**Generalised Linear Models**）

假设存在一个潜在的概率空间（Probability Space）和该空间上定义的变量 X 和 Y。最简单情况下，假设有两个观察值的集合，分别为 $x = (x_1, \cdots, x_n)$（源于 X）和 $y = (y_1, \cdots, y_n)$（源于 Y），最终目标是了解 X 和 Y 之间的相互关系。因此，考虑组合 (y_i, x_i)，其中 y_i 是因变量（或响应变量），x_i 是自变量（或解释变量）。基本假设是两者存在以下函数关系：

$$Y_i = \varphi(X_i) + \varepsilon_i, \quad i = 1, \cdots, n$$

式中，$\varphi : \mathbb{R} \to \mathbb{R}$ 称为回归函数（Regression Function），$\varepsilon_i : \Omega \to \mathbb{R}$ 是误差项。最简单的关系是线性关系。回归函数为

$$\varphi(x) = \alpha + \beta_1 x$$

我们要估计回归系数的向量 $\beta = (\alpha, \beta_1)$，并得到其分量的置信区间。同时，测试分量是否对回归结果有显著影响。

一般地，估计基于最小化均方差（Minimum Mean – Square Error, MMSE）来实现：

$$\varepsilon(\alpha, \beta) = \frac{1}{n} \sum_{i=1}^{n} \left[y_i - (\alpha + \beta x_i) \right]^2 \qquad (5-1)$$

得到：

$$\alpha = \bar{y}_n - \beta \bar{x}_n \text{ 和 } \beta = \frac{S_{xy}^2}{S_{xx}^2}$$

式中，$S_{yy} = \dfrac{1}{n-1} \sum_{i=1}^{n} (y_i - \bar{y}_n)^2$，$S_{xx} = \dfrac{1}{n-1} \sum_{i=1}^{n} (x_i - \bar{x}_n)^2$，$S_{xy} = \dfrac{1}{n-1} \sum_{i=1}^{n} (x_i - \bar{x}_n)(y_i - \bar{y}_n)$。在独立同分布的误差项标准假设下，也称作最大

似然估计量和标准特征（如无偏性、渐近正态性）。

可以推广上面的简单线性回归，使因变量 $Y_i, i = 1, \cdots, n$ 依赖向量值的自变量 $(X_{11}, \cdots, X_{1m}), \cdots, (X_{n1}, \cdots, X_{nm})$，即

$$Y_i = \varphi(X_{i1}, \cdots, X_{im}) + \varepsilon_i$$

回归函数 φ 为

$$\varphi(x_1, \cdots, x_n) = \beta_0 + \beta_1 x_1 + \cdots + \beta_m x_m$$

同样，还需要估计系数 β_j。假设解释变量为确定变量，并定义以下矩阵：

$$Y = \begin{pmatrix} Y_1 \\ \vdots \\ Y_n \end{pmatrix}, X = \begin{pmatrix} X_{11} & \cdots & X_{1m} \\ \vdots & & \vdots \\ X_{n1} & \cdots & X_{nm} \end{pmatrix}, \beta = \begin{pmatrix} \beta_1 \\ \vdots \\ \beta_n \end{pmatrix}$$

X 为设计矩阵（Design Matrix）。我们试图找到一个向量 $\hat{\beta}$，使均方误差最小化（其中 X_i 表示设计矩阵的第 i 行）。

$$\varepsilon(\beta) = \frac{1}{n} \sum_{i=1}^{n} (Y_i - X_i \beta)^2$$

我们得到[①]：

$$\hat{\beta} = (X'X)^{-1} X'Y$$

假设误差项 β_i 具有零均值、方差 $\sigma^2 > 0$ 且不相关，则可以得出 F 检验（$F - test$）不拟合，同时得到针对单个分量的 t 检验具有显著性。此外，可以估计 β 的每个分量 β_i 的置信区间，并且可以获得 β 的联合置信带（Joint Confidence Band）。

广义线性模型将离散响应（Discrete Response）与解释变量联系起来。在二元情况下，我们有响应变量 $Y \in (0, 1)$，解释变量 X，并将条件概率表达为

$$\mathbb{P}(Y = 1 | X) = 1 - \mathbb{P}(Y = 0 | X) \tag{5-2}$$

假定函数形式为

$$\mathbb{P}(Y = 1 | X) = F(X, \beta) \text{ 和} \mathbb{P}(Y = 1 | X) = 1 - F(X, \beta) \tag{5-3}$$

同样，β 是一个 d 维参数向量，显示了 X 分量对条件概率的影响。大多数

---

① X' 表示向量（矩阵）X 的转置向量（矩阵）。

情况下，已使用正态分布 φ，描述所谓的 Probit 模型：

$$\mathbb{P}(Y = 1 \mid X) = \int_{-\infty}^{X'\beta} \phi(t)\,\mathrm{d}t = \Phi(X'\beta) \tag{5-4}$$

常见的替代表达式为 Logit 模型：

$$\mathbb{P}(Y = 1 \mid X) = \frac{\exp(X'\beta)}{1 + \exp(X'\beta)} = \Gamma(X'\beta) \tag{5-5}$$

Logistic 分布的形状与正态分布相似，但 Logistic 分布的尾部更长。两种分布参数估计都可以使用最大似然法获得。

随着模型复杂性的增加，预测的可变性也会增加。此外，如果参数太多，模型可能会过度拟合数据和模型噪声而不是反映潜在变化趋势，导致对不可见数据的泛化能力偏弱。为了更深入地讨论处理模型复杂性的问题、应用程序和方法，建议读者参考 Greene（2018）和 James 等（2017）的文章。

5.1.2　机器学习分类

5.1.2.1　有监督学习（Supervised Learning）

在有监督学习中，我们标记数据 $(x_1, y_1), \cdots, (x_n, y_n)$，其中 x_i 由随机变量 X 生成，y_i 由随机变量 Y 生成，旨在理解 X 和 Y 两者之间的关系，每个 x_i 称为一个特征向量，y_i 是响应向量。这种方法对于分析金融市场的风险溢价至关重要（见第 9 章和第 10 章）。

有监督学习方法的共同点是需要求解大型线性方程组。常见的例子是核估计（局部平滑）和（局部）加权线性组合。此类方法的优点是众所周知的理论特征，以及可以非常容易地追溯各个部分的影响。缺点是处理未知的非线性关系能力有限。人工神经网络（ANN）也是一类重要的方法，是线性模型的自然扩展形式，是输入空间到高维空间的非线性映射 $\phi(X)$。ANN 是一组相互连接的神经元或把输入层、隐藏层和输出层组成的单元进行连接。一个单元的输入是前一层单元状态的加权，叠加一个简单的非线性函数，例如，标准逻辑函数（Standard Logistic Function）或自变量和零的最大值。反向传播算法（Back – propagation Algorithm）用于有效地训练神经网络，通过使用经典牛顿法（Newton Method）和链式法则推导得出。人工神经网络非常灵活，可以很好地并行化。深度学习指更多的层数可以提高性能。除了结构组件之外，还需要隐藏层和每层神经元的数量，即所谓的超参数，以微调预测性能。这些是优化网络训练的算法、训练集的结构、训练重复次数等。缺点之一是网络架构的选择往往更像是一门艺术而不是一门科学。多层（深度）神经网络可以变得任意复杂。因此，在输入值和结果之间建立因果关系往往几乎是不可能的。回归树（Regression Tree）对于合并多路预测变量交互很有用。这种方法是在空间上将数据集分割成通常基于单个特征值的越来越小的子集。除了分类，决策树也可以用于分段线性回归。随机森林（Random Forest）是处理分类和回归任务的集成学习方法，由许多决策树组成。决策树的预测将平均过程（Averaging Procedure）与随机森林的预测相结合。许多略有不同的决策树组合比单独使用它们中的任何一个都能做出更好的预测。与神经网络相比，决策树的一大优势是对数据进行分类的规则是人类可读的，因此可以很容易地追踪导致特定分类的原因。

5.1.2.2　无监督学习（Unsupervised Learning）

在无监督学习中，我们得到未标记的数据 $x_1, \cdots, x_n$，旨在导出探索性数据信息，通常是用于发现隐藏的模式或者对数据进行分组。无监督学习的典型形式包括聚类，即基于相近度/相似性或基于共同中心点的相似度形成实体组。此外，还包含异常值检测，即识别与最接近的实体相距甚远的实体，以至于怀疑发生了数据记录/处理错误，或者潜在的现实世界现象偏离了众所周知的经验规律。用于类别形成（聚类）的经典数学程序包括基于质心的聚类（如 K 均值），其中聚类由中心向量表示，对象形成最近的聚类中心。此外，还有基于联通性的聚类（如 k - 近邻算法），基于整个数据集对象间距离计算的聚类方法。另一种方法是基于密度的聚类（如 DBSCAN 算法），在这种情况下，聚类被定义为密度高于数据集其余部分的区域。这些程序已经被广泛研究和尝试，但仍然存在局限性。例如，数据点位置的微小差异或变化可能导致对象被严格分配到一个或另一个聚类中。我们在尝试对公司进行分组时会遇到上述这些技术问题，如根据披露的气候相关数据对公司分类。

表 5 - 1 列出了一些关于机器学习使用的方法和术语。

表 5 - 1   机器学习术语

缩略语	全称	应用领域	定义
CNN	卷积神经网络（Convolutional Neural Network） 深度伪造（Deep fakes）	图片 图片，文本	以预定义的方式过滤图像的相邻子部分，例如，沿垂直线 看似逼真的复制品，主要是（动画）图片；通常由生成对抗网络（GAN）生成（见下文）
DNN	深度学习神经网络（Deep Learning Neural Network）	所有	多层叠加的人工神经网络
GAN	生成对抗网络（Generative Adversarial Network）	图片，文本	用于区分正品和假冒品的模型，可用于自动生成具有欺骗性的相似仿制品
LSTM	长短期记忆网络（Long Short - term Memory）	文本	是循环神经网络的一种（见下文），但部分在短距离上延伸，部分在单词之间的长距离上延伸
NSL	神经结构学（Neural Structured Learning）	所有	增强神经网络的学习过程，通过使用结构化信号和输入特征来实现
PCA	主成分分析（Principal Component Analysis） 随机森林（Random Forest）	线性方法 所有	根据特征值的大小对特征向量进行排序，拒绝最不相关的 适用于候选输入种类较多的情况，包括对通过解释变量的几个竞争组合获得的结果进行平均
RL	强化学习（Reinforcement Learning）	所有	带有反馈的试错，如国际象棋比赛获胜、平局或失败的指标；也可以应用于自身学习
RNN	循环神经网络（Recurrent Neural Network）	文本	在时间轴上应用给定的过滤器；从纯数学角度来看，与 CNN 非常相似
SVM	支持向量机（Support Vector Machine）	线性方法	一种描述具有相当少量参数的机器学习方法（L1 - penalty，…）
TL	迁移学习（Transfer Learning）	所有	尝试将在 A 上训练的模型毫不费力地应用到 B 上

5.1.3   基于机器学习的碳强度估计

我们以机器学习应用于碳金融关键问题（即碳强度估计）作为示例。本节使用随机森林回归将环境、基本面和公司特定变量组成的集合纳入模型函数中。可以使用竞争模型范式、估计过程和回归函数形式的假设来计算输出。

该模型的目标是将一组多维变量转化为一个数值。这将使我们能够确定在碳强度方面与同类公司相比表现更好或更差的公司。正如我们将看到的，研究金融资产的碳风险需要碳强度（见第 8 章至第 11 章）。使用以下形式的回归函数设定模型：

$$Y = f(X, Z, W) + \varepsilon \qquad (5-6)$$

式中，因变量 Y 为碳强度，用 CO_2e 排放量/收入进行计算。对于 CO_2e 排放量，使用了范围 1 和范围 2 碳排放量的总和。X 收集基本变量，例如总资产/总收入和员工人数/总收入、营业利润率（更高的盈利能力可能表明对清洁能源的更多投资和更少的碳风险），以及资本密集度（投资更多的公司更有能力使其投资组合脱碳）。Z 分解成产业和地理方位，例如，产业收入（北美产业分类体系）占公司每年总收入的百分比、公司总部所在地区以及按购买力平价人均 GDP 衡量的国家收入水平。最后，W 包含环境指标，如清洁技术（公司是否开发清洁技术，如风能、太阳能、水力、地热或生物质能？）等布尔变量；对气候变化风险/机遇的认识、减排目标/目标减排量（公司是否设定了任何减排目标或要实现的目标？）以及碳排放权交易（公司是否参与任何碳排放权交易倡议？）。

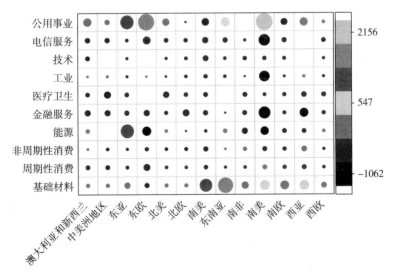

图 5-1　热图

73

5.2 将人工智能应用于碳风险

5.2.1 动机

下文描述了人工智能技术应用于碳金融相关案例时面临的巨大挑战，包括可用数据的质量和数量、选择合适的技术和模型、结果解释、数据共享以及数据隐私和安全，还包括高质量的硬件和功能更强的软件的可用性。

然而，人工智能和机器学习远远不能处理大多数碳金融问题。低碳世界实现转型还面临诸多风险和不确定性，尽管欧洲和全球层面已经采取了若干措施，如碳排放权交易、税收、补贴和技术推广。金融市场参与者倾向于考虑 1~3 年的时间范围。相关历史数据通常不可用，这就是为什么需要聚合不同模型的原因。由于相关量的估计统计分布通常有肥尾（如二氧化碳浓度加倍会导致温度变化），因此存在高度不确定性。鉴于这些阻碍，单靠数学金融和风险管理的传统方法通常不足以建立有效和系统的方法来识别、衡量和管理碳风险。然而，最大的挑战是问题本身的复杂性，因为经济和金融碳风险源自气候系统对温室气体排放的复杂反应以及隐含的物理风险和政治风险。评估一家公司面临气候风险的程度及其管理这些风险的有效性本身就具有挑战性。例如，信息必须以聚合和分析的形式从不同的数据源中提取为异质数据。同样有问题的是根本不报告此类信息或仅零星报告此类信息的公司。然而，必须将这些公司分配到可比公司的聚类分析当中。

这个过程中出现的另一个挑战是碳簇的自动形成，在某种程度上，与碳强度相关的特征值的簇内变化很低，而簇之间的差异很大并且存在统计显著性。在这些极点之间取得平衡是机器学习或人工智能的一般任务。

此外，将投资组合中的被投资方和发行人自动映射到独特的碳强度聚类可以成功实施，还可以自动生成关于整个投资组合碳强度的报告。在投资组合管理实践中，对碳风险的专业考虑需要将相关风险因子整合到所用的定价模型和风险模型中。以数据为中心的策略创造了及时、全面地自动评估大型投资组合碳相关数据的机会。它能够在适当考虑各种因素以及确定不同组之间相关联系的情况下将单个发行人分配给碳聚类。我们将看到，图 5-2 中描述的现代技术组合将支持应对巨大挑战，从碳相关风险的管理开始，到使用分布式账本技术为碳信用交易建立适当的基础设施结束。受限于不同的法律法规，相关数据来源比较分散，因此共享数据并非没有风险。然而，"隐私增强技术"（Privacy - enhancing Techniques）的崛起有可能减少甚至减轻这些限制。

机器学习

- 数据分析：分析大量且不断增加的非结构化或半结构化数据
- 有监督学习：$f(y|x)$
- 无监督学习：$f(x)$
- 深度学习：网络，如智能手机、平板电脑等语音控制
- 强化学习：软件代理，奖励最大化

数据共享

- 安全多方计算：各方在不披露个人输入的情况下计算共同输出
- 联邦学习：各方共享数据分析的见解，而本身并不共享数据
- 同态加密：数据在共享前被加密并用来分析，但不会解码原始信息
- 差分隐私：噪声被添加到数据集中，因此不可能对单个输入进行逆向工程
- 零知识证明：在不揭示价值本身的情况下证明对价值的了解

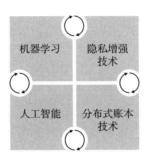

人工智能

- NeuralAl：神经网络
- VisualAl：模式识别，卷积神经网络，如谷歌大脑
- LinguisticAl：语言合成、潜在语义分析
- 模式预测：预测模式的动态变化

分布式账本技术

- 交易能力：比特币网络价值；比特币通信协议
- 交易合法性：假名和散列函数；签名；交易、支付条件脚本
- 交易共识：交易和区块链；共识协议
- 区块链与加密经济

图 5-2 人工智能应用的不同维度

隐私增强技术的一个重要示例是联邦学习。这种类型的机器学习基于本地模型和全局模型的迭代聚合。一旦一方在本地数据集上训练了模型，它将训练的本地模型参数传输给第三方，第三方将本地模型聚合为全局模型。我们将看到，成功实施此类分布式或去中心化技术有助于弥合当前存在的数据差距。

5.2.2 构建人工智能模型

5.2.2.1 数据处理

一开始，数据相关信息以实值向量表示。这是通过大量非线性组合且在

大多数情况下不可逆的转换来实现的。通常，此步骤涉及不同因素，导致整个进程最耗时，如由于几乎所有大型数据集都存在错误，需要进行数据清理。当这些错误阻碍了任务执行时，要么必须被纠正，要么相关的数据集必须被识别和排除。这是分布式计算或联邦学习实践中的主要障碍。下一步可以称为删除被认为不相关的信息项/特征。这种情况下的一个例子是文本挖掘应用程序，其中字体信息是无关紧要的。

然后是标记化，即将整数分配给不同的类别。这类似于在字典中对单词进行编号，然后将单词的编号称为单词本身。

下一步通过创建二进制指示符来处理字母或类别的编码。这些指示符取值 0 或 1，具体取决于是否满足特定条件。如加色模型必须区分红光、蓝光和绿光，三个类别可以编码为红色 = (1, 0, 0)、蓝色 = (0, 1, 0) 和绿色 = (0, 0, 1)。

然后是词嵌入，即用于文本分析的词表示，通常采用实向量的形式。它们中的每一个都以这样一种方式对单词的含义进行编码，即在向量空间中更接近的单词被认为具有相似的含义。由于这样做的过程涉及从每个单词具有多个维度的空间到具有低维度的连续向量空间的数学嵌入，因此可以视为其自身的机器学习任务。这种情况下的一个示例应用程序是自然语言处理（NLP），例如谷歌研发的 BERT 模型（用源于 Transformer 的双向编码器表示）。

5.2.2.2　机器学习方法选择策略

在处理文本或图像时，人工神经网络通常是首选，因为潜在的复杂关系中不可避免的非线性使不可能找到合理的线性解决方案。对于其中一些应用程序，存在具有经过实践验证的几何形状的优秀预训练网络。使用此类网络几何形状作为起点可以显著降低工作量和所需的开发时间。

对于其他情况，最好先检查经典线性方法获得的结果，只有在最初获得的结果不令人满意时才切换到更复杂的非线性模型。它甚至可以用于应用部分线性模型设定，其中可以嵌套使用线性子模型获得的结果。

一般来说，聚类技术仅适用于无监督学习或异常检测的情况。在大多数其他情况下，这些技术本质上是不连续的这一事实在数学上是有害的。

模型越灵活，基础数据集的信息内容越不复杂和广泛，过拟合或拟合噪声的风险就越大，即将数据中的纯随机变量误认为指示的可能性就越高的系统关系。应用这样一个过拟合将模型转换为来自原始样本之外的数据很可能会导致预测质量不佳。

5.2.2.3　模型大小和复杂性

关于模型的大小和复杂性以及相关的硬件要求，需要在不同类别的模型之间作出明确的区分。

基于质心的聚类方法的结果通常要求最低，因为在这种情况下，只需存储聚类中心的坐标即可将数据点分配给聚类。基于线性方程组的程序也不是太苛刻，因为在这些情况下，我们通常对所采用的方程组有很大的过度确定性，这意味着模型规模相对较小。

人工神经网络的情况恰恰相反，模型的大小和复杂性可能非常大。以屏幕键盘为例，预装在普通手机中的标准应用程序需要大约 37 兆的存储空间。然而，高性能解决方案（例如 Google 的 Gboard）需要 183 兆的存储空间。这表明用于预测以下单词的基础人工智能模型需要大约 150 兆。即使只需要这个数量的一半来存储训练权重，模型的大小仍然相当于 10 卷大英百科全书。

这些维度使底层模型在训练过程中本质上不稳定，意味着必须付出巨大的努力才能训练它们并稳定所获得的结果。

5.2.2.4　对训练数据的依赖

只有当输入模型的训练数据是高质量的（这意味着它以我们想要的方式捕捉现实的相关方面）时，校准过程的结果才有可能是可靠的。模型失败的突出例子是自动驾驶的环境识别、可能的员工分类和医学图像处理。

当前使用的人工智能模型需要大量高质量的输入数据来执行琐碎的任务。因此，与其应用程序相关的计算成本可能是巨大的。造成这种情况的主要原因是人工智能算法无法区分人类观察者一方面认为必不可少的细节和另一方面人类观察者认为不相关的细节。当前的人工智能模型倾向于关注输入数据的微观结构，而不是人类所谓的大局。此外，只要输入文本处理算法的文本结构符合常用标准，人工智能系统通常无法从有意义的文本中分辨出大多数人可能认为完全无意义的内容。此外，与人工智能算法不同，人类通常只需要一张物体图像即可识别它，这表明人类往往比当今的人工智能算法更有效地利用所提供的信息。

训练数据总是构成现实的选择性，因此是有偏见的。由此可见，从训练数据中得出预测误差大小总是倾向于小于将模型应用于真实世界数据所产生的实际误差。

5.2.2.5 泛化（Generalisation）与过拟合（Overfitting）

术语"过拟合"适用于模型很好地再现训练数据集的相关信息内容，但无法产生可推广到训练数据集之外数据结果的情况。问题在于，如果仅应用于训练数据集，泛化的解决方案往往会产生比过拟合模型差得多的结果。然而，通过单独评估训练数据集获得的结果，很少（如果有的话）可以确定是否已获得可靠的解决方案或是否存在过拟合问题。

考虑到这些观察结果的一个可能的策略，如添加元信息（正则化），例如，包含一个惩罚函数来阻止过大的参数值，某些加权因子之和的归一化统一，或对某些结果的预测概率施加上限。

通常，使用人类感知机制的某些经验规律作为模型设定的指南也被证明是有价值的。事实上，人类大脑倾向于用期望来补充缺失或不准确的输入，而我们大多没有意识到这一点，如可以将其解释为正则化程序的生物学等价物。

最后，经过验证的策略包括在经过一定数量的计算时间后终止迭代搜索过程（或神经网络的训练周期），无论是否可能出现进一步的改进。一个关键要求是仅使用一次的独立测试数据集的可用性。最佳实践可能是将它们与剩余数据完全分离，并将其置于外部控制之下，通过实际使用的环境就提出的解决方案进行评估。对此，适用以下经验法则：首先，如果将模型应用于未训练的测试数据集导致的错误在性质、结构和规模方面与训练数据集获得的错误相似。实际上，泛化已经（可能）普遍存在。其次，在具有上述性质的多个解决方案中，建议选择总体误差最小的解决方案。如果一个解决方案看起来好得令人难以置信，它可能存在过拟合现象。

5.2.2.6 可解释机器学习

许多模型类似于黑匣子，即无法全面了解某些结果的产生方式和原因。

图像识别著名的例子是区分狗和狼。在野外和雪地上更容易获得狼的照片。相比之下,狗大多生活在城镇或村庄。更容易获得的照片在相关样本中出现的频率更高。因此,当机器学习程序被赋予将狼与狗分开的任务时,最终将人类居住区与(冬季)景观分开。

到目前为止,根据所使用的具体方法,可以使用一些技术来提高此类过程的透明度。一方面,适用于神经网络技术的示例是分层相关传播(Layer-wise Relevance Propagation,LRP),它包括一组分析工具。这些工具能够识别那些对获得的结果影响最大的输入数据项。然而,它与使用中的特定网络几何形状紧密相关。另一方面,反事实方法旨在识别网络反应最强烈(或最弱)的单个输入数据项中的特定变化。由于该方法基于数值导数,因此可以在不了解网络几何结构的情况下实施。

5.2.2.7　社会影响

机器学习算法重组(以压缩和转换的方式)输入信息。在这些信息中,算法往往最强调容易识别的信号。因此,社会上普遍存在的偏见、种族主义和性别歧视态度可能会不经意地进入数学模型,尽管后者显然是中立的。错误校准的模型或输入数据不足的模型可能会造成严重的声誉损失。与应用经典统计方法获得的不充分结果相反,这种损害不能仅通过错误修复来逆转。大多数情况下,结果将是放弃整个模型。认为模型很好但只是输入数据不好的看法并不能提供任何安慰。在机器学习实践中,输入数据无法与模型有效分离,这些技术的用户要对结果负责。最明显的证据是谷歌和 Facebook 慷慨地分享其算法,但严格保护其使用的输入数据。

人类倾向于将机器学习的结果视为事实而不是多了一个信息来源。以信用评分为例:无论客户的实际情况如何,供应商往往会在很大程度上依赖评分结果。这种行为是可以理解的,因为如果某人的决定与机器发出的建议不同,若决定正确,则不太可能获得仕何重大优势,但若决定结果不正确,则不得不担心不良后果。因此,机器学习的这些结果是机器的意见表达,而不是必须明确传达的神圣真理。至少需要传达模型预测的误差范围。

5.2.3 数据保护/差分隐私

一般而言，大多数数据库查询会潜在地泄露敏感信息。这与机器学习高度相关，因为相关算法通常需要多个数据库联动查询。差分隐私的理论目标是通过删除数据库个人信息得到与其隐私数据大致相同的信息。纯粹的信息匿名并不会提高保护程度。即使是匿名后留下的东西也可以像指纹一样独一无二。

如媒体消费行为，其中数据库中的所有用户 ID 和所有电影标识符都被随机选择的数值替换。尽管如此，通过添加来自外部来源（如 IMDb）的信息，可以重新识别大量用户和电影。在一项基于完全匿名数据的医学研究中，40%的参与者可以根据来自地址数据库等来源的其他公开数据被识别出来。

披露应该只是绝对必要信息的一种选择。最理想的情况是存在一种不公开数据集中个人信息的情况下共享数据集信息的方法。例如，在机场使用嗅探犬保护隐私（因为嗅探犬只能分辨爆炸物和无害物质），但对行李进行 X 光检查则不能保护隐私。

差分隐私的基本思想是，从数据库中任意替换单个记录不足以推断出关于任何个人的太多信息。换句话说，从数据库中删除单个记录不应影响最终结果，应用于数据库的学习方法不应显著依赖任何个人的数据。这是机器学习的一个重要质量标准，意味着差分隐私不会与成功学习的目标相冲突，相反是期望结果。

实现差分隐私的可能行动包括向输入数据添加噪声。这种方法的优点是非常安全和简单，缺点在于获得可靠结果所需的数据量显著增加。或者可以将噪声添加到结果中。通过这种方法，与向输入数据添加噪声的替代方案相比，可以获得与上述相同级别的隐私，并且误差要小得多。

尽管如此，一个显著的缺点是要添加的随机数的选择需要符合特定查询内容的某些标准，并且底层分布必须呈现肥尾分布。如果使用拉普拉斯分布（$\sim e^{-|x|}$），可以从理论中获得许多有用的结果。然而，即便如此函数设定和实施细节也相当复杂。

5.3　联邦学习（Federated Learning）

通常，我们会遇到数据没有集中在单个数据库中而是广泛分布在不同的数据库。每个单独的数据库都没有足够的信息反映出合理的内容。联邦学习是一种机器学习技术，可在相互不交换数据的情况下跨多个分布式数据样本训练算法。联邦机器学习通常基于所谓的本地模型和全局模型的迭代聚合进行学习。

5.3.1　横向联邦学习

联邦学习可以应用于共享数据集特征空间相同但样本不同的场景，这种学习方式称为横向联邦学习（Horizontal Federated Learning）。例如，各个医院的负责人是否知道以下问题的答案：（1）是否应该为个别新冠肺炎患者提供人工呼吸机？（2）个别患者是否服用阿司匹林了？为了评估阿司匹林对生存概率的影响是积极的、消极的，还是根本无影响，必须结合大量个体样本的信息，但仅来自一家医院的个案信息不足以达到此目的。

通常，不可能将个案信息聚合到一个公共数据库中，因为这样会违反数据保护或差分隐私原则。维护差分隐私原则的责任仍由各个数据库的提供者承担。分布式学习原则的运用并不能减轻其应当承担的责任。

为了通过中央实例（Central Instance）将更新的本地模型参数聚合到全局模型中，通常需要将联合学习与安全多方计算（Secure Multi – party Computation）技术相结合。后者通常通过安全多方计算或联合计算方法来实现。安全多方计算的目标是共同就其输入函数进行计算，同时保持输入数据的保密性。例如，假设 Alice、Bob 和 Charly 想要确定三人的平均工资 $a + b + c$，而不透露每个人的基本收入。一开始，Alice 确定了一个随机数 z，加上她的工资 a，然后告诉 Bob 其工资为 $z + a$。Bob 则告诉 Charly 工资为 $z + a + b$，Charly 告诉 Alice 为 $z + a + b + c$。Alice 减去随机数，除以 3 就得到每个人的平均工资 $(a + b + c)/3$。如果所有人都不合作，那么没有人能知道其他人的工资水平。

显然，示例中的方法非常容易出错并且易受到欺诈，但是却有完美的替代方案。

原则上，多方计算使人们能够获得一个完全加密的模型，其中只有模型的所有者知道数据权重，或者输入数据时数据本身是完全加密的，这意味着只有相应数据的所有者知道其明文内容。结果一起计算，就好像模型和数据都没有加密一样。

举个例子，某公司研发出极其精准的疾病诊断系统，绝对不能落入竞争对手中。然而，有一位患者不愿意将他或她敏感的、与健康相关的信息发送给这家公司。尽管如此，两个机构可以共同确定诊断，并且只有这条信息为双方所知。即使是后者，也可以通过聘请必须保密的中立第三方来规避。

目前，这种方法从理论上看比较成熟，但实践中还行不通，因为根据所使用模型的性质，需要大量的计算时间。诸如加法和减法之类的数学运算可以以合理的速度快速执行，乘法和比较运算也可以实施，但目前技术还无法有效地执行除法运算。

因此，截至目前，最佳应用程序是跨分布式数据库加总或算术平均值。

联邦学习通常从分布式或本地模型交换参数而不是交换原始数据。有几种实施策略可用。

一是分布式模型可以直接与中央模型相连。中央实例指定了模型设计。各参与方训练自己的模型并上报给中央实例，并聚合权重形成中央模型。大多数可以追溯到线性方程组的经典模型都可以通过这种方式进行校准，也允许多方计算来提高安全性。当应用于其他类型的模型时，却并不能获得理想的结果。

二是分布式模型训练中央模型。现在，每个参与方都训练自己的模型。中央实例查询每个模型，以了解某些数据集获得的结果如何，并将结果作为训练数据集。然后，中央实例将这些人工数据用于自己的训练进程。这一系列步骤特别适用于本地模型完全不同的情况。它不允许多方计算，但相当安全。

三是在本地更新的中央模型首先指定一个模型。之后，一个接一个地在本地计算并更新最优模型，然后将这些立即输入模型中。虽然这很容易编程，但在速度和精度方面存在问题。因此，不能认为收敛是理所当然的。在一个变体中，本地模型更新后被聚合。一开始，中央实例指定了一个模型。然后，在本地计算最优模型更新。由于这些是衍生模型，因此可以添加。在接下来的进程中，中央实例聚合本地模型更新的平均值并计算出一个新模型。

此进程适用于手机上的智能键盘（Google、Apple）。这意味着尽管所有用户都在训练模型，但几乎没有任何本地私人数据离开您自己的手机。这种方法也适用于经典数值方法，允许多方计算提高安全性。

5.3.2　垂直联邦学习

在某些情况下，相关数据库包含给定个人的数据完全不同。垂直联邦学习适用于两个数据集共享相同样本空间但特征空间不同的情况。例如，国家信用监测机构掌握信用评分，Payback 掌握日常购物行为信息，Netflix 掌握媒介信息，健康保险公司掌握健康数据。

在这种情况下，标准技术从中央实例开始，为每个参与者指定一个模型。然后，使用多方计算，聚合各个模型以形成联合结果。操作过程相对简单。之后，计算优化过程的梯度并将其分配给各个参与者。最后，参与者相应地修改他们的本地模型。

此外，在这种情况下，参与者有责任保护数据。此进程仅在数据集所存信息不涉及保密内容时才有效。尽管有些方法可以稍微改善其状况，但无法获得完美的隐私。

5.3.3　联邦学习理由

分布式学习对于参与者来说付出的代价较大，包括数据收集和维护成本、提供具有个性化界面的数据、与数据保护法相关的审计、分布式计算硬件，以及支持通信和电力等设施。

考虑到公平分配收入的概念，分布式学习过程的参与者能够愉快地参与。然而，这些概念显然仍处于初级阶段，因为每个人的相关贡献很难以可见和可追溯的方式量化。在这种背景下，目前只有两种场景可以实现：校准模型带给每个参与者的收益大于单独校准模型带来的收益，或者参与者相互合作，整体收益超过成本。

攻击场景（Attack Scenario）

假设外部攻击者可以向模型发送任意数量的查询，意味着该攻击者可以对输入模型重组后的部分数据进行有针对性的搜索。高质量的泛化模型和采用差分隐私保护输入模型的数据可以有效预防攻击。由此可见，外部攻击可能是技术问题，而不是理论问题。

在对付恶意参与者时，实践中几乎没有任何有用的技术对策可以使用。在这种情况下，攻击方式包括人工生成或故意遗漏数据、传递不正确的结果、破坏联合执行的计算以及迫使模型遭受中毒攻击，如修改机器学习的整体结果，从而为追求自私目的生成的数据建立模型。

如果运用得当，许多此类攻击都可以设计成让其余参与者无法检测到的方式。由此可见，如果有理由相信个别参与者是恶意的，我们甚至不应该发起任何联合计算，也不应该采用即使是少数恶意参与者也能承受的方法。

以"诚实但好奇"的参与者为例，这样的参与者总能诚实地回答，然而并不一定意味着给出的答案是准确的。例如，"结果是 $X + Y$，Y 是一个分布为 Z 的随机变量"仍被认为是诚实的。所考虑的参与者被描述为"好奇"这一事实意味着他有权以任何他想要的方式分析其他人提供给他的所有信息，并在必要时对其他参与者的原始数据得出结论。其余参与者有责任充分保护自己的数据。这样做的优点是即使是内部人员也无法重组任何数据，大部分外部攻击会被抵挡。

第6章 信息披露和数据要求

6.1 信息披露

6.1.1 信息披露标准需求

目前，学术界、监管部门和广大公众普遍关注与气候相关的财务信息披露（《经济学人》，2021a；《金融时报》，2021）。例如，美联储副主席莱尔·布雷纳德（Brainard，2021）在最近的一次演讲中指出，数据质量、信息披露和建模技术对于降低碳风险潜在严重程度的不确定性至关重要。

很明显，有效管理碳风险依赖数据的可获得性和数据质量。2017年，气候相关财务信息披露工作组（TCFD）曾发布（TCFD，2020年更新）针对资产管理者和资产所有者披露气候相关风险和机遇的建议和指引。此外，TCFD还提出了若干量化指标。正如所见，与气候相关的转型风险和物理风险会因不同部门、行业、地区和机构表现会有所差异。然而，因新能源、新产品和服务的开发或进入新市场等适应和减缓措施产生的与气候相关的机遇有利于提升企业价值。

与气候相关的财务信息披露也包含在国际会计准则理事会（IASB）的财务报告概念框架中（CDP、CDSB、GRI和SASB，2020），并特别强调财务会计准则和可持续性相关财务披露标准的一致性。显然，建立一致的气候相关财务披露标准具有重要意义，通过制定可持续性和气候风险的一致标准，有利于激发企业创造价值并形成反馈效应。

TCFD（2020c）在最近的一份征求意见稿中强调了前瞻性指标（Forward - looking Metric）的重要性。这类指标包括隐含升温（Implied Temperature）、气候在险价值等指标。

隐含升温（ITR）指标以"数值等级"来表示，它结合当前温室气体排放量和假设来估计与选定资产相关的预期未来排放量，如果相应行业的所有公司都具有与选定资产相同的碳强度，则全球平均气温将会上升。气候在险价值指标则是使用标准的 VaR 方法量化与气候相关的金融风险造成的损失金额，进而比较特定转型路径下与未发生气候变化情况下的资产价值。Dietz 等（2016）通过利用综合评估模型（IAMs）计算了特定转型情景下金融资产的在险价值。

此外，使用前瞻性指标也意味着各国政府和企业遵守净零排放承诺。到目前为止，大多数评级倾向于关注企业气候变化政策和披露水平，这种关注倾向可能仅反映企业的表象活动，而不是实际影响和相关风险。通过运用透明的前瞻性衡量指标来制定未来策略，远比通过报告过往错失的机会更有价值。

6.1.2 披露现状

气候相关财务信息披露工作组（TCFD，2020b）发布的最新报告显示，2017—2019 年，依据来自 8 个行业、69 个国家和地区的 1701 家大型企业的财务报表、年度报告、综合报告和可持续发展报告，评估了气候风险相关财务信息披露的整体状况。此次评估利用了人工智能技术进行数据处理。具体评估内容如下：

• 全球近60%的大型企业支持和/或报告了符合 TCFD 要求的气候财务信息披露建议；

• 2017—2019 年，TCFD 气候相关财务信息披露机构数量平均增长了 6 个百分点；

• 报告最多的行业是能源企业（40%），以及材料和建筑企业（30%）；

• 只有 15 家企业提供了有关其应对碳风险策略的相关信息。

总体来看，气候相关财务信息披露水平仍不尽如人意，贝莱德（Black-Rock）、英杰华投资公司（Aviva Investors）等大型资产管理公司披露其气候风险的压力不断加大（《金融时报》，2021）。

普华永道咨询公司对德国、奥地利和瑞士进行了类似的调查（Behncke等，2020）。同样使用人工智能技术，他们发现德国 DAX30 和 MDAX 指数、奥地利 ATX20 指数和瑞士 SMI20 指数中超过90%的企业报告了与气候相关的财务信息。大约80%的被调查企业披露了碳排放数据（范围1和范围2），但只有68%的企业进行了风险评估。当涉及与标准财务数据相关的碳风险时，只有30%的企业提供了信息。

投资者关注碳风险披露受到了促进企业披露和减少碳排放的倡议影响，这些倡议包括碳信息披露项目（Carbon Disclosure Project，CDP）[①]、联合国负责任投资原则（UN PRI）[②]、联合国环境规划署金融倡议（UNEP FI）[③] 和气候行动100[④]，旨在向世界上最大的碳排放主体施压，促使其尽快脱碳。

碳排放数据披露情况因所处地理区域和经济部门不同而差距明显。Bajic等（2021）制作的表6-1显示，按公司注册地总结了各地区的年度温室气体排放数据，其中欧洲地区和中亚地区数据披露程度最高，其次是东亚地区、太平洋地区和北美地区。90%的碳排放披露数据来自上述地区。

表6-1 按企业注册地披露的碳排放数据

年份	东亚和太平洋地区	欧洲和中亚地区	拉丁美洲和加勒比海地区	中东和北非地区	北美地区	南亚地区	撒哈拉以南非洲地区
2002	14	89	0	0	37	0	0
2003	16	110	1	0	53	0	0
2004	90	175	1	0	77	0	0
2005	153	292	2	0	151	0	0
2006	187	363	2	0	199	0	0

① https：//www.cdp.net/en/info/about-us/what-wedo.

② https：//www.unpri.org/pri.

③ https：//www.unepfi.org/about/.

④ http：//www.climateaction100.org/.

续表

年份	东亚和太平洋地区	欧洲和中亚地区	拉丁美洲和加勒比海地区	中东和北非地区	北美地区	南亚地区	撒哈拉以南非洲地区
2007	267	463	7	0	246	3	1
2008	320	493	20	2	302	6	10
2009	391	613	31	4	445	13	16
2010	528	663	67	11	499	25	40
2011	551	701	74	13	538	28	56
2012	602	725	78	15	547	29	92
2013	641	766	78	15	499	38	91
2014	671	812	87	15	495	40	92
2015	746	881	99	22	563	42	91
2016	812	915	127	22	612	49	88
2017	974	984	145	24	655	48	93
2018	1036	1222	143	28	669	53	92
2019	871	1024	67	14	390	54	84
2020	20	54	0	1	13	10	7

6.1.3 数据供应商

碳追踪（Carbon Tracker）是一个独立的金融智库，主要从事能源转型对资本市场影响以及对高成本、碳密集型化石燃料的潜在投资进行深入分析。碳信息披露项目（Carbon Disclosure Project，CDP）是一家非营利慈善机构，专门为投资者、企业、城市和地区提供全球环境信息披露数据，帮助其管理气候风险。

为了帮助监管机构和投资者识别和评估新的碳减排政策带来的风险和机遇，碳市场数据（Carbon Market Data）建立了欧盟碳排放权交易体系企业数据库。

企业层面的碳排放数据主要由以下七个主要供应商提供服务：CDP、Trucost、MSCI、Sustainalytics、Refinitiv、Bloomberg 和 ISS。所有数据供应商都遵循《温室气体核算体系》（*Greenhouse Gas Protocol*）[①]，该体系为衡量企业碳排

[①]　如果企业未基于《温室气体核算体系》披露碳排放数据，数据供应商会依据一定的计算方法公布企业碳排放数值。

放情况设定了标准。

Busch 和 Pioch（2018）研究对比了主要数据供应商的数据发布情况，结果表明各家供应商提供的范围 1 和范围 2 温室气体排放数据几乎没有差异。

根据 Bajic 等（2021）的研究，从温室气体排放总量和碳强度来看，基础材料、能源和公用事业作为温室气体排放最密集的行业成为业界共识。部分研究学者（2019）依据 Trucost 公司提供的 2005—2015 年企业层面的温室气体排放数据显示，公用事业、材料、能源和工业碳强度最高，而金融和电信行业碳强度最低。Trinks 等（2020）使用 Trucost 公司 2008—2016 年的数据，得出了相同的结果。

6.2 数据质量

在 Bajic 等（2021）研究的基础上，本章内容参考了更多详细信息。本章研究涵盖了 29851 个企业样本，时间跨度为 2002—2020 年，所有数据均来自前述主要数据供应商。如前一节所述，大多数企业根据《温室气体核算体系》规定的标准报告其温室气体排放量。然而，不同类型的报告在以下范围存在一些差异：范围 1（直接排放）、范围 2（间接排放）和范围 3（运营过程中的其他排放）。

一般来说，主要数据供应商会从企业的公开文件中获取温室气体排放数据和其他 ESG 相关数据，包括企业社会责任报告、企业网站以及年度报告或 10 - K 报告。如果数据自相矛盾或不一致，数据供应商会直接与企业的投资者关系团队联系进行纠正。此外，根据收集到的信息，数据供应商会根据各种排放相关类别得出分值，包括减排政策以及是否实施减排策略。

下一步，根据企业直接排放和间接排放量（范围 1 和范围 2）计算温室气体总排放量。此外，范围 1、范围 2 以及特定情况下范围 3 的排放量是单独报告的。报告温室气体排放总量数据的企业与披露所有三个范围数据的企业相互之间差距仍然在 50% 左右。随着越来越多的企业报告，绝对差距在增加，但相对数值却在减小。由于衡量指标和并表的复杂性，企业报告范围 3 方面的数据仍然面临困难。

温室气体排放数据的可靠性在时间一致性方面出现部分问题。通常，温室气体排放数据滞后时间为 6~18 个月，并在之后的报告中陆续更新。

逐年对碳强度进行的基础统计分析显示，平均值位于中位数的右侧，表明分布的右尾存在极值，同时表明数据集中存在明显的异常值，这些异常值很可能是由错误的数据造成的。事实上，Bajic 等（2021）研究的部分案例显示，异常值主要是由于用于计算碳强度的分母数字过小所致。他们指出，使用缩尾处理（Winsorizing）等某些标准方法来删除异常值还不够。相反，即使缩尾处理后，数据结构仍然保持不变，并且仍然存在可疑的数据。

在企业报告层面，不一致主要源于企业仅披露范围 1 或范围 2 的排放量。由于总排放量为范围 1 和范围 2 排放量的总和，这导致排放量向下出现偏差。因此，最好是将范围 1 和范围 2 分开报告。在两者都报告的情况下，大多数情况下总排放量不等于范围 1 和范围 2 的排放总和。此外，企业和/或企业集团之间存在联系有时会重复计算公布的排放值，最常见的情况是子公司和两地上市企业。最后，企业可能会改变其报告结构，导致与以前的报告不一致。总而言之，范围 1~3 数据的处理及其相互作用（就范围 1 和范围 2 而言会出现加总和替换为其他数据的情况）是错误的主要来源之一。这种类型的错误只能通过逐年仔细分析来识别。

Tantet 和 Tankov（2019）还回顾了气候数据的主要来源，并对数据质量进行了批判性讨论。我们将在第 9 章和第 10 章分别讨论信息披露对主要财务指标的影响。

6.3 联邦披露和可持续评级

6.3.1 评级方法

为了衡量企业活动的可持续性，各方已经提出了多种标准以及一系列加权和聚合方案,以将这些衡量结果聚合到可持续评级中。此类评级使贷款人或投资者能够比较不同企业的碳强度和商品以及服务生产变得碳友好和可持续的成功程度。由于存在多种可能的衡量标准和聚合方案,有充分依据的、可靠的评级方法运行如何,存在很大的不确定性。

因此,不可避免面临着如下困境:一方面,一种共同开发的、全面的、可靠的评级方法对所有市场参与者来说都是一种有价值的公共产品,因为它凝聚了来自多方参与者的不同专业知识;另一方面,评级产品供应将要求市场中的每个参与者披露其评级方法的细节,而且由于可靠和全面的评级系统是竞争优势的关键,相互竞争的机构不太可能采取此类措施。

我们现在将使用第5.3节中描述的联邦学习技术来生成对这些单个评级结果的共同评估,而无须诱导参与者透露他们各自的标准、方法和评估内容。

为了便于后期阐述,表6-2中收集了一些定义和说明性注释。

表6-2　联邦评级术语和定义

公司	与评级相关的实体
评级机构	评估和认定公司评级等级的实体
服务器	一个受信任的、非关联的实体,负责协调整个操作
评级	描述一家机构对一家公司看法的总结评估结果。典型的评级通常编码为字符序列(如AAA、AA、A、BBB、……)或位于预定义范围内的整数
评级等级	一组项目之间的关系,如对于任何两个项目,第一个项目排名高于、排名低于或排名等于第二个项目。评级等级将详细指标简化为一系列序数,从而有助于对复杂评估程序的结果进行总结评估
排名	评级等级结果指定给公司的编码。如果A公司比B公司"更好",那么A的排名高于B(参考附录B.1.2)
全局排名	结合所有参与机构的所有相关信息,可获得对公司排名的最佳估计
本地排名	机构对公司评级全局排名的最佳估计(参见附录B.1.5)
映射	将评级转换为本地排名的函数(参见附录B.1.5)
联合统计	一种类似于选票的程序,其结果是从每个机构获得对预定义问题的免费和秘密的"是或否"类型的答案

续表

公司	与评级相关的实体
稳健联邦聚合	一种程序，在开始时每个机构都有一个特定的（秘密）数值，参与者共同努力聚合单个数值，而没有任何参与者向其他参与者透露其秘密。在这种情况下，"稳健"一词意味着聚合形式不受少量错误数值的影响（参见附录 B.1.1）
差分隐私	一种通过描述数据集项目组的模式来公开共享数据集信息的系统，同时保留或模糊有关单个项目的信息。通过应用这种方法，联邦学习过程中的参与者可以进一步确保他们秘密的机密性，即他们打算向他人隐瞒的那些信息。应用结果是即使一个参与者被多次询问，其他参与者也无法确定秘密内容

最初，为了启动该进程，参与评级机构匿名确定一组可能感兴趣的企业名单。对于每家参与评级机构来说，它感兴趣的企业不一定是其拥有该信息的企业，从而出现温和的差分隐私（Differential Privacy）。通过联合统计，这些评级机构分别为每个可能感兴趣的公司确定拥有足够信息以发布评级的机构数量。所有未超过预定阈值的公司都将被抛弃。然后，评级机构初始化一个单独的本地映射。

重复以下步骤，直到达到预定义标准（参见最后一步中的"终止"）：

（1）对于每家公司，评级机构使用映射从各自公司的评级中得出本地排名，差分隐私可实现该步骤。

（2）使用稳健的联邦聚合，将本地排名聚合成全局排名的估计。

（3）从此估计中，服务器得出一个全局排名。以下不等式成立：如果 A 公司的估计值小于 B 公司的估计值，则 A 的排名也小于 B 的排名。

（4）服务器向所有机构公告公司排名。

（5）在自身评级方法方面，各机构改进其映射函数，以更好地匹配全局排名。

（6）根据需要执行的情况更新步长，每个评级机构决定是否认为全局排名已经达到稳定，然后通过联合统计聚合各个评级机构做出决定的结果。

（7）（终止）如果达到预定的最大迭代次数或绝大多数机构认可结果，则循环终止。

我们现在将考虑战略的几个关键因素。附录 B 阐述了准确的算法。

6.3.2 风险

正如引言中提到的，金融机构面临两难境地：一方面，它们的评级方法及其应用结果至少部分反映了市场、客户、成功因素和方法的专有知识，这些是评级机构竞争优势的来源。因此，评级机构会保护上述信息免遭未经授权的外人访问。另一方面，正是由于保密需要使评级机构无法将自己的方法和结果与标准基准或行业最佳实践进行比较，从而无法进一步完善评级方案。

在公共场合发表关于客户的具体意见可能会给评级机构带来严重后果，如德意志银行与基尔希（Leo Kirch）的诉讼战（Atkins，2014）。因此，提供无限制的保密保障措施至关重要。在任何情况下，无论是无意还是有意，评级机构都不得透露被评级企业的特定行为。

还应注意的是，财务相关参数的联邦计算具有很强的欺诈动机，最明显的案例是 2012 年揭露的 LIBOR 丑闻（《纽约时报》，2012）。LIBOR 利率是根据 17 家受到严格监管的主要国际银行的共同计算得出的。结果发现，个别机构联手以有利于自身市场地位的方式操纵利率。综上所述，只要联邦计算程序中的参与者向计算程序输入有偏见的信息来获得经济利益，就不能想当然地认为参与者报告的数量是可信的。这尤其适用于如果机构期望对其贡献进行不受限制的保密，从而发现任何欺诈活动的可能性相当低。

如果免费使用通过联邦计算生成的基准，以积极参与计算为条件，这会产生额外的欺诈可能性。在这种情况下，有动机将自己的研究努力保持在低水平，并滥用高水平的隐私保护来掩盖提交有偏见的或低质量的信息，以期从其他参与者获得高水平的聚合信息。

在描述拟议程序过程中，这些问题可以通过应用数学方法来解决或至少减轻问题的严重性。为了便于说明，假设恶意代理人可能通过两种方式破坏计算过程：（1）一个参与者（或少数参与者）故意提交错误表述；（2）"搭便车"，即使用公开可用或从其他供应商获得的数据，产生看似独立的贡献，然后将这些数据输入计算程序，以获得额外有价值的信息。

如果参与机构的集合随着时间的推移不稳定，则实际上无法防范第一个虚假信号源。此外，允许机构随机进入参与者群体将改变该群体的构成，并允许对新参与者进行推断不符合隐私原则。因此，现在假设存在一个稳定的参与者群体。

最大的挑战可能是一些恶意机构暗中合作以追求一个共同目标（例如，扭曲某些公司子集团的评级等级分布，使其看起来比在未扭曲的情况下更好或更差）。如果这样的一群阴谋者成功地"渗透"了评级过程并且没有被诚实的参与者发现，那么诚实的参与者就没有机会发现或抵消这种欺诈性输入带来的后果。然而，这个问题的本质表明它不能通过技术手段完全解决，因为如果阴谋者将他们的活动限制在一个很小的范围内，即使要求所有参与机构将其每一个评级公开提交给中央服务器也不是一个有效的补救措施。

唯一可以在某种程度上缓解这个问题的备选方案是通过添加基于总体评估的个别机构信息来补充总体结果。由于聚合程序和迭代解决方案过程基于排名统计，传播此信息将使每个机构能够单独决定哪些结果值得信任，哪些结果不可靠。

必须牢记的是，仅在观察到的评级等级分布的外端，搜索可疑数据点集中情况是远远不够的，因为从事欺诈活动的代理人也可能试图通过在总体分布的中值附近设置不利特征的公司群合谋扭曲计算结果。因此，务实的类似解决方案是将评估数量低于样本中预定阈值的公司排除在计算程序之外。

仅仅从技术角度来看，防范将低质量输入信息交换社会团体提供的有价值信息进入计算程序几乎不可能。然而，通过将访问联邦计算结果的权利与愿意或不愿意作出自己贡献的参与者断开连接，可以消除大多数低质量输入信息。

总而言之，联邦计算只有在大多数参与者在提交其输入信息诚实的情况下才符合预期设想。

6.3.3 安全技术

我们区分了两个不同的数据安全层。在中等安全性的情况下，联邦计算安全性已经足够。可以收集的信息包括机构是否对公司进行了评级，以及机构是否对最近的近似水平感到满意。

如果合作的参与者足够多，上述安全措施可能会受到服务器或其他参与者的攻击。这样的合作实际上不可能自发产生，只需要比较一个新参与者前后状况即可得知相关信息。

对于更敏感的数据，我们增加了第二层安全措施，即基于差分隐私数据完全安全的联邦计算。这种方法特别适用于针对特定公司的评级。必须修改的程度取决于未知的问题数值、未知的评级分布、评级类别的分布等。

因此，务实的做法是在将数据复制到服务器的同时，给数据添加尽可能多的"噪声"，这样才能得到一个令人满意的整体结果。

我们使用 Dwork 和 Roth（2014）对差分隐私的解释：当且仅当查询被设计为即使可以访问辅助外部信息也不能推断关于单个数据点的任何信息时，查询就是差分隐私（例如，参见第 5.3 节）。通常使用拉普拉斯或高斯分布随机变量的随机数修改实值数即可实现。随后，我们对此会专题讨论。

关于安全多方计算的一个重要概念是加法同态（Additive Homomorphisms）。当已知加密（$<\varnothing>$）时，意味着：

$$<\varnothing>(a+b) = <\varnothing>(a) + <\varnothing>(b)$$

即尽管加密，但加密各元素之间的关系保持不变。由于数据保持其底层架构，因此无论是对原始数据还是加密数据执行相同的数学运算，都会产生相同的结果。

下文中唯一需要确定的联邦算法（Federated Algorithm）是联合统计（Federated Counting），其他统计均由其所派生。我们故意没有将联合统计进行差分隐私（Differentially Private）。如有必要，该步骤需要由模块执行，并将数值传递给联合统计，即间接执行。假设联合统计结果在所有情况下都是正确的，现在，可提出实现联合统计及其数据安全评估的不同可能性。联合统计及其在数据安全方面的评估。

联合统计和无记名投票（Secret Voting）实际上是相同的问题，即每一种算法都允许在不安全连接上进行秘密和无记名投票，从而满足我们的需求。表 6-3 列出了相关特征。

表6-3 无记名投票

机构无欺诈可能性	是
服务器无欺诈可能性	是
数据对其他机构保密	是
数据对服务器保密	是
计算/实施进度	高

对于零知识证明（Zero-knowledge Proofs）的同态多方计算，我们选择具有以下性质的同态加密方法：

（1）数值为0或1时的零知识证明，即证明者可以向任何其他方证明已经加密了0或1，而无须透露其实际值是什么；

（2）多方加法（Multi-party Addition），即可以在不透露实际数值的情况下实现共同加法；

（3）试错法解密小数；

（4）加法同态（Additive Homomorphism）。

同样，表6-4中总结了相关特征。

表6-4 同态加密

机构无欺诈可能性	是
服务器无欺诈可能性	是
数据对其他机构保密	是
数据对服务器保密	是
计算/实施进度	高

为了实现私密分享，我们使用了只有0和1可用的加法同态（Additive Homomorphism）算法。第一点可以通过签名和安全的通信模块来解决，它只接受输入0或1并发出任何操作信号。表6-5列出了相关特征。

表6-5 私密分享

机构无欺诈可能性	否（数值不可能是0或1）
服务器无欺诈可能性	否
数据对其他机构保密	是
数据对服务器保密	是
计算/实施进度	中等

最后，单个数值通过安全线路发送到服务器，服务器对普通数据执行计算，从而确定信号给服务器的安全性。表 6-6 报告了安全特征。

表 6-6　服务器安全

机构无欺诈可能性	是
服务器无欺诈可能性	否
数据对其他机构保密	是
数据对服务器保密	否
计算/实施进度	低

6.3.4　应用与展望

附录 B 详细描述了具体的算法，并在模拟研究中对其进行了测试。本研究关于用例情境（Case Situation）的结论总结如下。

实践中，算法需要在真实分布中运行，这意味着不同机构需要在不同位置上的服务器上运行。如果服务器在同一位置，则需要额外人为地考虑通信延迟和潜在的连接故障。此外，一家机构因联通性或其他问题而完全退出不允许在很大程度上影响整个运行过程。如果秘密分享（Secret Sharing）实施联邦协议，那么我们需要三台额外的服务器来辅助执行此任务。客户还需要对执行过程和算法进行独立的安全审计。由于每个客户都可以通过差分隐私单独增加答案，所以不需要集中决策。

此外，基础设施对其他评级方法公开也非常重要。采用这种新方法的机构唯一需要做的是提供其评级与全局排名之间的映射以及更新程序。当然，也可以方便地与导数（即雅可比矩阵）一起使用，但并不绝对，可以在本地决定。如果本地更新速度不慢于其他参与机构，则根据联邦算法需要使用签名和预编译的通信平台。

第7章 碳风险交易市场

本章将讨论碳排放证书交易市场的设计和运行。考虑到碳信用市场近期发展迅速，本章以碳信用市场作为案例进行讨论（见第2.4节）。之所以对碳信用市场感兴趣，是因为该市场产生碳抵消项目的规定仍然较分散，未来需要不断整合完善。

7.1 碳排放权与碳抵消

7.1.1 定义

碳排放权是指运用认证单位、证书、限额、配额等有效措施限制或替代排放温室气体的权利。通常，碳排放权可以从正反两个方面来理解。一方面，碳排放权持有人可以排放一定数量的温室气体，但在排放总量上有限制；另一方面，碳排放权持有人可以从可衡量的温室气体减排量中受益。前者，碳单位作为碳排放限额与交易计划（Cap–and–trade Scheme）的一部分发放给受监管实体，如欧盟碳排放权交易体系（参见第2.3节，通常称为配额）。后者在碳基线与信用额度计划（Baseline–and–credit Scheme）下发行，减少排放量的污染者将获得信用额度，然后可以将获得的信用额度出售给符合政策规定的其他温室气体排放需求方。

因此，碳配额（Carbon Allowance）是指获准向大气中排放一定数量的温室气体许可，而碳信用（Carbon Credit）通常用于减少和抵消温室气体排放。

原则上，上述两类减排单位都是单纯的核算单位，在专门的温室气体注册登记机构进行跟踪和记录。截至目前，两类工具都可以在不同机构之间进行交易。第 2.3 节和第 2.4 节概述并简要描述了不同法律框架下的可交易碳权。

碳排放限额与交易计划（如欧盟碳排放权交易体系）中，受监管实体有义务释放之前分配给它的碳单位数量（配额或证书），只要它已经等量实现温室气体排放。每个配额单位都分配了一个唯一标识符并分配给其初始持有者，相关信息记录在专门登记机构。然后，感兴趣的各方可以在相关登记机构开立账户，并开始根据私法合同买卖配额。

减少排放或封存温室气体的活动也可以产生碳信用。与碳配额不同，碳信用本身并不构成排放规定数量的温室气体权利。相反，它们被用作减少排放的奖励。然而，在受监管的碳排放权交易体系（例如，国际法下的《京都议定书》或欧盟法律框架下的欧盟碳排放权交易体系）承认碳信用的司法管辖区内，可以抵消温室气体排放，因此就像事实上的权利一样发挥作用。碳信用功能设定的激励措施源自碳基线与信用额度体系。在这样的体系下，减少排放（或清除）量被核查为实际测量的排放量与"一切照旧"情况下的排放量之间的差值。碳信用可以根据公开标准或私人标准颁发。根据私人标准颁发的信用额度通常基于测量规则，如核证碳减排标准（Verified Carbon Standard，VCS）、黄金标准（Gold Standard）或美国碳登记（American Carbon Registry，ACR）（以及其他），这些规则由具有足够资格的专家组织管理，这些组织也承认和核证实际减排量。

减少温室气体排放是自愿碳减排市场的主要好处，同时还存在其他好处。首先，可以组织一个本来没有任何机会启动的减排项目。此外，项目通常在发展中国家启动，这些国家融资项目对减排和整个社会都有更广泛的好处。除了保护生物多样性和防止污染外，这些好处还包括改善公共卫生、创造就业机会等。碳信用也为更倾向于技术改进的项目提供资金，如可以从大气中去除和储存 CO_2e 的项目。

7.1.2　自愿碳减排市场现状

近年来，自愿碳减排市场在碳信用供给和需求方面大幅增长（见第 2.4

节）。供给端来看，可用碳信用迅速增加，2020年新发行碳信用总额达到181MtCO₂e，比2016年增长了近五倍。供给量一直高于需求量，未来3~5年内不太可能出现短缺。供给端主要问题是碳信用的质量参差不齐。制定明确的标准给项目授予碳信用，并根据主要标准之一对其进行核证至关重要（参见第2.4节）。

供给端需要解决的主要问题如下：

- 额外性：该项目是否发生了没有该项目存在情况下的温室气体减排？
- 泄漏性：项目是否导致除自身外的其他地方增加排放量？
- 持久性：该项目是否在几十年内实现了永久性温室气体减排？

在此背景下，大型可再生能源项目、林业和土地利用项目引起的关注最多。

从需求端来看，碳信用核销退役（Carbon Credit Retirements）规模也迅速增加。从2016年开始，碳信用核销退役到2020年达到95MtCO₂e，增长了近三倍。惠誉（2020）强调，随着气候政策扩大到工业公司，工业公司的适应成本远高于公用事业公司，导致全球碳排放量需求增加。

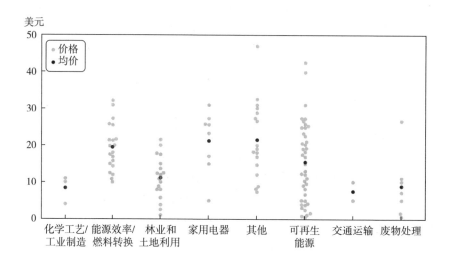

图7-1　按项目类型划分的二氧化碳每吨价格

（资料来源：联合补偿数据库（Allied Offsets），德勤气候金融研究）

图 7-1 列出了各种项目类型的碳价格。数据来自碳信用经销商，他们从项目开发商那里购买碳信用并以零售价出售。价格从 0.5 美元/吨二氧化碳当量到超过 50 美元/吨二氧化碳当量不等。自愿碳排放市场（与合规市场相反）的功能更像房地产市场，其中项目的位置和类型对买方起着重要作用。不同地理区域、项目类型、项目期限甚至项目认证标准的价格差异都很大。

7.1.3　与可交易碳权相关的风险

1. 内生风险与外生风险

在与碳信用交易相关的全部金融风险中，风险可以分为内生风险和外生风险，其中内生风险是指正常市场交易和相关行为和组织产生的风险；外生风险既指由外部事件引发的风险，又指由法律和监管框架变化引发的风险。

2. 政策风险

政策风险是碳信用交易政治和监管环境变化导致意外损失的可能性。它具有系统性，因为此类变化会影响在相关法规或政策措施生效地经营的所有市场参与者。

碳配额市场受政策变化的影响更为直接和深刻，它完全基于政策，因此高度依赖法律和制度措施。这在很大程度上是因为相关资产（即碳排放配额）的相对稀缺性是由政治和法律规范及标准决定的，环境政策的连续性（或不连续性）程度对市场环境具有决定性影响。影响二氧化碳配额供求条件的监管和政策相关因素的示例如下：

- 新发行许可证的分配方案（免费分配、固定价格销售或拍卖）以及确定新发行配额数量的制定规则；
- 一系列被法律认可为气候友好的活动，因此允许温室气体排放者处置他们原本必须持有的证书；
- 政府在多大程度上支持旨在减少当前经济活动的碳足迹（如重新造林、碳捕获和封存、湿地恢复）或进一步替代破坏气候的产品和工艺（如可再生能源、环保水泥替代品）的活动。

旨在减少温室气体排放的项目通常需要大量的初始投资，而且回报期很长。如果要激励以利润为导向的市场参与者参与此类项目，则规划安全性至关重要。因此，在寻求识别政策风险时，应关注公共政策的时效性、一致性和长期目标导向。

3. 信用风险

信用风险一般是指因借款人或交易对手方未能履行其支付义务而导致意外损失的可能性。通常，合同各方之间普遍存在的信息不对称是造成此类风险发生的主要因素之一。在与碳相关的金融交易领域，与公司气候风险状况相关的披露要求远不如纯金融信息那样全面和普遍，这一事实加剧了信息不对称。这可能会产生"逆向选择"（Adverse Selection）问题，因为气候相关披露的覆盖范围和可靠性可能在具有有利气候风险状况的公司中最高（至少与同行平均水平相比），而那些相当不利的公司特征可能倾向于全部或部分隐藏起来。

碳相关交易特有的信用风险还包括碳排放权持有人未履行其减排义务的风险，表明在这种情况下金融和生态风险因素密切相关。

4. 市场风险

市场风险是由于资产市场价格（或资产背后的风险因子）的不利变动而造成意外损失的风险。鉴于众多生态、社会政治、技术和经济因素共同影响未来温室气体减排幅度，以及减排成本，量化持有交易相关的碳排放权或许可证的市场风险是一项艰巨的任务，特别是因为迄今为止可以推断出相关价格变化范围估计的数据集相当有限，而且生成这些数据的统计过程可能会随着时间的推移发生变化。

5. 操作风险

根据欧盟偿付能力II指令对保险公司的定义，操作风险可以定义为"由于内部流程、人员和系统不完善或故障、外部事件（包括法律风险）而导致的实际损失价值变化的风险"，与预期损失不同。

在碳金融交易中，重大操作风险的例子之一是由于一些参与者（如经纪服务提供商、交易平台或人员）滥用信息优势而导致的不规范市场操纵可能造成的损失，这些信息优势使从业者参与扭曲价格、散播误导性信息和/或诱使投资者作出最终使投资者处于不利地位决定的行为。大多数司法管辖区将此类行为定义构成违法行为，并使违法者面临处罚和声誉损失的风险。

操作风险的另一个例子与技术和人为失误有关。碳证书本质上是无形的虚拟电子凭证，仅存在于相关的注册系统中。系统漏洞和人为的疏忽或恶意行为相结合可能导致碳配额盗窃和重复使用。此类发展的触发事件通常只需要很短的时间，但由此产生的损失往往会迅速蔓延，因此此类过程会引发连锁反应，波及信用风险和市场风险，最终导致巨大损失。

这是欧盟碳排放权交易体系中碳信用盗窃的一个例子，引自 Ying 等（2018）：

欧盟联合注册登记簿（Union Registry）成立之前，欧盟部分成员国注册系统因互联网技术安全漏洞遭到攻击或黑客袭击，阻碍了碳市场的正常交易。2010 年，罗马尼亚注册登记账户被盗，160 万吨欧盟碳配额（EUA）丢失。同年 1 月 28 日，德国注册登记簿因木马病毒入侵被迫关闭，直到 2 月 4 日，才最终重置所有用户的账户名和密码。在本次事件中，不法分子通过冒充注册管理当局向用户发送钓鱼邮件的方式获取了 7 家设备运营商的账户名和密码，并在入侵后次日利用其在其他注册系统的账户非法转移配额。2011 年，欧盟部分成员国的注册登记簿被黑客攻击导致 300 万吨 EUA 被盗，造成 5000 万欧元的经济损失。配额盗窃事件不仅严重阻碍了注册管理机构的稳定运行，也严重阻碍了市场供需平衡，挫伤了市场参与者的信心。

6. 流动性风险

流动性风险是由于无法按时履行其支付义务而未承担重大额外成本而造成意外损失的可能性。它可能是由于可靠和负担得起资金来源的意外损失（资金流动性风险）或通过在市场上出售资产来获得现金或现金等价物的可靠和廉价机会的意外停止（市场流动性风险）。

金融机构通常试图通过根据其感知的稳定性对不同的资金来源进行分类来量化资金流动性风险，并借助所谓的挤兑因素对其风险终止进行建模。市场流动性风险通常通过研究所考虑工具的买卖差价、交易量和交易频率来衡量。

在检查碳金融工具交易的流动性风险影响时，也必须研究流动性的这两个方面。

7.1.4 交易基础设施的作用

目前，碳信用市场因极难标准化尚处于场外交易领域，使碳信用很容易受到不同程度的重复使用问题。

隐性重复使用的一个典型例子是水电站运营商将其输出产品出售给本国用户，并因其输出产品的可持续生产方式而获得一定数量的碳信用。随后，它将相关碳信用出售给一些国外买家，这些买家使用煤炭发电并购买碳信用以改善其气候足迹。只要水电站运营商与国外煤电站运营商之间的合同不公开，水电供应商的客户就会继续认为他们购买的是"清洁"能源，而这种能源实际上却并不存在，因为供应商通过出售碳信用吸收了外国同行的部分负面碳足迹。

显性重复使用的一个例子是一家公司在一个地区重新造林，获得一定数量的碳信用作为回报，并将该给定数量多次出售给众多交易对手，同时不公开交易。

引起这些问题的根本原因是缺乏透明度，引起争议的一个例子是最近关于重新造林项目"全球造林"（Plant for the Planet）的争议：在德国报纸 *DIEZEIT* 上，Knuth 和 Fischer（2020）发表了一篇文章揭露该组织所犯下的涉嫌欺诈行为。文章声称，在五年的时间里，该组织声称在墨西哥的尤卡坦地区种植了树木，而那里现有的森林从一开始就没有受到威胁。然而，Alt（2021）独立研究得出的结论是，Knuth 和 Fischer 的指控没有有效的经验基础。

这种困难无法通过传统的工具进行规避。显然，唯一有效的对策是确保（至少）合同最重要部分（如合同所涉及的地块或水电站）具有透明度。

一般来说，这里讨论的工具交易可以（至少）采用以下三种形式：

- 点对点交易（通常只适用于那些大型参与者，与交易量相比，这些参与者信息收集和处理成本可以忽略不计）；

- 通过可信赖的中介机构进行交易，例如经纪公司充当买方的卖方和卖方的买方（通常使中间人处于有利地位并导致很大一部分利润被中间人获取）；

- 在可信赖的中介机构进行拍卖（通常很耗时，但如果在线进行，会让拍卖师全面了解交易策略和其个别客户的需求，可能会被货币化而不利于出售方）。

原则上，拍卖构成了一个非常有效的价格发现过程。然而，从最后提到的一点可以看出，只有结合能够调和保密和免予操纵的需求技术和制度环境，才能真正获得这种优势。这种方式至少部分地探讨了我们的解决方案，为不需要"无所不知"（All - knowing）中介的拍卖进行替代操作，而是使用加密技术来执行控制实例的角色。

7.1.5　市场诚信、透明度和公平性

金融市场的关键功能之一是向经济主体提供可靠信号，表明对正在交易的金融工具的内在价值和风险内容可能达成共识。只有市场参与者对价格形成过程发生条件的公平性持有信心，才能实现这一目标。

从这一规定中可以立即得出的需求之一是：不同参与者（群体）之间的信息不对称应保持在最低限度，反过来又要求强制披露重大非公开信息，并同时向公众传播此类信息。

在这种背景下，在进行与碳相关的交易工具时，必须遵守禁止在持有重大非公开信息的情况下购买和出售金融工具以及禁止泄露此类信息的法律权利。

此外，公正市场过程的目标意味着需要禁止欺骗其他市场参与者进行交易，例如，通过故意传播虚假或误导性信息或通过参与扭曲价格和交易量信息的活动。在这种情况下，值得特别注意的是，两个或多个有影响力的操纵者可能串通起来，共同获得资产的控制地位，以操纵其价格或相关衍生品价

格。操纵示例包括（但不限于）以下内容：

• "拉高出货"（Pump and Dump），即通过传播夸大的正面信息来推动资产价格上涨的行为；

• "做空和扭曲"，即传播未经证实的关于资产的负面消息，以便从相关卖空（Short Sale）操作中获利；

• 虚构交易（Fictitious Trade），旨在给人以市场上有很多独立交易活动的印象，而实际上很少或根本没有此类交易发生；

• 抢先交易（Front Running），即事前秘密知晓影响证券价格的大型（大宗）未决交易，比其他参与者提前进行交易。

一般来说，场外交易市场的交易比有组织的公共交易所的交易活动更容易受到此类市场滥用行为的影响。此外，不受监管或监管薄弱的交易平台，包括"黑池"（Dark Pools），可能会使发现和起诉破坏公平市场信任的行为变得更加困难。

在碳金融交易中，市场操纵往往也意味着一些经纪服务商、交易平台等市场主体利用自身资金和信息优势，在不了解特定碳金融产品或减排项目真实情况下，诱导投资者作出投资决策。

7.1.6 碳市场面临的挑战

1. 漂绿（Greenwashing）

自愿碳抵消已被一些环保组织批评正进行"漂绿"，这些公司并不认真减排，但表现出正在采取行动。重要的是要建立与绝对减排量（即排放量本身）的联系。与绿色债券一样，碳信用可以与总排放量挂钩（在数据可用的情况下）。然而，一些新技术投资项目没有直接影响。

"漂绿"仍然是形成大型、信誉良好的碳抵消市场的最大风险之一。为了防止公司"漂绿"，需要强有力的监管、透明度和与碳排放的联系。预计公司将制订正式和具体的计划以实现净零排放，重点是减少直接排放，并将碳抵消仅用作实现目标的附加工具。某些行业向净零目标的转型受到所用技术的限制，因此，碳抵消将在转型期间发挥重要作用。

2. 流动性

自愿碳减排市场的特点是流动性低、风险管理服务差、融资稀缺和数据可用性有限。这些要素和挑战需要一一评估，以便市场在供应商和买家之间建立顺畅、不间断的联系。

7.2 碳信用市场发展

越来越多的公司决定通过抵消其二氧化碳当量排放，承诺在 2030 年达到 1.5 摄氏度和 2050 年达到净零目标，进而达到《巴黎协定》的全球目标。在理想情况下，公司可以通过以下方式直接实现温室气体减排。例如，可以采用新的先进的、污染较少的技术。当公司决定不使用任何替代技术（如由于价格高）或如果在当前可用技术范围内没有进一步减少温室气体排放的可能性，公司就会转向自愿碳减排市场。自愿碳减排市场允许企业通过直接资助不同的项目来购买碳抵消，这些项目可以避免产生温室气体或减少温室气体排放，并以这种方式产生在自愿市场交易的碳信用。这种碳抵消已被公司公认为减少温室气体排放的工具，导致越来越多的公司参与到该市场中。

扩大自愿碳减排市场特别工作组的联合创始人马克·卡尼预计，由于向净零经济转型，该市场每年将增加到 50 亿~1000 亿美元。麦肯锡公司对碳信用供需的情景分析以及对未来价格的预期表明，到 2030 年，市场规模将从 50 亿美元升至 500 多亿美元，以达到《巴黎协定》目标要求的减排量，即到 2030 年碳市场规模至少增加 15 倍，到 2050 年预计增加 100 倍。这些数字得到了越来越多的公司抵消其过量排放的支持，目前有 1000 多家公司实现了净零排放目标，而一年前只有 500 家。

碳信用一旦发放，就代表一吨二氧化碳当量，一旦碳信用失效，该碳信用将被抵消。抵消信用额度的增加表明需求增加，换句话说，更多的市场参与者通过购买碳信用减少了温室气体排放。与 2017 财年进行相比，上年退役信用额度激增两倍以上，相当于 9500 万吨二氧化碳当量。展望未来趋势，对

2030 财年的预期表明未来对碳信用的需求将达到 1.5 亿～2.0 亿吨二氧化碳当量，而到 2050 年底，预计将高达 7 亿～13 亿吨二氧化碳当量。

根据预期，碳信用供给将来自以下四大类：基于自然的封存（如森林砍伐）、避免自然损失（如森林砍伐）、温室气体减排或避免温室气体排放，以及基于技术的清除大气中的温室气体排放量。预计到 2030 年的总供应量每年将达到 8 亿～12 亿吨二氧化碳当量。碳信用额度供给非常敏感，存在因外部因素而减少的高风险。其中包括少数国家避免自然损失和基于自然封存的项目高度集中。另一个风险是初始投资和碳信用销售之间存在明显的时间差。到 2030 年，仅这些风险就将预期的碳信用额度供应量从每年 8 亿～12 亿吨二氧化碳当量降到 1 亿～5 亿吨二氧化碳当量。

未来的行动领域——碳信用原则：根据国际自愿减排市场规模化工作组（TSVCM），扩大自愿碳减排市场必须评估未来成功的关键领域。首先是创建共同的碳信用特征。这是碳信用质量的主要特征，能够加快供应商和最终买家之间达成匹配。目前，碳信用额度多种多样，每个都有其特点，这些不一致和个体特征会产生摩擦，从而减慢整个碳信用额度购买过程。

改进自愿碳减排市场的第二个关键领域是制定标准化合同。随着更多信用变得统一，创建"参考合同"将创造流动性并为购买大量合约创造可能性。"参考合同"将允许创建一个明确的每日市场价格。此外，由于场外交易将继续进行，参考合同可能成为双方谈判的起点。

就碳信用的正确使用达成共识是另一个有待建立的领域。这包括有助于确保公司不会走捷径的核心原则。碳市场目标是尽可能减少温室气体的最大排放量，并在企业没有其他可能的方式进一步抵消排放时使用信用额度。

可以通过建立交易中和交易后基础设施来进一步改善自愿市场。交易基础设施将为项目开发商带来结构化金融产品，其他交易后基础设施将需要清算所和原始登记处，以实现未来市场发展和交易对手违约保护。在原始登记处，买家和供应商将获得单个项目的标准化发行编号。

目前，自愿碳减排市场缺乏保障机制，包括通过提高市场透明度来防止潜在洗钱的机制。数字化是另一点，它可以缩短支付期限、降低发行成本、跟踪碳信用、提高企业索赔可信度以及加快信用发行和现金流。

　　使碳市场交易更加顺畅的最后一个关键领域是明确的需求信号。当供应商知道其碳信用有买家时，供给就会增加。促进需求信号的方法是全行业开展合作，不同行业可以设定共同的减排目标，为开发商提高标准和基础设施，对企业实施广泛接受的碳抵消指引，并对消费者出售有吸引力的碳信用。

7.3　区块链——简要介绍

7.3.1　一般原则

　　1982 年，大卫·乔姆（David Chaum）发明了区块链。2008 年中本聪（Satoshi Nakamoto）第一个提出了广泛使用比特币的概念（实际作者身份仍然未知）。现在，我们将描述构建这项技术的基石。由于其复杂性，我们避免描述实际执行过程，并限制在纯粹的属性特征上。

　　区块链交易始终是可追溯的——区块链不会忘记任何事情。因此，如果需要更多的匿名性，就需要一个中央的、值得信赖的代理来提供这种额外的隐私。

　　重要的是要记住区块链本身从不确认有效性信息，而只是确认信息的格式有效，因此只有在其自己的生态系统内才能确保正确性。对智能合约的错误理解也是如此。智能合约只是一组规则，用于根据区块链中的数据计算结果，例如，指向某些房地产的不可替代令牌（NFT）的所有权可能会改变所有者。然而，无论是索赔的最终有效性还是财产本身的所有权，都只能在现实生活中强制执行。

　　区块链变得庞大，有效存储的信息只是一小部分。保留所有其余部分防止其进行篡改。由于不存在"删除"操作，因此不可能通过删除过时的记录来巩固区块链，而且由于它们存储在许多设备上，即使可以采取"删除"操作，相关问题也会成倍增加。唯一的可能性是宣布区块链作为一个整体已经过时。因此，将一个较大的问题划分为具有单独链的较小问题更为明智。

表 7 - 1 　区块链名词与现实世界类比情况

区块链/密码学	与现实世界的类比
哈希（Hash）	密封
默克尔树（Merkle Tree）	密封的较大文件
数字签名（Digital Signature）	签名 + 签名寄存器
数据库（Database）	需要注册的库
分布式账本（Distributed Ledger）	地籍登记簿
区块链（Blockchain）	经注册的永久库，不能删除任何文档
共识机制（Consensus Mechanism）	专家意见，非伪造文件
工作量证明（Proof of Work）	贡献最多的人决定
权威证明（Proof of Authority）	所有者决定
加密货币/可替代（Cryptocurrency/Fungible）	拥有多个编号账户的瑞士银行
钱包（Wallet）	编号银行账户
混合器（Mixer）	街头的可疑货币兑换
不可替代令牌（NFT）	所有权契据
智能合约（Smart Contract）	执行前述任务的公证人
加密拍卖（Cryptographic Auction）	与公证人一起密封拍卖
公告板（Bulletin Board）	每条信息都有签名的广告牌
密钥链（Key Chain）	上级授予其子公司的权力

1. 哈希（Hash）

哈希是使用防篡改印章（Tamper - proof seal）对任何数字信息进行签名的可能性。底层信息的任何变化都将彻底改变哈希值。对于正在使用的哈希函数（Hash Functions），目前还没有已知的可行方法来产生哈希冲突（Hash Collision），即第二条信息与第一条信息不同但哈希值相同。有迹象充分显示，只要哈希值保持一定的最小数值，量子计算机就不会危及这种安全性。

2. 默克尔树（Merkle Tree）

如果想要密封不止一条数字信息，可以通过所谓的默克尔树有效做到这一点。因此，可以将许多信息与一个哈希值绑定在一起。通俗地说：生成每个文档的哈希值，将所有哈希值写入一个新文档，然后生成最终文档的哈希值。

3. 数字签名（Digital Signature）

数字签名是一种使用个人签名对任何数字信息进行签名的可能性。签名分为两部分：一是私有部分，这是签署数字信息所必需的；二是公共部分，它提供的信息刚好足以控制已签名的信息，但不足以伪造签名。

有迹象充分显示，量子计算机至少会危及某些数字签名算法的安全性。

4. 数据库（Database）

数据库是一系列文档的集合，其中中央寄存器可以执行文档"查找"操作。数据库允许"添加"和"删除"操作。"更改"操作可以通过"删除"和"添加"操作来实现。

5. 分布式账本（Distributed Ledger）

数据库存在多个副本，副本的每个所有者以后都可以控制未被篡改的原始数据库。

6. 区块链（Blockchain）

区块链是数据库"添加"操作的集合。对于每个"添加"操作，需要通过提供先前数据库的哈希值来证明它是在"正确"的数据库上执行的。由于到目前为止数据库的有效性已经在最后一个数据块中显示，因此引用这个而不是整个数据库就已经足够，且不会损害安全性。排序通常由时间戳（Time Stamp）执行，即每个区块包含以下内容：

- 信息；
- 时间戳；
- 前一个区块的哈希值；
- 区块有效性信息。

如果任何时候最后一个区块的实际哈希值和最后一个区块的新计算哈希值不一致，则该区块和所有后续区块都无效。

值得注意的是，不能从区块链中删除任何区块，即不存在与"删除"操作类似的操作。相反，会显性或隐性添加"已删除"标志。因此，强烈建议将存储在区块链中的信息保持在最低限度，以防止区块链因非法内容中毒而导致整个链条不合法。

7. 共识机制（Consensus Mechanism）

不可能改变区块链的任何内部组成，唯一的可能性是采用另一个区块链数据库。因此，为了验证一个人拥有完全正确的区块链，需要一种共识算法，即所有（重要）参与方需要同意当前数据库是正确的，而不是采用另外一个数据库。可能的协议多种多样，如工作量证明（Proof of Work）和权威证明（Proof of Authority）。

8. 工作量证明（Proof of Work）

在一个非许可的，即公共的区块链中，最初没有办法判断哪个新区块是有效的。因此，还需要每个贡献者完成一项工作任务（通常非常耗能！）。这项工作存储在区块有效性信息中，即对区块链产生一些摩擦，新区块的生成就很困难。现在，有效的区块链是具有正确哈希值和正确工作量证明的区块链，并且被大多数参与者接受为最长的区块链。根据协议，需要简单多数或合格多数的诚实参与者同意。

9. 权威证明（Proof of Authority）

权威证明（PoA）是一种共识方法，其中少数指定数量的区块链参与者有权验证交易或与网络交互并更新其注册表。工作原理如下：根据选择的方案，一台或多台验证机负责在区块链中生成每个交易新区块。根据所选择的配置，新区块可以通过区块生成器（Block Generator）一致投票或简单多数或合格多数来接受。这种共识方法的能耗远低于工作量证明的情况。

在最简单的 PoA 形式中，只有一个贡献者能够签署新区块的有效性。例如，他通过将自己的签名添加到区块有效性信息。

"区块链"常见用法：在许多相关出版物中，"区块链"一词的使用范围更广，被称为分布式账本、在该分布式账本上运行的区块链、相关的共识机制等相关内容的组合。只有将这三个要素结合起来，结果才会是一个开放的、防篡改的、永恒的数据库，它可以像加密货币或任何其他数字信息一样用于所有权证明。

10. 加密货币——确保可互换性

在最简单的形式中，区块链只是一个包含两种可能类型条目的数据库：

- 签名"Alice"最初拥有 x 个币（通常是挖矿的结果）；
- 签名"Alice"将 y 个币转给签名"Bob"。命令由"Alice"签名。Bob 只需提供其公开签名。

通过这样做，我们始终可以跟踪每个签名拥有多少加密货币。上面一组条目确保加密货币是可互换的，因为加密货币数量不唯一，只是数据库中的一个数字。

11. 钱包（Wallet）

在最简单的形式中，钱包仅仅是一个签名。为了花一些钱，需要知道数字签名的私有部分以便签署资金转账。

12. 混合器（Mixer）

显然，上述类型系统中的任何交易都是假名，因为交易中的任何一方只能知道其各自对应方的账户，且完全透明，哪个账户向谁转了多少钱。如果不需要这种程度的透明度，可以将（比特币）"混合器"集成到系统中。混合器是一种充当中介的服务，即将许多付款收集到自己的账户集合中，然后将要转账的金额从不同的账户传递给接收者。显然，这种技术的非法应用就是洗钱，这些资金来源于犯罪活动。

13. 不可替代令牌（NFT）

令牌是代表执行预定义操作权利的对象。不可替代令牌（NFT）是存储在区块链上的数据单元，它证明给定的数字文件是唯一的。NFT 函数就像加密代币。然而，与加密货币不同，NFT 不可替代。NFT 是在区块链将加密哈希记录串接到先前记录时创建的，从而创建了可识别数据块链。这种加密交易过程通过提供用于跟踪 NFT 所有权的数字签名来验证每个数字文件的身份（Boscovic，2021）。然而，NFT 的所有权并不固有地授予该令牌所代表的数字资产的版权。

从技术上讲，NFT 不是捕获拥有的加密货币数量，而是将一段数字信息的哈希值存储在所有者的个人钱包中。在最简单的形式中，相关区块链仅包含两种可能的条目类型：

- 签名"Alice"拥有一些哈希值为 x 的未知文档 D；
- 签名"Alice"将哈希值 x 的所有权转让给签名"Bob"，Bob 只需要提供其公开签名。

此外，在区块链之外存在一个带有文档 D 的公共或私有数据库。该文档具有哈希值 x。最重要的是 D 保持完全不变，否则只能证明某物的所有权，但所拥有的实际对象将永远未知，因为无法证明 D 改变的结果 D′（其中具有完全不同的哈希）具有与 D 相同的内容。此外，任何不构成合法所有权转移哈希值的使用都会被当局拒绝。

14. 智能合约（Smart Contract）

智能合约是一种计算机程序或交易协议，旨在根据合同或协议条款自动执行、控制或记录与法律相关的事件和行动。智能合约的目标是减少对可信中介的需求、仲裁和执行成本、欺诈损失以及减少恶意和意外异常。

如果与区块链结合使用，存储在链中的信息是在特定时间执行的一小部分命令。时间一到，带有此命令列表结果的区块被输入到区块的有效性信息段中。为了使该区块被接受为有效，最终权威（在允许的区块链中）或大多数节点（在非许可的区块链中）需要验证结果是否正确计算。

15. 加密拍卖（Cryptographic Auction）

大多数加密技术的应用旨在确保拍卖的公平性和隐含价格发现过程的公正性。出于本文档的目的，我们关注具有以下属性的应用程序：

- 投标时，投标人不知道投标人的数量。
- 除中标外的所有出价均保密。
- 投标价格不能更改。
- 单个投标人的身份保密，因为它只能由一个可信的第三方识别。
- 拍卖的有效性和中标可以由每个人进行控制。
- 无须中介。

因此，内容完全保密，但过程和结果完全透明。

16. 公告板（Bulletin Board）

公告板是信息的公共存储，任何人都可以在其中张贴签名信息。这是许多其他程序所需要的中间步骤。例如，如果某人想在区块链上执行交易，则该方可以在公告板上宣布此意图，并在这样做时安排区块链中的当局将此交易包含在区块链的下一个区块中。

17. 密钥链（Key Chain）

签名的密钥可以通过签名本身由另一个签名验证方式发布。这是所有安全互联网链接的标准程序。一家值得信赖的大机构颁发证书。反过来，向较小的机构颁发证书，这些证书可能会也可能不会授予自己签署更多证书的权利。因此，所有签名最终都可以转发给原始发行机构。

7.3.2 区块链作为交易基础设施

至于交易金融工具，"交易基础设施"一词通常用作所有制度和技术安排的统称，这些安排允许下达、匹配、执行、清算和结算订单以及保护资产。传统上，这样的一系列活动是由经纪机构、交易所、经纪商/交易商网络、交易平台运营商以及清算所和托管人以协作方式进行。

区块链是一个不断扩展的数据记录列表（"区块"），这些数据记录使用加密程序串在一起。每个区块通常包含从前一个区块生成的加密安全字符串（"哈希"）、时间戳和交易数据。只要多个参与者根据绑定的预定义规则维护和更新数据程序，并且需要以所有相关方都可以理解和透明的方式保证数据的正确性，就可以使用区块链。这是确保任何后续交易都建立在先前交易的基础上，并通过证明对先前交易的了解来确认其是正确的。因此，（实际上）不可能在不同时销毁所有后续交易的情况下操纵或删除较早交易。

从上文可以明显看出，只要数据安全免遭未经授权的访问、操纵或破坏是当务之急，区块链技术就可以被视为实现这些目标的一种手段。毫无疑问，当应用允许单个投标人使用一次性假名隐藏其身份的拍卖程序时，这一条件就得到了满足，同时密码技术的应用控制了适用规则下个人行为的一致性。

为了实现气候变化目标和可持续发展目标（SDGs），OECD（2017）研究表明，到 2030 年每年需要 6.9 万亿美元的投资，如此大量的投资给金融基础设施建设创造了机会。建立一个流程清晰高效、数据透明和所有参与方诚信的全球交易平台是投资者获得信任和参与市场的先决条件。此外，组合应用卫星成像或数字传感器等各种数据源，可以提高人工智能应用的准确性和速度，同时利用区块链技术确保完整性，使数字项目周期的发展成为可能。

碳市场的特点是验证标准分散，导致许多远程实体获得基础设施投资、财务预测、减缓和适应行动有价值的数据，从而用于决策。由于目前的数据治理是孤立和分割的，数据的完整性无法得到全面保证。此外，由于大量的人工交互和不透明的数据路径，跨境交易面临实现困难。区块链提供了一种基于单一账簿维护、监控和分析数据的方法，并且不会损害数据隐私和主权。基于可信赖和可获得的数据跟踪，准确及时地分析服务使决策和投资流动之间的密切互动成为可能。

7.4　基于区块链的碳信用交易基础设施

我们提出的解决方案具有以下特征，且实际可行：

● 所提议的系统在异构环境中运行，因为它与不同国家/地区特定的区块链兼容。

● 区块链可以防篡改。

● 区块链的另一个优势是系统的透明度，且在一定意义上是"民主的"，因为每个人都可以访问平台，并因此有助于发现欺诈行为。

● 如果可能和需要，可以对所涉及交易伙伴的实际身份进行保密。

● 所有参与国政府均有机会声称运营公司遵守参与国法律，而无须提供外部信息。

● 可以制定法规，并可以在国家层面进行监管。

● 碳信用变得易于交易。

● 交易对任何系统开放。

● 由于使用多方计算，安全交易设施可以保持价格透明。

每个国家立即实施整个框架并不切实际，因此从一小部分国家开始逐步引入该系统，为制定者提供更好的机会，并根据需求微调拟议的解决方案。因此，我们总是通过呈现这个过程的初始和最终状态来进行。我们将使用权威证明（而不是工作量证明）作为我们所有区块链的共识算法，主要有两方面原因：一是首先建立一个旨在通过减少二氧化碳排放来保护地球的框架，然后在当今条件下，这个框架通常在运行工作证明共识算法时本身存在大量消耗；二是如果出现法律纠纷或涉嫌欺诈案件，无论如何都需要各国及其司法和执法部门介入。

因此，一个提议的解决方案，一方面可以被解释为不信任国家当局（不让其参与建立共识过程），另一方面当解决法律纠纷或起诉应受惩罚的罪行时又依赖国家权力，似乎前后矛盾，并很容易被证明在政治上不可行。如果交易碳信用或未使用的碳排放配额，解决方案认为不存在排放温室气体。因此，在这种情况下，欺诈的可能性要比某些生产活动产生的有形证据高出很多（Haya 和 Orenstein，2008）。这一点更适用于这样的情况，即炫耀性地购买此类证书通常用于广告活动，旨在提供有关公司产品和流程环境健全性的不正确信息或偏见信息。如果碳信用额度的潜在卖家主要出于商业动机，他们将寻求"生产"负二氧化碳排放量，并将其以最低成本和（可能）最低监管打包成碳信用额度。另外，打算购买碳信用以抵消过高排放量的潜在买家通常希望以尽可能低的价格购买。普通公众通常缺乏实施有效控制所必需的数据和信息处理能力。因此，控制的责任似乎很明显应该赋予独立的、充分专业化的验证代理人，他们受益于有效和公正的监督，对有效和公正监督最有兴趣。在国家层面可以引入两个区块链，其中一个捕获有关项目地理位置的信息，另一个则记录预计的二氧化碳减排量及其当前所有者。每当进行虚拟商品交易时，反洗钱（AML）就成为一个严重问题。因此，有必要引入"了解你的客户"（KYC）流程和适当的技术来缓解这个问题。在区块链中，"批准"一词的含义是所有相关方都需要通过签名来认可将新元素添加到区块链中。为了实现这一点，所有需要验证区块链是否仍然完好无损的参与者都必须能够执行相关的忠诚度评估。

7.4.1　建立交易基础设施

下面介绍一些基本概念：

- 国家或超国家当局控制和批准每项操作。

- 机构需要注册。

- 项目被分配到土地的真实部分，且需要提供其二氧化碳减排证据。

- 每个项目都附有不可替代令牌的碳信用，随后可以出售。

在描述提议的基础设施细节时，我们需要区分这些组成部分和流程，哪些组成部分和流程需要在相关系统建立阶段可用，哪些在系统达到稳态之前可以添加，以便持久运行。我们将与建立阶段相关的信息标记为"开始"，而在稳态下普遍存在的条件标记为"终止"。如果解释与建立阶段和稳态阶段都相关，则标记为"开始/终止"。

超国家受托人（开始）：超国家受托人（ST）起初就需要启动，其提供了主要签名基础设施。此外，只要国家受托人未成立，它就充当国家受托人的代理人。

国家受托人（终止）：ST 授予国家受托人（NT）代表其签名的权利。在联邦制国家结构的情况下，NT 的任务可能由相关国家的联邦州共同分配，但假设从外部角度来看，NT 被视为一个连贯的整体。在稍后阶段，将更详细地讨论 ST 作为在没有国家受托人的情况下签署区块的当局角色。然而，如果各国同意这种程度的集权会导致意想不到的大量权力集中在 ST，那么人们可以选择实施一项计划，在该计划中，需要 NT 多数票才能同意区块链中区块的有效性。假设 NT 不像以利润为导向的私人参与者那样行事，则不需要工作量证明。因此，可以在不消耗大量能源的情况下实施这种"民主"解决方案。然而，这样的计划是否真的能带来更好的结果，这个问题仍然有待商榷。

机构（开始/终止）：机构几乎总是与国家相关联。这意味着跨国公司的每个子公司都必须在其特定的居住国进行注册。除非满足这一条件，否则将无法跟踪机构在注册国的二氧化碳排放量、减排量以及捕获量和封存量，因此无法衡量实现《巴黎协定》的达标程度。

未核证机构（开始）：只要没有 NT，机构就可以在 ST 注册为未核证机构（UI）。除了最基本的检查之外，ST 不执行任何额外的检查。

机构被输入到 ST 私有的数据库中。ST 授予 UI 在提议的解决方案框架内签订合同的权利。

已核证机构（终止）：机构在 NT 注册，然后执行所有必要的 KYC 检查。更具体地说，它检查该机构是否实际在该国注册，税务标识符是否正确，关于受益所有人的陈述（如果需要）是否准确等。这些检查根据各国/地区法律执行。检查完成后使该机构成为已核证机构（VI），受其居住国适用的特定法律法规约束。安全级别应与国内任何其他国家提供的服务相同。机构被输入到 NT 私有的数据库中。NT 授予 VI 在框架内签订合同的权利。设置 NT 时，将检查所有未核证机构并将其从 ST 寄存器转移到 NT 寄存器。在这种情况下出现的任何争议都需要根据个案的具体情况加以解决。

一次性假名（开始/终止）：根据国家法律和/或其偏好，个别机构可能更愿意秘密或公开运作。因此，ST（或相应的 NT）将应要求发布一次性假名（OTP）。一旦被授予一次性假名，其所有者就可以使用它来签署一组特定的操作。在使用假名的情况下，签名是代表假名而不是隐藏在背后的机构，否则将完全违背假名的目的。从这一点开始，每当提及一个机构时，除非明确说明相反情况，否则所做的陈述类似地适用于其笔名。一个机构总是被允许发布由 ST/NT 验证后的假名，其就是一次性假名的持有者。例如，在以下情况下是有道理的：假设一个机构匿名参加拍卖。如果拍卖失败，没有人会知道它实际需要或打算获得碳信用证书。然而，如果机构赢得拍卖，它可能想要披露它实际上在低排放或零排放的基础上运营，或者已经朝着运营迈出了一步。这也是为什么只允许使用与购买相同的假名进行销售的原因。否则，人们可能会购买碳信用证书将其发布，然后以另一个假名秘密出售，从而造成对该组织气候足迹的错误印象。

地籍区块链（开始/终止）：目前，假设地球上的每一块土地都有一个唯一的"地址"，并且对于如此识别的每块土地，在地下、地表和地上三个部分

119

之间存在差异。此外，可以为每块土地指定当前使用期限的终止日期，如果使用权仅在有限的时间内授予当前持有人，并且这是已知的。否则，假定使用权在时间上是不受限制的。例如，可以假设位于特定土地上的碳捕获和储存设施（CCS）将只占据其地表的一小部分，但会占据整个地下（用于储存目的），而风力涡轮机公园将在地表占据中等大小的部分，在地上占据主要部分。引入此地籍是为了使欺诈性过度使用碳信用额度变得更加困难。

NT 未建立（开始）：土地沿着谷歌地图 plus 代码，大致为每块长宽为 13 米×13 米的土地分配一个唯一的地址。然后，每当 UI 第一次报告给定土地的使用情况时，就会将一个区块写入超国家地籍区块链（SCB），其中记录使用百分比和机构本身。批准权力是 ST 和 UI。如果 UI 报告已使用给定地块的使用情况，ST 会检查该地块的利用率是低于还是高于 100%。如果在记录新的使用形式后利用率仍然小于或等于 100%，则一切正常并且 ST 和 UI 给予批准。如果在记录新的使用形式后利用率超过 100%，则该特定地块的状态设置为"有争议"；通知国家当局，并向它们披露所涉及的 UI 的真实名称（而不仅仅是 OTP）。在这种情况下，ST 可以在未经 UI 同意的情况下批准（或拒绝）地籍中提议的更改。此外，还提供了一个额外的可选字段，其中 UI 可以自愿指向其运营所在国家/地区使用的特定土地代码。

NT 可操作（终止）：土地分割既可以根据谷歌地图 plus 代码的建议，也可以根据各自国家通用规则分割土地。例如，德国将土地划分为地块（"Flurstcke"），这些地块的编号不同，并且可以采用任意形状。在这种情况下，该国有义务公开并免费提供以下信息：

- 拥有这个唯一地址的土地面积；
- 位置（如 GPS 坐标）。

当 NT 出现时，所有财产部分都从 ST 转移到国家地籍区块链（NCB）。ST 在必要时公开机构的真实名称，NT 检查所有权。争议需要各方共同解决。每个起始块中都提供了指向该区块及其在 SCB 中的哈希值。当 VI 第一次报告土地使用情况时，会将一个块写入 NCB，其中包含使用百分比和报告的机构。NT 检查 VI 是否实际上被允许要求使用这部分土地，例如，通过出示所有权文件，或者土地是否已租给该机构一段时间。类似地，当部分土地已经在区块链中时，NT 检查使用率是否不超过 100%。如果是并且所有权检查成功，则将一个新区块写入 NCB。否则，争议需要解决。新区块由 NT 和 VI 共同签名。在争议持续时间较长的情况下，NT 可以在没有 VI 的情况下签名，但需要在区块内对其进行评论。

领土争端（终止）：如上所述，两个或多个机构联合主张的给定资源（此处为土地）的累计使用份额有可能超过 100%。这类似于国家间的领土争端。在这种情况下，该概念设想 ST 采取完全中立的立场，或者不转移监督（在 NT 新设立的情况下）或收回监督（在 NT 可操作的情况下）并执行注册过程本身。因此，如果一块土地已在 ST 注册且未标记为已转让，则该块土地上的国家注册簿中的任何部分均应视为无效。这也适用于在这样一块土地上进行的每一个操作。

审批：从单纯的数据安全角度来看，UI/VI 审批，即对其纳入系统的认可，并不是绝对必要的，因为 ST 和 NT 都可以自行接纳一个机构。然而，出于实际原因，我们仍然认为联合签名（相当于在具有约束力的基础上作出重大决定时经常适用的"两人规则"）是有意义的。

不可替代令牌（NFT）：只需稍加努力，就可以通过将土地的每一部分都变成 NFT 来获得相同的结果。选择以提议的方式还是使用 NFT 来做更多是一个实施问题，实际上可以由每个 NT 单独决定。

资源区块链（开始/终止）：为了交易碳信用证书和其他"资源"，需要提供一些关于如何以及在何处实现二氧化碳减排的知识。为此，我们建立了资源区块链，有限数量的字段至少包括以下内容：

- 实现减排的年份；
- 正在使用的技术，例如 CCS、重新造林、以水力发电替代化石燃料能源等；
- 二氧化碳减排量；
- 指向地籍区块链的指针列表；
- （可选）指向公开或公开披露文件的 NFT，其中包含有关资源的更多信息；

• （可选）一个锁，即一个固定装置，它使资源的发起者有可能授予或拒绝转售证书的许可（并因此决定是否应使特定资源可交易）。

NT 未建立（开始）：UI 向 ST 报告必要的信息，包括土地使用信息。ST 执行非常基础的完整性检查，例如，根据所用地块的表面积，检查所宣布的用树木储存二氧化碳是否可行。然后 UI 和 ST 共同保留 SCB 中的土地，并存储有关区块及其哈希值的信息。随后，对于每个相关年份，在超国家资源区块链（SRB）中设置一个资源块。如上所述，该块包含有关它所引用的年份、技术和位置的信息，并指向 SCB 指针的位置。相应区块的哈希值现在构成了一个 NFT，它的第一所有者是 UI。

NT 可操作（终止）：VI 向 NT 报告必要的信息，包括土地使用信息，NT 然后根据各自国家的法律执行所有必要的检查，最重要的是，确定是否规定了理论上二氧化碳减排可以通过建议的方式实现。然后 VI 和 NT 共同保留 NCB 中的土地，并将区块及其哈希值存储在 SCB 中。然后每年在国家资源区块链（NRB）中设置一个资源块。如上所述，该区块的最小信息内容包括年份、使用的技术以及作为指向 NCB 指针的位置。相应区块的哈希值现在构成了一个 NFT，其第一所有者是 VI。当 NT 建立时，SRB 指向当前或未来年份的所有资源区块必须以明显的方式转移。

跟踪注册机构之间的交易（开始/终止）：为了便于解释，我们最初假设有两个 VI 及其对应的 NT。我们有以下内容：

• 在 NT_{origin} 监管下由 VI_{origin} 发起的资源 NFT；

• 受 NT_{seller} 监管的卖家 VI_{seller}；

• 受 NT_{buyer} 监管的买家 VI_{buyer}。

然后，在 NT_{origin} 的寄存器中写入一个新区块，确认 NFT 从 VI_{seller} 到 VI_{buyer} 的（全部或部分）转移。如果满足某些先决条件，则始终需要以下签名：

• VI_{seller}（始终需要）；

• VI_{origin}（当 VI_{origin} 有机会禁止资源交易时需要）；

• NT_{seller}（如果卖方的居住国有权并有机会禁止将［额外的］二氧化碳

减排额度转移到其他国家/地区，例如，在即将违反限制或对与某些其他国家/地区的交易实施制裁的情况下，则需要 NT_{seller} 国家)；

- NT_{buyer}（如果买方居住国有权利和机会禁止从某些其他国家或地区进口资源，则需要)；

- NT_{origin}（如果发起人居住国有权并有机会禁止将某些资源转让给他人，则需要)；

- VI_{buyer}（如果法律要求，则需要)。

NT 需要在 ST 保持他们关于所需签名的规则是最新的。需要定义一个预定义的时间范围，在该时间范围内需要呈现（或拒绝）签名（如果需要)。

跟踪注册机构和未注册个人之间的交易（开始/终止)：假设有一个 VI 一方面拥有资源，另一方面未注册个人想要购买该资源（例如，自愿减少他或她的资源自己的环境足迹)。这意味着有以下内容：

- 在 NT_{origin} 的监管下由 VI_{origin} 发起的资源 NFT；

- 受 NT_{seller} 监管的卖家 VI_{seller}；

- 受 NT_{buyer} 监管的买家。

然后，一个新的区块被输入到 NT_{origin} 寄存器中，确认了 NFT 从 VI_{seller} 到 NT_{buyer} 的（全部或部分）转移。这意味着 VI_{buyer} 正式被买家所在的国家取代。该国家不能成为卖方，这意味着作为该交易的结果，资源变得不可交易。所有签名保持不变，但此处未做任何规定的买方签名除外。该解决方案应严格遵守当地隐私保护法律的所有规定，例如欧盟的通用数据保护条例（GDPR)。

一次性假名（开始/终止)：显然，当有人使用 OTP 购买资源时，它可以恰好与这个 OTP 一起出售。

年份（开始/终止)：为了保持区块链的简短，建议不要将所有资源都放入一个标有年份的区块链中，而是为每一年生成一个区块链。这样做，人们可以在不破坏整个过程的情况下存储过去的区块链。

与上一年度相比（开始/终止)：给定年份碳信用证书的初始所有者可以将其任何未使用部分转入下一年度，在此期间他可以将其出售给任何其他参与者。但在一年宽限期到期后，无论是否出售，该资源被视为已耗尽。

实现目标的问题（开始/终止）：由于各种原因，温室气体减排资源的提供者可能会发现，在一年参考期内，自己无法实现最初设定的减排目标。这种失败可能是由发起人自己报告的，也可能是由其居住国的监管机构披露或其发起的。那么，存在以下三种可能：

• 在可能的范围内，那些尚未售出的有效碳信用用于弥补与未能达到目标相关的损失金额。如果可以通过这种方式补偿全部损失金额，则无须采取进一步行动。

• 资源提供者从其他渠道购买一些碳信用。为了降低欺诈的可能性，需要公开进行。

• 如果资源提供者不能（或不愿意）对所造成的损失提供补偿，则 ST 或 NT 会分别通知所有买家。在大多数情况下，购买者将能够根据供应商居住国的法律采取法律措施，并获得赔偿。

通过在 NRB 中添加新区块来记录部分丢失的 NFT，此操作只能由 NT_{origin} 签名。

碳排放区块链：如果需要，可以与资源区块链完全相同的方式建立与 CO_2e 排放相关的超国家和国家区块链。无论如何，在一些国家，此类信息的披露是强制性的（至少对于某些公司集团而言），因此公司需要在每年年底后报告相关数据，从而直接证明他们为实现二氧化碳减排目标所做的努力。此外，这可用于跟踪世界某些地区（如欧盟）要求的强制性二氧化碳证书。

拍卖：该系统被设计为完全开放的，这意味着人们可以使用任何渠道来交易 NFT 的碳信用。然而，我们也想提供一种以明显安全和透明的方式进行交易的可能性。这种拍卖的运作方式如下：

• 全部或部分 NFT 被拍卖。为了做到这一点，NFT 是可替代的。

• 拍卖请求可能（但不一定）连同 NFT 附带的文件一起发布在公告板上。

• VI 请求 ST 允许参与。对于个人，NT 可以代表个人执行此操作。

- ST 检查是否有任何"不可完成的交易"（Show – stoppers），即发起人、卖方和买方的 NT 公开提出的任何点，表明交易不得发生。如果不是这种情况，则会向 VI 发出 OTP。

- VI 以其假名向 ST 发送密封投标。

- 宽限期后，当收集到所有出价时，VI 通过多方计算出中标和中标 OTP。可以这样设计：

—— 出价不能更改；

—— 除了获胜者的出价外，没有任何公开出价；

—— 只是公开获胜者的 OTP；

—— 每个人都可以检查拍卖的有效性。

- 财产转让在 NRB 登记。

为了执行多方计算，每个参与者都需要提供一些计算资源以解决底层的密码任务。

7.4.2　区块链使用案例

为了便于理解上述概念，本书提供了一些案例来演示其操作模式，特别是防止滥用的保护措施。

7.4.2.1　重新造林和长期合同

假设成立非营利组织 M 是为了在墨西哥的一块贫瘠土地上重新造林，而德国公司 G 已同意通过未来 10 年的长期合约购买碳信用。第二年因洪水破坏了部分土地，当年二氧化碳减排量只能达到之前的三分之二。M 和 G 都没有在上面的系统中，国家受托人负责全面运作。

- 公司 G 在德国受托人处注册。经检查税号和交易登记摘录后，授予经核证机构身份。

- 非营利组织 M 在墨西哥受托人处注册。经检查其目的和非营利状态后，授予经核证机构身份。

- G 和 M 就造林项目碳信用签订了非公开合约。它们同意根据科学标准，碳减排总量的最佳估算值将是每年 10 万吨。

- M 向墨西哥受托人登记土地的性质（0 地下、90% 地表和 0 地上）、重新造林目的以及每年 10 万吨的碳减排量（经咨询科学家意见后）。经过全面审查后，墨西哥受托人批准注册，并将未来 10 年每年 10 万吨碳信用公开输入墨西哥资源区块链，公布 M 为所有者。

- 由于 M 已经与 G 签订了固定合约，因此双方都宣布要进行转让。德国受托人已与超国家受托人沟通，不反对与墨西哥进行交易。因此，墨西哥受托人和 M 批准将 10 万吨碳信用 NFT 转让给 G10 次（每次都与未来特定年份有关）。

- 第一年，G 可以告诉其客户，它通过新种植园抵消了所有二氧化碳支出。

- 第二年，洪水摧毁了大部分新种植的树木。M 通知墨西哥受托人，他们同意根据科学标准，将当年实现的碳减排量最佳估计值调整为 6.6 万吨，而接下来几年减排量预计最多将保持在正常水平。

- 正如双方私人合同中所载，G 现在宣布它将向 M 返还 3.4 万吨碳信用。墨西哥受托人、德国受托人和 G 批准了此次转让。

- 墨西哥受托人声称没有超支并结束交易。

- G 今年从第二来源购买了另外 3.4 万吨碳信用，以履行其对利益相关者的承诺。

7.4.2.2　建设一个额外的风电场

非营利组织 M 决定授予 W 公司在其土地上建造风电场的权利，以期获得墨西哥政府的补贴。W 承诺不会破坏任何重新种植的树林。对于相应的年份，W 想要向英国绿色能源经销商 B 出售一份证书，证明其生产的 20 亿瓦时能源二氧化碳排放量为零。由于 B 认为墨西哥政府可能达不到二氧化碳减排目标，交易申请被拒绝，现在证书在墨西哥境内拍卖。

假设 W 和 B 已经是经核证机构，公司 B 向墨西哥受托人登记土地的所有权（0 地下，10% 地表，100% 地上）及其用途、与 M 签订的书面合同以及如何保护所有重新种植树林的计划，并批准了 20 亿瓦时的 NFT。因此，现在不可能在这块土地上注册更多使用地表或地上的项目。

- W 和 B 就绿色电力证书的价格达成一致，并宣布双方要进行交易。
- 虽然英国当局批准，但墨西哥当局不批准。交易无法发生，因此不会进入资源区块链。
- 为了减轻损失，W 决定拍卖 NFT。由于墨西哥拒绝了所有外国竞标者，ST 只批准墨西哥公司参与拍卖。
- 中标者要求披露墨西哥受托人的信息，并公布中标结果。拍卖中的所有其他参与者及其出价永远保密。
- 墨西哥受托人和 W 批准将权利转让给中标者。

7.4.2.3　防止重复计算

在挪威运营碳捕获和储存（CCS）设施的 C 公司与 X 公司签订了私人合同。此外，它在平台上注册并再次以碳信用的形式出售相同的二氧化碳减排量。X 公司尽管不是我们平台的成员，但控制着地籍登记（向所有人开放），发现 C 在其土地上注册了 CCS 封存地点，并观察到由此产生的二氧化碳减排量被卖给了另一个未披露的机构。X 试图联系 C 但被拒绝。因此，X 联系了挪威受托人，并对案件调查核实，最终取消了颁发的 NFT 证书。未披露机构被告知处理情况，随后采取法律行动。

7.4.2.4　假造林

一家公司向其国家受托人申请为再造林项目分配碳信用，尽管相关区域已经被成熟的森林覆盖，但仍然通过贿赂成功获得碳信用。它将这些非法获得的证书出售给另一大陆的大量支持者，并提供 NFT 参考合约，以建立信任。一位买家将在地籍登记簿（向所有人开放）中登记的土地与最近的卫星图像进行比较，发现这不是一个合适的重新造林项目。该买家通知国家受托人并采取法律行动。

7.4.2.5　确定一个国家的碳足迹

在前面部分概述制度的背景下，一个国家的碳足迹可以根据以下计算顺序确定：

国内来源的 CO_2e 排放总量 + 进口商品和服务相关的 CO_2e 排放量 − 出口

商品和服务相关的 CO_2e 排放量 + 出售给境外买家的碳信用 – 该国产生的碳信用 – 从国外卖家购买的碳信用。

综上所述，拟议的登记制度使有关各方（如超国家组织）能够确定各个国家的真实碳足迹。此外，防止重复计算的保护机制，可以防止出现多次销售给定减排量所获得证书的欺诈行为。

第三部分

碳金融——市场

第三部分讨论了碳风险对金融资产和金融市场的影响。首先，分析了欧盟碳排放配额（EUA）交易及其对能源市场的影响。虽然只是简要探讨了欧盟碳排放配额对能源市场的影响，但几个案例反映出低碳经济转型对能源市场具有深远的影响。其次，讨论了股票市场和信用市场中存在的绿色溢价（或风险因子），同时介绍了绿色溢价的各种实证技术。其中一章重点介绍了新兴的绿色债券市场，可以说绿色债券是低碳经济转型的主要资金来源。最后两章转向制度设计。第12章讨论了金融机构风险管理方法及其碳风险敞口，概述了中央银行的作用和压力测试设计。之后探讨了对冲风险敞口和优化碳风险投资组合的经典主题。

第8章 金融市场和能源市场碳排放证书

8.1 欧盟碳排放权交易体系证书动态变化趋势

在回顾随机模型之前，首先对欧盟基准碳配额主力期货合约价格（EUA）做简要计量经济学分析。图 8 – 1 显示了 2012—2021 年 EUA 价格水平的变化趋势，并重点对 2012—2018 年和 2018—2021 年两个时间段进行单独分析。可

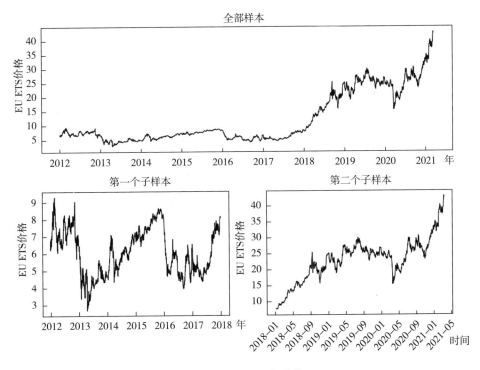

图 8 – 1　EUA 现货价格

以清楚地看到，从 2018 年开始 EUA 价格大幅攀升。表 8-1 进一步证实了这种趋势。2018 年之后，EUA 平均价格要高很多。此外，与 2012—2018 年相比，2018 年之后 EUA 价格波动性显著增加。图 8-2 证实了这种趋势，但是 2012—2018 年峰值并不明显，相反，收益的可变性更高，表 8-2 证实了这一点。研究还对单位根进行了增强型迪基—富勒（Dickey - Fuller）检验。表 8-3 显示，正如预期收益不存在单位根。Chesney 等（2013）对第一阶段和第二阶段 EUA 现货价格和期货价格进行了类似的分析。

表 8-1　EUA 价格水平描述性统计

项目	2012—2021 年	2012—2018 年	2018—2021 年
最小值	2.68	2.68	7.62
最大值	42.77	9.31	42.77
均值	11.92	6.11	22.73
中位数	7.35	6.04	23.87
标准差	8.87	1.35	6.48
方差	78.63	1.83	42.01
偏度	1.10	0.064	- 0.05
峰度	- 0.09	- 0.99	0.48
观察值数量	2325	1513	812

表 8-2　EUA 收益描述性统计

项目	2012—2021 年	2012—2018 年	2018—2021 年
最小值	- 90.76	- 90.76	- 44.55
最大值	59.07	59.07	34.47
均值	0.34	0.18	0.63
中位数	0.00	0.00	0.50
标准差	0.52	0.55	0.47
方差	0.27	0.30	0.23
偏度	- 0.35	- 0.34	- 0.33
峰度	10.26	12.12	3.39
观察值数量	2325	1513	812

表 8－3　EUA 收益增强型 Dickey－Fuller 检验

项目	2012—2021 年	2012—2018 年	2018—2021 年
ADF 统计	－ 36. 491482	－ 30. 859889	－ 29. 061631
P 值	0. 000000	0. 000000	0. 000000
临界值（1%）	－ 3. 433168	－ 3. 434685	－ 3. 438439
临界值（5%）	－ 2. 862785	－ 2. 863455	－ 2. 865110
临界值（10%）	－ 2. 567433	－ 2. 567789	－ 2. 568671

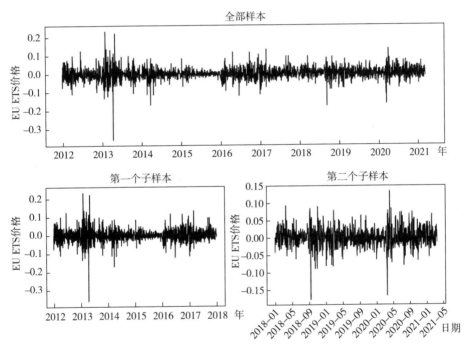

图 8－2　EUA 现货价格

8.2　碳排放证书随机模型

下面分析几个代表性的碳排放配额价格随机模型。作为典型的金融资产价格模型，我们探讨了根据均衡参数确定价格的均衡模型和采用合适的随机过程来捕捉计量经济学属性的简化模型。与第 4.2 节基于资产定价框架开发的模型相比，本节均衡模型更为简化。本节讨论的模型旨在为 EUA 动态价格提供一个易于处理的模型。

8.2.1 均衡模型（Equilibrium Models）

首先来分析均衡模型。Chesney 等（2013）详细描述了均衡模型，包括早期确定性模型。基本思想是由代表性代理人解决相应的成本最小化问题，并证明个体解导致联合成本最优的解决方案。Seifert（2008）在其著作中提到了动态排放率 q_t：

$$\mathrm{d}q_t = \mu(t, q_t)\mathrm{d}t + \sigma(t, q_t)\mathrm{d}W_t \qquad (8-1)$$

式中，W 表示布朗运动，$\mu(t, x)$ 是漂移项，$\sigma(t, x)$ 表示波动率函数，且满足适当的正则条件。中央计划者在任何时间内决定减排，旨在交易期 $[0, T]$ 内最小化预期总成本，并在期末决定了实际累积排放量和惩罚成本。

交易期间的预期总排放量为 x_t，中央计划者选择的减排率用 u_t 表示。然后：

$$x_t = -\int_0^t u_s \mathrm{d}s + \mathbb{E}_t \left[\int_0^T y_s \mathrm{d}s \right] \qquad (8-2)$$

所以，x_t 是一个可控的随机过程。

在没有减排的情况下，预期总排放量为 $\mathbb{E}\left[\int_0^T q_s \mathrm{d}s\right]$，其动态变化表达式为

$$\mathrm{d}x_t = -u_t \mathrm{d}t + G(t)\mathrm{d}W_t \qquad (8-3)$$

式中，$G(t)$ 是 x_t 不可控部分的波动率，取决于排放率的漂移项 $\mu(t, q_t)$ 和波动率 $\sigma(t, q_t)$。x_T 表示与惩罚函数相关的已排放量。

假设利率 r 不变，总初始禀赋为 e_0。令 $C(t, u_t) = -\frac{1}{2}cu_t^2$ 为每单位时间的减排成本。由于 c 是常数，减排技术在假设时间段内不会发生变化。此外，二次函数形式意味着边际减排成本呈线性增加。惩罚函数为 $P(x_T) = \min[0, p(e_0 - x_T)]$，其中 p 是涵盖所有成本的惩罚。

中央计划者面临的最优化问题是

$$\max_{u_t} \mathbb{E}_0 \left[\int_0^T e^{-rt} C(t, u_t) \, dt + e^{-rT} P(x_T) \right] \tag{8-4}$$

Seifert（2008）指出可以使用汉密尔顿—雅克比—贝尔曼（Hamilton - Jacobi - Bellman，HJB）框架解决此问题（详见附录 A）。令 $V(t, x_t)$ 为给定 x_t 的最优策略的期望值。通过标准化的 HJB 参数，我们得出特征偏微分方程（Partial Diffferential Equation，PDE）：

$$V_t = -\frac{1}{2}(G(t))^2 V_{xx} - \frac{1}{2c} e^{\gamma t}(V_x)^2 \tag{8-5}$$

约束条件是

$$V(T, x_T) = e^{-rT} P(x_T)$$

且最优控制为

$$u_t = -\frac{1}{c} e^{rt} P(x_T)$$

式（8-5）中 PDE 只能在排放率遵循恒定波动率高斯过程的情况下求解，但这并不现实。然而，正如 Seifert（2008）所示，这个特殊案例提供了所求解的一般结构。如果使用更好的计量经济学拟合方程对排放率建模，则式（8-5）可以用数值求解。

在均衡框架中，碳配额价格 A 必须等于边际减排成本。所以：

$$A(t, x_t) = cu_t = -e^{rt} V_x(t, x_t) \tag{8-6}$$

使用 Itô 公式和 HJB 偏微分方程，我们发现贴现配额价格是一个鞅。其动态变化表达式为

$$dA(t, x_t) = G(t) A_x(t, x_t) dW_t \tag{8-7}$$

因此，该模型配额价格会发生动态变化，并可能根据市场数据进行校准。Seifert（2008）指出，所有单个公司可能面临着支付额外交易配额一样的成本优化问题，联合优化等同于中央计划者的最优。因此，交易配额的可能性使人们能够获得最佳解决方案。然而，假设所有公司同质且均面临相同的风险来源（所有动态变化都服从相同的布朗运动），在某种程度上具有限制性。

Carmona 等（2009）提出了一个随机均衡模型，该模型捕捉了标准配额体系的基本特征。碳排放配额通用限额和交易体系的结构被推广到离散时间随机框架，其中短期减排价格和总排放量均随机变化。该模型考虑了一个多企业经济，不同企业以不同的成本和交易碳配额运用化石燃料生产电力。根据随机控制问题制定并求解竞争性随机均衡模型。可以证明均衡解是社会最优解，即单个企业特定问题的解是社会最优解，其中总污染减少到最小总成本。社会最优解的性质被用来表明个体问题存在均衡解，并计算相应的碳价格。重要的是，它表明均衡碳价过程是根据社会最优政策给出軼。结果允许将配额价格设定为

$$A(t,x_t) = p \times \mathbb{E}\left[1_{\{x_T - c \geqslant o\}} \mid \mathcal{F}_t\right] \tag{8-8}$$

其中，x_t 是（最优控制的）碳排放量，c 是上限，p 是惩罚成本。

Carmona 等（2009）的研究结果也严格证明了碳配额均衡价格等于边际减排成本。

最后，校准后的程式化模型运用到了第一阶段的欧盟碳排放权交易体系，使人们能够确定模型参数的敏感性，了解决定 EUA 价格的主要驱动因素。

8.2.2　简化模型（Reduced – Form Models）

这里考虑使用累积排放率或单个排放率作为基础过程，且第一种随机方法经常使用，排放率由高斯过程或几何布朗运动建模。该建模过程可就有关优化和估值问题作出（半）封闭解。

建模的基本思路是将碳配额价格表示为对累积碳排放量的指状期权（Digital Call）。式（8-8）给出了正式证明，尽管该思路之前用过。

以"限额与交易"碳排放权交易体系（如欧盟碳排放权交易体系）为例，交易周期为 $[0,T]$，上限为 c，违规惩罚为 p。

为了计算碳配额价格，设定累积排放过程为 $q_{[0,t]} = \int_0^t Q_s ds$，其中排放率 Q_t 服从几何布朗运动。由于没有可用的积分封闭形式，我们使用 Gruell 和 Kiesel（2012）著作中的简化矩匹配方法（Moment Matching）和对数正态随机变量作为阐述的近似值（当然，准确的数值解也可用）。因此，我们选择对数

正态分布的参数，使其前两个矩与 $q_{[0,t]}$ 相匹配。然后，可以使用式（8 - 8）计算 t 时的碳配额价格：

$$
A_t = \begin{cases} p & \text{如果 } q_{[0,t]} \geqslant c \\[2ex] p \cdot \Phi\left(\dfrac{-\ln\left(\dfrac{c - q_{[0,t]}}{Q_t}\right) + 2\ln(\alpha_\tau) - \dfrac{1}{2}\ln(2\beta_\tau)}{\sqrt{\ln(2\beta_\tau) - 2\ln(\alpha_\tau)}} \right) & \text{如果 } q_{[0,t]} < c \end{cases}
$$

式中，$\tau = T - t$ 是合规时间，α_τ、β_τ 分别是通过计算几何布朗运动积分获得的一阶矩和二阶矩。$\Phi(\cdot)$ 表示标准正态随机变量的累积分布函数。剩余碳排放配额耗尽所需时间由下式给出：

$$
x_t := \frac{c - q_{[0,t]}}{Q_t}
$$

现在，我们计算 $q_{[0,t]} < c$ 时碳排放配额价格相对于 x_t 的敏感度（Delta）（即尚未达到上限）：

$$
\frac{\mathrm{d}A_t}{\mathrm{d}x_t}(x_t) := -\frac{pe^{-r\tau}}{\sigma\sqrt{\tau}} \times \frac{1}{x_t}\phi\left(\frac{-\ln\left(\dfrac{1}{\tau}x_t\right) + \left(\mu - \dfrac{\sigma^2}{2}\right)\tau}{\sigma\sqrt{\tau}} \right) < 0
$$

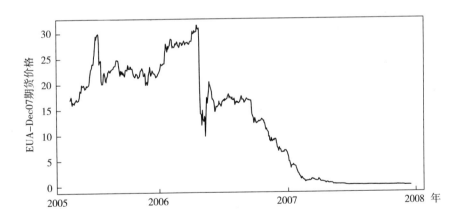

图 8 - 3　EUA - Dec07 期货价格走势图（2005 年 4 月 22 日至 2007 年 12 月）

因此，很容易看出 x_t 随着配额价格显著移动时出现细微变化。这种现象可以在 EU ETS 第一阶段观察到，当时配额过度分配导致配额价格迅速下降（见图 8 - 3）。Carmona 和 Hinz（2010）使用简化形式的方法对配额期权进行定价。两位作者没有从排放率开始研究，而是使用了下面这个模型对累积排放量进行建模：

$$\Gamma_t = \Gamma_0 \exp\left\{\int_0^t \sigma_s dW_s - \frac{1}{2}\int_0^t \sigma_s^2 ds\right\}$$

式中，$\Gamma_0 > 0$ 和 $\sigma(\cdot)$ 是确定性平方可积函数。根据式（8-8），碳配额价格为

$$A(t,T) = p\mathbb{Q}\left[\Gamma_T > 1 \mid \mathcal{F}_t\right]$$

（$\mathbb{Q}$ 是定价指标，$(\mathcal{F}_t)$ 是底层信息流）。现在，我们从以下公式中得到了碳配额价格的动态变化表达式为

$$a_t = \mathbb{E}^{\mathbb{Q}}\left[1_{\{\Gamma_T > 1\}} \mid \mathcal{F}_t\right] = \Phi\left[\frac{\Phi^{-1}(a_0)\sqrt{\int_0^T \sigma_s^2 ds} + \int_0^t \sigma_s dW_s}{\sqrt{\int_t^T \sigma_s^2 ds}}\right]$$

进一步得到

$$da_t = \Phi'\left[\Phi^{-1}(a_t)\right]\sqrt{z_t}dW_t \tag{8-9}$$

式中 $z_t = \dfrac{\sigma_t^2}{\int_t^T \sigma_u^2 du}$。标准的模型是

$$da_t = \Phi'\left[\Phi^{-1}(a_t)\right]\sqrt{\beta(T-t)^{-\alpha}}dW_t$$

该模型设定了一组波动率 $\sigma_s(\alpha,\beta)$。所以，$z_t(\alpha,\beta) = \beta(T-t)^{-\alpha}$ 和

$$\sigma_t^2(\alpha,\beta) = z_t(\alpha,\beta)\exp\left\{-\int_0^t z_s(\alpha,\beta)ds\right\}$$

$$= \begin{cases} \beta(T-t)^{-\alpha}e^{-\frac{\beta}{1-\alpha}[T^{1-\alpha}-(T-1)^{1-\alpha}]} & \alpha \neq 1 \\ \beta(T-t)^{\beta-1}T^{-\beta} & \alpha = 1 \end{cases}$$

此函数形式允许使用明确的公式来计算欧式看涨期权的行权价（K）和到期日（τ），期权价格为

$$C_t = e^{-\int_t^T r_s ds}\int_{-\infty}^{\infty}(P\Phi(x) - K)^+ \Phi_{\mu_{t,\tau},\sigma_{t,\tau}}(dx)$$

同时，有

$$\mu_{t,\tau} = \begin{cases} \xi_t \left(\dfrac{T-t}{T-\tau} \right)^{\frac{\beta}{2}} & \alpha = 1 \\[2ex] \xi_t \exp\left\{ \dfrac{\beta}{2(1-\alpha)} \left[(T-t)^{1-\alpha} - (T-\tau)^{1-\alpha} \right] \right\} & \alpha \neq 1 \end{cases}$$

和

$$\sigma_{t,\tau}^2 = \begin{cases} \left(\dfrac{T-t}{T-\tau} \right)^{\beta} - 1 & \alpha = 1 \\[2ex] \exp\left\{ \dfrac{\beta}{1-\alpha} \left[(T-t)^{1-\alpha} - (T-\tau)^{1-\alpha} \right] \right\} - 1 & \alpha \neq 1 \end{cases}$$

需要注意的是，该期权实际上是一个复合期权（期权上的期权），因为碳配额价格可视为二元期权。有关将方法扩展到多期设置以及对 ETS 前两个阶段之间碳配额的风险溢价特征的讨论，请参见 Wen 和 Kiesel（2016）。

8.3　对金融市场和能源市场的影响

8.3.1　EUA 证书和金融市场

8.3.1.1　股票价格和 EUAs

为了了解 EUA 证书价格对公用事业股价的影响，我们使用法国阿尔斯通公司、德国意昂集团、意大利爱迪生公司、葡萄牙电力集团、法国电力集团、德国巴登符腾堡能源集团、西班牙恩德萨国家电力股份有限公司、意大利国家电力公司、芬兰国有能源公司富腾公司、西班牙伊比德罗拉公司、英国国家电网公司、德国莱茵集团 12 家欧洲公用事业公司作为样本，就 2013 年 1 月至 2017 年 12 月的股价进行了小型实证分析。

使用每日股票收益和其他影响公用事业公司（主要是电力公司）股票收益的其他变量作为因变量。因此，我们将股票市场因子、欧洲 STOXX600 指数和每日现货基本负荷电力价格作为控制变量，不包括任何化石燃料价格，因为所生产的一些电力已经由大量可再生能源发电提供。根据标准程序，我们对每日对数收益率进行估计。

表 8 - 4　股价混合最小二乘法估计

项目		估计值	标准误差	T 统计量	P 值
常数	α	− 2.79e − 05	0.0001	− 0.2377	0.8121
股票市场	1	0.7819	0.0122	64.177	0.0000
电价	2	− 0.0006	0.0003	− 1.6894	0.0912
EUA 价格	3	0.0147	0.0034	4.3037	0.0000

估计方程式为

$$r_t = \alpha + \beta_1 r_{m,t} + \beta_2 r_{elec,t} + \beta_3 r_{EUA,t} + \varepsilon_t \qquad (8-10)$$

式中，r_t 是公用事业公司股价的对数收益，$r_{m,t}$ 是欧洲 STOXX600 指数的对数收益，$r_{elec,t}$ 是电价的对数收益，$r_{EUA,t}$ 是 EUA 证书价格的对数收益，t 是均值为 0 且方差恒定的随机误差项。我们执行了简化的混合普通最小二乘法回归，根据 F 统计量，总体结果非常显著。表 8 - 4 报告了各个变量的回归结果，发现电力公司股价收益与股票市场指数收益、EUA 收益之间关系正相关且显著。两个变量都在 1% 时显著。事实证明，电价收益对股票价格影响呈负相关，且变量在 10% 的水平上显著。

我们的结果与 Tian 等（2016）的估计一致，其应用多因子模型来解决 EUA 价格对欧洲 ETS 第一阶段和第二阶段电力公司股票的影响。结果表明，对于主要使用绿色能源的生产商而言，股票价格往往会对 EUA 价格变化作出积极反应。对于碳密集型生产商，第二阶段股票收益与 EUA 价格变化之间存在反向关系。EUA 收益与电力公司股票波动之间的条件相关系数在第二阶段显著而在第一阶段并不显著。

Oestreich 和 Tsiakas（2015）分析了第一阶段和第二阶段的异常超额收益。他们使用德国 DAX 指数和 MDAX 指数涵盖所有行业的 65 只德国股票，并根据免费获得 EUA 证书的多少将公司分为三个投资组合，其中棕色投资组合对应大量免费 EUA 的公司，清洁投资组合对应没有免费 EUA 的公司，中等投资组合介于两者之间的公司。在因子模型方法中，作者计算碳溢价，即"棕色减绿色"投资组合的超额异常收益，发现溢价相当可观且具有统计学意义。然而，由于时间范围仅包括第一阶段和第二阶段，其中免费分配有大量碳配额（祖父法，见第 2.3 节），这种碳溢价可能会随着公司不再获得免费配额而消失。

我们将在第 9 章构建和分析此类投资组合。

8.3.1.2　信用违约互换利差和 EUA

我们对欧洲公用事业公司（电力生产商）的信用违约互换（CDS）利差与 EUA 价格的关系进行了类似的探索性分析。CDS 利差是广泛使用的有关公司信用风险的指标，直接与违约概率及期限结构相关。本书第 10 章将更详细地分析信用违约互换利差。这里对 15 家欧洲公用事业公司（除了上述公司外，还包括荷兰公用事业公司 Eneco、荷兰公用事业公司埃森特和瑞典大瀑布电力公司）和 EUA 价格进行混合最小二乘法估计。同样，样本日期在 2013 年 1 月至 2017 年 12 月，但这次使用月度数据。现在估计方程为

$$cds_t = \alpha + \beta_1 cds_{t-1} + \beta_2 cds_{m,t} + \beta_3 eua_t + \varepsilon_t \qquad (8-11)$$

式中，cds_t 包括滞后一个月的 CDS 价差。$cds_{m,t}$ 是一个 CDS 基准，它是来自欧洲的所有非金融、非主权 CDS 利差的中值利差，其合同类型与 202 家公司的样本公司相同。eua_t 是 EUA 证书价格，ε_t 是一个随机误差。同样，回归结果总体上非常显著。表 8-5 中报告了各个系数的估计值，观察到 CDS 利差和 EUA 价格之间关系正相关且统计显著。

我们将这些结果作为碳风险对信用市场产生影响的第一个指标。第 10 章会表明影响不仅限于公用事业部门，还会影响整个市场。

表 8-5　CDS 利差混合最小二乘法估计

项目		估计值	标准误差	T 统计量	P 值
常数	α	-34.049	3.9465	-8.6279	0.0000
滞后的 CDS	1	0.9356	0.0080	116.50	0.0000
市场 CDS	2	0.2971	0.0336	8.8486	0.0000
EUA 价格	3	2.6286	0.3319	7.9193	0.0000

8.3.2　电力市场 EUA 证书

在电力市场中，电力生产商在电价和发电所用燃料方面存在不同。从金融角度看，这些差异可以用来给发电厂建模，也可称为价差。例如，电力市

场价格和煤炭成本之间的黑色价差（Dark Spread，燃煤电厂模型）和电力市场价格和天然气成本之间的点火价差（Spark Spread，燃气电厂模型）。这些价差的远期（和期货）价格用于对发电厂进行估值，而期权则提供了一种风险管理工具。标的资产 S_1、S_2、到期日 T 和行权价 K 的典型价差期权（Spread Option）的收益为

$$\max\left[S_1(T) - S_2(T) - K, 0\right] \qquad (8-12)$$

根据 Margrabe（1978）研究，封闭式估值可能仅在行权价 $K=0$（场内期权）的布莱克—斯科尔斯（Black-Scholes）模型中存在。对于 $K \neq 0$ 和其他随机模型，必须使用模拟方法。

在碳排放权交易体系涵盖的国家，工厂所有者还必须考虑二氧化碳排放配额的成本。引入碳排放证书意味着三种资产的回报发生了变化：

$$\max\left[S_1(T) - S_2(T) - S_3(T) - K, 0\right] \qquad (8-13)$$

式中，S_1 是电力市场价格，S_2 是（化石）燃料价格，S_3 是碳排放证书价格。显然，这种情况下估值复杂性有所增加。在 Black-Scholes 模型中，Als 等（2011）已经证明，式（8-13）的收益可以通过随机行权价 $S_2 + S_3 + K$ 和合适波动率的经典普通期权来近似求解，且

$$C_{K3}(S_1(T), S_2(T), S_3(T), K, \tau) \approx C_{BS}(S_1(T), S_2(T) + S_3(T) + K, \sigma_S, \tau)$$
$$(8-14)$$

同时，有

$$\sigma_S = \sqrt{\sigma_1^2 + b_2^2\sigma_2^2 + b_3^2\sigma_3^2 - 2\rho_{12}\sigma_1\sigma_2 b_2 - 2\rho_{13}\sigma_1\sigma_3 b_1 + 2\rho_{23}\sigma_2\sigma_3 b_2 b_3}$$

$$b_2 = \frac{S_2(T)}{S_2(T) + S_3(T) + K}$$

$$b_3 = \frac{S_3(T)}{S_2(T) + S_3(T) + K}$$

此外，σ_{ij} 是标的资产 i 和 j 之间的相关系数。这是经典 S 资产案例 Kirk 公式的变体［与 Carmona 和 Durrleman（2003）相比］。

应用这种方法需要考虑一个燃气发电厂。从金融角度看，燃气发电厂收益依赖长期电价、天然气短期气价和短期碳价的变化。用清洁点火价差表

示为

$$V_t = \max\{P_t - hG_t - c_E E_t - C, 0\} \qquad (8-15)$$

式中，P_t 是电价，G_t 是天然气价格，E_t 是排放证书价格，C 代表固定成本（h 和 c_E 是转换因子）。为了对发电厂进行估值，我们计算了估值期间贴现的清洁点火价差总和［如式（8-15）所示］的预期值。Bannr 等（2016）使用这种方法分析了燃气发电厂在各种定价模型方面的风险。

8.3.3　绿色电力购买协议

电力购买协议（PPA）可被视为可再生能源的支持计划。PPA 可用于为可再生能源发电设施提供资金，如水力发电、风力发电厂或光伏发电场。最近，可再生政府和社会资本合作（PPP）模式或绿色政府和社会资本合作作为一种促进可再生能源发电的机制受到越来越多的关注，参见德国能源署（2021），并作为在生产组合中提升可再生能源比重的措施之一。图 8-4 显示了企业可再生能源使用所占比重的增加。

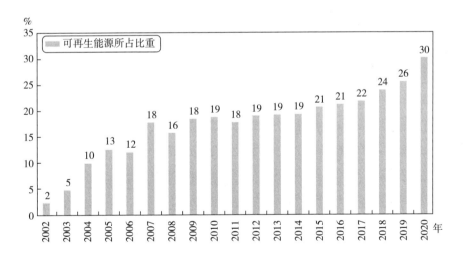

图 8-4　企业层面的可再生能源所占比重

这些合同是向公用事业公司（供应公司）出售电力的可再生资产所有者和企业之间签订的。由于终端用户对绿色能源有需求，公用事业可以将绿色电力重新分配给居民、企业等消费者。

　　大型企业如果决定向绿色低碳转型，可以使用电力购买协议从公用事业公司购买绿色电力，或者将绿色证书、绿电来源保证证书（Guarantees of Origin, GO）与电力批发市场结合起来使用。大多数情况下，由于开发、运营和维护成本、专业知识的限制，自产自销电力并不可行。电力购买协议是一种通过外包运营来增加绿色发电比重的方式，同时保持与特定资产的直接联系。与虚拟绿色证书相比，这种直接联系是一大优势，因为公司直接连接到有形资产，从而提高了其在绿色项目方面的知名度。它还避免了"漂绿"的担忧。要对此类绿色电力购买协议进行估值，一个主要因素仍然是基本负荷电价。

　　对于所考虑的合同期，远期市场用于为基础估值制定足够细粒度的电力远期曲线。此外，证明电力是绿色的，即绿电来源保证证书也有一定溢价。到目前为止，一些国家已经建立了认证机制，使所有大型设施产生的电力都可以获得合格证书。在具有绿色能源目标的合规市场中，例如可再生能源生产在总消费中占有一定的比例，发电厂商会获得一些绿色证书，原则上可以交易（尽管由于国家限制，流动性非常低）。因此，交易大多是场外交易，交易成本高，价格信息有限。由于价格水平相当低（低于 1 欧元每兆瓦时），绿色证书市场发展一直很缓慢。然而，随着碳信用市场复苏，人们对该市场的增长持乐观态度。

第9章 碳风险和实证资产定价

9.1 构建因子模型

资本资产定价模型（CAPM）描述了风险与收益之间的关系，而且仅仅包含一个因子，即（不可观察的）市场投资组合。由于早期实证检验结果模棱两可，CAPM逐步扩展至简单的单因子模型。关于多因子如何影响收益的实证文献也比较多，下面将简要介绍相关理论的发展状况及其实证研究技术工具。

9.1.1 资本资产定价模型和多因子模型

解释资产预期收益率 $R_{i,t}$ 的模型是

$$\mathbb{E}(R_{i,t}) = \alpha_i + \beta_i'\mathbb{E}(F_t) \qquad (9-1)$$

式中，F_t 是解释因子的 d 维向量，β_i 是因子载荷的 d 维向量。α_i 是无法解释的分量。资产定价模型旨在识别解释资产价格并消除错误定价的经济或统计因子。

CAPM预期收益和 β 之间的关系适合以下框架：

$$\mathbb{E}(R_{i,t}) = r_f + \beta(\mathbb{E}(R_{M,t}) - r_f) \qquad (9-2)$$

式中，r_f 是无风险利率，$R_{M,t}$ 是市场投资组合 t 时的收益。CAPM理论为 β_i 提供了一个可解释的公式：

$$\beta_i = \frac{\mathbb{Cov}(R_i, R_M)}{\mathbb{Var}(R_M)}$$

因此，β_i 是股票 i 对市场组合总方差的贡献率。资产风险则是资产收益与市场组合收益的协方差。风险溢价或风险的市场价格，是超额市场收益的预

期值。CAPM 虽然简单直观，但存在各种经验和理论上的缺陷。多因子 CAPM 和套利定价理论（APT）虽然描述了多种系统风险因子如何影响预期收益的理论，但仍然需要确定相关因子。此外，为了进行实证检验，必须构建针对这些因子的对冲投资组合。最主要的因子和检验归功于 Fama 和 French（1993）的工作。他们观察到小型公司（基于市值）的历史超额收益超过大型公司。同样，他们解释了这样的观察结果，即长期来看，账面市值比高的公司，即所谓的价值公司，比账面市值比低的公司获得更高的收益。因此，他们使用多头小公司股票和空头大公司股票（SMB）的利差投资组合以及多头高账面市值比股票和空头低账面市值股票（HML）的利差投资组合作为附加因子。精确的模型构建需要根据规模和账面市值对股票进行分组和排序。实证分析表明，Fama - French 模型显著改善了 CAPM。为了评估共同基金的业绩表现（Carhart，1997），Fama - French 模型扩展到动量因子（WML），该因子是过去赢家的投资组合收益与过去输家的投资组合收益之差，可以采用不同时间段的过去收益来构建这一因子。这种增强型 Fama - French 模型（Fama - French - Carhart 模型）已成为评估股票投资组合异常收益的标准模型，也是下文分析碳风险因子存在与影响的出发点和基准模型。正式的方程为

$$
\begin{aligned}
\mathbb{E}(R_{i,t}) = \alpha_i &+ \beta_i^M \mathbb{E}(R_{M,t}) + \beta_i^{SMB} \mathbb{E}(R_{SMB,t}) \\
&+ \beta_i^{HML} \mathbb{E}(R_{HML,t}) + \beta_i^{WML} \mathbb{E}(R_{WML,t})
\end{aligned} \tag{9-3}
$$

一些文献已经针对不同市场和不同时期模型提出并测试了大量的附加因子，参见 Lewellen（2015）的回顾和讨论。Bodie（2020）也研究了 CAPM、APT 和多因子模型。

9.1.2　面板回归

现在回顾一下对因子进行实证讨论的统计技术。从时间序列普通最小二乘法回归的一般特征开始，有关详细信息请参阅 Wooldridge（2010）或 Baltagi（2001）。式（9-4）是一个多元线性回归方程的案例[①]：

[①]　从现在开始，使用随机数量的统计标识而不是期望值。

$$R_{i,t} = \alpha_i + \sum \beta_i' X_{i,t} + \varepsilon_{it} \qquad (9-4)$$

式中，$t = 1, \cdots, T$ 代表时间点；$i = 1, \cdots, N$ 表示需考虑的实体数量。R 是因变量，X 是一组解释变量和 ε 是均值为 0 的随机误差项。通常，需要借助（增强的）迪基—福勒检验（Dickey - Fuller Test）等标准检验金融时间序列的平稳性（Pesaran，2007）。与时间序列 OLS 回归相比，面板回归不仅考虑了时间序列维度，还考虑了横截面维度。式（9-5）是面板回归方程的一个例子。与式（9-4）一样，$R_{i,t}$ 表示实体 i 在 t 时的因变量，α 表示回归的截距项，$X_{i,t}$ 表示实体 i 在 t 时的一组解释变量。与多元线性模型相比，区别之一是估计系数不涉及单个实体，而是涉及整个横截面维度。此外，面板模型允许控制不可观测的个体异质性，如果不加以控制，可能会导致有偏估计（Croissant 和 Millo，2018）。在等式中，不可观测变量为 $Z_{i,t}$。通常，模型将式（9-5）变换为式（9-6），并设定一个非时变且几乎不可观测的特征变量 η_i 和一个不可观测特征变量 $\nu_{i,t}$（Croissant 和 Millo，2018）：

$$R_{i,t} = \alpha + \beta' X_{i,t} + \gamma' Z_{i,t} + \varepsilon_{it} \qquad (9-5)$$

$$= \alpha + \beta' X_{i,t} + (\eta_i + \nu_{i,t}) \qquad (9-6)$$

根据特定的面板回归模型，进一步修改和扩展式（9-5）和式（9-6）。

面板模型主要分为固定效应（FE）模型和随机效应（RE）模型。固定效应模型假设不可观测个体异质性与可观测解释变量（因子）任意相关，因此可以对每个横截面实体进行估计。随机效应（RE）模型则假设不可观测影响与可观测解释变量之间不存在相关性。因此，不可观测个体异质性充当随机变量（Wooldridge，2010）。对估计量的详细分析表明，多因子模型中的公共因子可以通过公司特征捕获时间序列的可预测性，只要该因子与至少一只股票的滞后特征相关。同样，资产定价因子可以解释横截面的可预测性，只要因子载荷至少在一个时期内与公司特征相关。

9.2 股票收益和碳风险

9.2.1 碳风险作为多因子模型附加因子

碳风险作为风险因子进行分析，可以用一个附加因子扩展 Fama – French – Carhart 模型。Goergen 等（2020）通过构建"棕色减绿色"（Brown – Minus – Green，BMG）投资组合来实施该模型。第一步是使用 ESG 数据库，根据与碳排放相关的各项指标构建棕绿色评分（Brown Green Score，BGS）。从与碳转型风险相关的 131 个环境变量开始，选择了 10 个变量来描述每个类别的价值链、公众认知和适应性。价值链与公司的范围 1 – 3 碳排放量相关，公众认知捕捉投资者、债权人和客户如何评价公司的碳政策，适应性收集公司前瞻性气候政策的措施。如第 3.1 节所述，该选择涵盖了碳风险的范围。自然地，碳排放发挥着重要作用，因为它们是监管措施的主要组成部分，也是公众讨论的焦点。对于所有变量，公司单独排序，并根据所处位置给出分数（高于中位数为 1，否则为 0）。最后，将三个类别的分数相加，然后根据以下等式计算最终的 BGS 得分：

$$BGS_{i,t} = 0.70VC_{i,t} + 0.15PP_{i,t} + 0.15AD_{i,t} \qquad (9-7)$$

式中，VC、PP 和 AD 分别代表价值链、公众认知和适应性。当然，选择程序和加权方案需要合适理由。作者参考了与专家小组的讨论以及广泛的统计分析和稳健性检验。

应用面板回归框架后，得出以下等式：

$$R_{i,t} = \alpha_i + \beta_{i,1}BGS_{i,t} + \beta_{i,2}(BGS_{i,t} - BGS_{i,t-1}) + \nu_i Z_t \qquad (9-8)$$

由于 BGS 基于年度数据（有关数据质量和可用性参见第 5 章），$R_{i,t}$ 是年收益率，Z 包含一系列控制变量。Goergen 等（2020）（时间段为 2010—2017 年）报告显示，BGS 对碳风险水平和差异有显著影响。碳风险水平（可观测的公司碳风险）对股票收益有正向影响，而碳风险差异（碳风险动态）有负向影响。因此，"棕色"公司收益更高、更环保（BGS 差值为负）。这些结果符合 Pastor 等（2020）的理论模型，如第 4.3.2 节所述。根据 Fama –

French – Carhart（见第9.1节）方法，Goergen 等（2020）构建了一个投资组合来调查与碳风险相关因子的存在性和相关性。它是根据所有公司的规模（市场估值）和 BGS 得分将所有公司分配到六个投资组合。对于规模分量、中位数和 BGS 投资组合，三分位数用于定义组别。然后，将 BGS 上下三分位的价值加权平均月收益一起构建价差组合，棕色为多头（SH、BH 分别为小型/高 BGS 分值、大型/高 BGS 分值），空头为绿色（SL、BL 分别为小型/低 BGS 分值、大型/低 BGS 分值）公司。式（9－9）构造的等式为

$$BMG_t - = \frac{1}{2}(SH_t + BH_t) - \frac{1}{2}(SL_t + BL_t) \qquad (9-9)$$

通过以下因子模型进行分析：

$$R_{i,t} = \alpha_i + \beta_i^M R_{M,t} + \beta_i^{SMB} R_{SMB,t} + \beta_i^{HML} R_{HML,t}$$
$$+ \beta_i^{WML} R_{WML,t} + \beta_i^{BMG} R_{BMG,t} + \varepsilon_{i,t} \qquad (9-10)$$

估计结果显示 β^{BMG} 处于平均值以下，且 BMG 因子与其他因子相关性小。因此，BMG 因子为 Fama – French – Carhart 模型提供了额外的解释，并能够揭示股票价格中的碳风险。Goergen 等（2020）使用不同的模型支持了上述结果，并使用各种资产定价检验来显示其结果的稳健性。然而，投资组合方法并未研究碳风险与系统风险之间潜在的直接相关性（相关性通常是误导性指标，因为它仅揭示线性效应）。这种关系的精确说明会影响企业资金成本以及绿色和棕色企业之间的资金分配。第9.3节将讨论该问题。

9.2.2 股票市场是否存在碳风险溢价？

许多文章调查了碳风险如何影响股票市场的问题。在这种情况下，目的是确定风险溢价并分析其行业和/或地理差异。在这种情况下，Bolton 和 Kacperczyk（2020）使用 2005—2017 年美国股市的数据讨论了各种与碳风险相关的假设。例如，他们询问前瞻性投资者是否会要求对持有高碳公司进行补偿，这将导致公司的温室气体排放量与其股票收益之间存在正相关关系，称为"碳风险溢价假说"。为了研究这一假设，使用了以下横截面混合 OLS 回归模型：

$$R_{i,t} = \alpha_0 + \beta_1 \log(TE)_{i,t} + \beta_2 CV_{i,t} + \mu_t + \varepsilon_{i,t} \qquad (9-11)$$

因变量为股票 i 在 t 月的月度收益，解释变量用总排放量（TE）表示，分别代表范围1、范围2或范围3。同样，CV 指的是一个通用向量，包括公司特定变量（如规模、账面市值比、动量）和用于解释收益的公司特征（如财产价值、资产投资）。此外，还包括年/月固定效应。所有三个范围变量都呈现正向影响，且统计上显著。此外，该效应在经济上是显著的，任何范围的一个标准差增加都会导致股票收益率每年增加几个百分点。结果还表明相对于没有行业的模型，行业效应显著，导致经济效益增加幅度高达200%。然而，使用未经归一化的范围值（Scope Value）仍然存在问题。通常，碳排放强度（见第2章）是一个候选值。正如我们在第5.2节中指出的那样，可能会存在问题，因为时间段可能不同。范围值大多是后顾性的，可能包括大量历史数据，而标准化数值，如销售额可能涵盖更近的时期。因此，可以包括前视偏差（Look – ahead Bia）。此外，标准化变量可能与股权相关，从而会引入另一个偏差。相反，在另一个模型中使用排放量的百分比变化来控制规模效应。所以，第二个回归不等式是：

$$R_{i,t} = \alpha_0 + \beta_1 \Delta(TE)_{i,t} + \beta_2 CV_{i,t} + \mu_t + \varepsilon_{i,t} \qquad (9-12)$$

该回归的结果揭示了类似的效应：所有范围结果都呈现正相关且统计显著。行业效应导致结果没有放大。

总而言之，结果提供了投资者要求高排放股票收益溢价的证据。现在，转向系统性碳风险因子是否可以解释这种影响。考虑以下回归等式：

$$\beta_{i,t} = \gamma_0 + \gamma' F_t + \varepsilon_t \qquad (9-13)$$

式中，$\beta_{i,t}$ 是式（9 – 11）中估算的碳风险溢价。向量 F 收集一系列价差投资组合（包括 SMB、HML、WML）。系数 γ_0 应在控制其他因子后捕获剩余的碳溢价。Bolton 和 Kacperczyk（2020）研究结果表明，碳溢价在统计和经济上都具有显著性，尽管其规模小于其他因子。因此，有证据表明股票市场存在碳风险溢价。

有趣的是，他们还记录了2015年后跃升的碳排放溢价，即《巴黎协定》签署之年（见第1章）。由于投资基金在《巴黎协定》之后也开始致力于对碳更敏感的投资策略，可能进一步证明投资者增强了碳风险意识。

一项使用来自 77 个国家/地区数据的相关研究显示，Bolton 和 Kacperczyk（2021）发现世界大部分地区（包括北美、欧洲和亚洲）存在正向关系且碳溢价统计显著。碳排放量是根据范围来衡量的，但显然世界各地的披露做法有所不同。与刚刚报告的结果一致，高碳排放公司会产生较高的股票收益，且通常控制着公司的一般特征。

In 等（2019）也在 2005—2015 年研究了美国公司的样本，构建了一个碳有效率减碳无效率的投资组合，该投资组合从 2010 年开始产生正的异常收益。Barnett 等（2019）探讨了监管风险对金融市场的影响，根据事件研究分析，发现未来气候政策行动的可能性增加，并降低气候政策风险高的公司的股票价格。转型碳风险的短期影响可以在期权价格中找到。Ilhan 等（2020）表明，采用碳密集型商业模式的公司面临更高的期权保护成本，以应对极端的下行风险。原因是更高的碳强度似乎会增加公司股票收益的风险中性分布的负偏度以及方差风险溢价。随着到期日从 1 个月增加到 12 个月，期权溢价下降，溢价由下行风险驱动。随着监管框架变得越来越稳定，出现监管意外的可能性会降低，这些影响应该会消失。

之前提到机器学习在碳溢价调查中的应用。Faccini 和 Matin（2021a）以及 Engle 等（2020）使用最先进的文本分析机器学习方法来调查股票收益对气候新闻的敏感性。两项研究都发现，在有关气候变化影响的负面消息出现期间，气候风险敞口较低的股票收益率较高。

9.3　碳风险、权益资本成本和债务成本

权益资本成本（CoE）被定义为投资者对特定资产进行投资所需的收益。计算 CoE 可以使用股息资本化模型或 CAPM。我们选择 CAPM，因为它在实践中很常见并且有经验证据支持［见 Da 等（2012）讨论］。因此，公司 i 在 t 年（以下使用的时间段）的 CoE 估计等式为

$$CoE_{it} = r_t + \beta_{it}ERP_t \qquad (9-14)$$

式中，β_{it} 是公司 i 在 t 年的市场 beta，r_t 是无风险利率，ERP_t 是股权风险溢价，可以基于投资者调查或历史进行估计。

现在的目标是评估碳风险是否对权益资本成本有影响。为了检验关于特定影响的假设，可以使用（面板）回归技术（见第 9.1 节），并使用式（9 - 1）来获得 CoE 的值，其在假设中作为因变量。

Trinks 等（2020）使用了这种方法，研究时间范围为 2008—2016 年，数据来自 55 个国家/地区的 1897 家公司。他们调查金融市场投资者持有高排放公司资产需要多大程度上的溢价，反过来会提高这些公司的 CoE。这些公司的碳强度指标基于范围 1 和范围 2 碳排放量的总和，并且他们只使用同时报告这两种排放量的公司。之所以省略范围 3 数据，因为它很稀缺（比较第 5 章的数据可用性），此外，范围 3 的排放量不受公司直接控制。

下面使用面板回归方程设定函数等式：

$$CoE_{it} = \alpha + \beta cind_{it} + \gamma' X_{it} + \Lambda + u_i + \varepsilon_{it} \qquad (9 - 15)$$

对于公司 i 在 t 时，$cind_{it}$ 是使用净销售额作为分母进行归一化的碳强度（见第 3 章）。X_{it} 是可观测公司的特征向量（规模、账面市值比、杠杆），对 CoE 有已知影响。Λ 是年份、行业和国家固定效应的向量，用于控制时间趋势和异质性，u_i 是特定公司非时变不可观测变量的向量，ε_{it} 是误差项。Trinks 等（2020）报告了碳强度对 CoE 的正面和稳健影响。他们发现，在其他条件不变的情况下，碳强度每增加一个标准差，CoE 就会增加 6 个基点。行业相关分析表明，碳强度比行业平均水平每增加一个标准差会使 CoE 提高 9 个基点。总体而言，碳风险溢价主要由系统风险因子解释：高排放公司的股票收益对宏观经济波动的敏感度明显高于低排放公司的股票收益。报告指出欧盟国家和高排放行业的区域和行业也会有所不同，使人们更加重视将减排视为降低风险的有用策略。

2012—2016 年，Fichtner（2018）以德国和奥地利的公司（总共 91 家）为重点进行了类似的分析。他用回归方程

$$CoE_{it} = \alpha + \beta cind_{it} + \beta^I I_{it} + \beta^R R_{it} + \gamma' X_{it} + \Lambda + \varepsilon_{it} \qquad (9 - 16)$$

式中，I 是包含在可持续发展指数（德国或奥地利）中的虚拟变量，R 是

高度受监管行业中公司的虚拟变量。此外，还使用了两种版本的碳强度，一种是（范围 1 + 范围 2）/销售额，另一种是（范围 1 + 范围 2）与总资产的比重。结果表明，对于这两种定义，碳强度和权益资本成本都是正相关的。此外，可持续发展报告披露和严格监管行业的成员资格降低了权益资本成本，可以解释企业的透明度更高。

Kim 等（2015）考虑了韩国公司，并将碳强度定义为每单位销售额的二氧化碳排放量，表明与权益资本成本正相关。研究还发现，对于高温室气体排放行业的公司，这种影响会减弱。然而，发布可持续发展报告对权益资本成本没有正向影响。权益成本的讨论可以看作投资者风险等同于碳的社会成本，后者与减排对总消费风险的宏观经济影响有关（Dietz 等，2018）。投资行为更直接地受到适用于单个公司和项目现金流的贴现率的驱动，即投资者为补偿投资风险而要求的收益率，或者从公司的角度来看，称为资本成本。因此，研究企业碳排放对财务风险和要求收益（CoE）的影响存在相关性。

Kleimeier 和 Viehs（2018）也报告了更高的透明度可获得收益，他们使用北美公司的数据集表明，碳排放透明度越高会带来更有利的贷款条件。对于信息高度不确定的公司尤其如此。与不披露排放数据的公司相比，回答年度碳信息披露项目（CDP）调查问卷并自愿披露其碳排放的不透明公司支付的贷款利差要低得多。Jung 等（2018）对此进行了证实，他们将债务成本与公司的碳排放量及其披露行为联系起来。

9.4 碳风险和机器学习

过去几年，机器学习技术已经进入实证资产定价领域。Gu 等（2020）比较分析了衡量资产风险溢价因子分析的机器学习技术。机器学习允许人们处理文献中讨论的数百种因子的大量集合，并允许人们灵活地考虑因子影响风险溢价关系的函数形式。对于手头的任务，研究了输入变量和输出变量之间建立关系的有监督学习方法。事实证明，树模型和神经网络模型是性能最好的方法。

当然，这些类型的分析可以直接应用，将碳风险因子（如碳强度）作为额外的解释变量。或者，该算法可用于在各种 ESG 因子中搜索具有最高解释力的因子。本章专注于这种机器技术，即文本分析工具，它在金融应用中也有（短暂的）历史，并且已经应用于评估股票市场的碳风险（Engle 等，2020；Faccini 和 Matin，2021b）。下面简要介绍一下文本分析［遵循 Fischer（2020）第 4 章和 Wesslen（2018）］。

主题模型（Topic Model）是一种无监督的机器学习方法，该方法试图识别和测量文本文档语料库中的潜在主题。潜在的假设是文本由不同的主题组成，这些主题在表现形式和使用特定单词方面有所不同。具体来说，主题建模依赖词袋假设，该假设指出文档中词的频率定义了文本的含义。主题模型使用潜在狄利克雷分布（LDA），这是一种贝叶斯两层混合模型，通过识别词共现模式来指定主题。

隐含狄利克雷分布生成主题分配，列出每个主题最频繁关联的单词和主题比例，这是语料库文档分配给每个可能主题的概率。可视化是根据词云完成的，其中词（术语）的大小与其频率成正比。作为说明，我们展示了与（科学）气候变化主题相关的词云，这些词云分别来自 1990—2015 年德国报纸（《法兰克福汇报》《世界报》《德国日报》）和美国报纸（《纽约时报》和《华盛顿邮报》）。有关此特定应用程序中数据收集过程和选择标准的详细说明，以及对德国和美国在风险感知方面差异的启发性研究，建议读者参阅 Fischer（2020）。与其他主题不同，气候变化产生了非常相似的词云，如图 9 - 1 所示。

图 9 - 1 显示，恩格尔等（2020）描述了一个类似的气候变化词云，这些词来自 74 份气候变化白皮书和与气候变化研究和监管相关的国际和国家科学协会（如 IPCC，环境保护署和 NASA）识别的类似于图 9 - 1 中左侧面板的词频。

现在转向如何结合新闻信息确定资产价格中的碳风险溢价问题。Faccini 和 Matin（2021b）对 2000 年 1 月至 2018 年 12 月汤森路透新闻档案中超过 1300 万篇文章的语料库进行了文本分析。为了构建碳风险相关因子，他们使用美国气候政策、国际峰会、自然灾害和全球变暖等主题，根据这些主题与

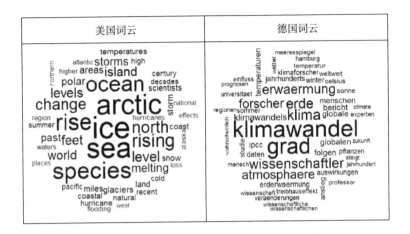

图 9 - 1　美国和德国气候变化词云分布图

美国股票市场的相关性和直接的可解释性进行确定。随后将风险因子构建为每天从与气候变化相关的新闻报道中涉及每一个主题的权重。回归方程是

$$R_{i,t}^e = \alpha_i + \beta_i F_t + \gamma' CV_t + \varepsilon_t \qquad (9-17)$$

式中，i 代表股票 i 在第 t 天的超额收益，F_t 是文本因子之一。像往常一样，CV 是一个包含标准控制变量的通用向量，ε_t 是一个独立同分布且均值为 0 的误差项。假设新闻报道增加表明风险增加，意味着负 β 表明资产通过特定因子渠道暴露于碳风险。根据这些结果，Faccini 和 Matin（2021b）根据股票的 beta 系数为四个因子中的每一个构建每月更新的多空利差投资组合。使用式（9-17），现在以 Fama - French - Carthard 因子的变体作为控制变量，然后估计投资组合 Alpha。他们发现美国气候政策因子在大多数模型设定中是正向的并且具有统计显著性，而其他因子的统计显著性充其量是混合的。拆分样本表明气候政策因子从 2012 年开始变得越来越重要。因此，Faccini 和 Matin（2021b）可以得出结论，政治辩论中的碳风险已定价，风险最高的资产支付的利率远高于风险最低的资产。然而，国际监管涵盖的和科学证据强调的长期风险尚未进入投资者的风险评估。由于政治辩论与减缓和适应政策计划相关，而这些计划又以碳排放为目标，我们可以使用这些结果来支持第 9.2 节中提出的结论。

第 10 章　碳风险和违约风险

本章将研究碳风险如何影响违约风险资产定价，重点关注信用违约互换（CDS）和（企业）债券，特别是 CDS 利差是反映企业信用质量的流动性指标和前瞻性指标。此外，信用违约互换合同是标准化合同，一般合同期限长达 30 年，因此更适合探讨碳风险的期限结构影响。鉴于没有流动性或结构性影响，CDS 利差风险溢价比企业债券风险溢价更为纯粹。

10.1　违约风险建模

10.1.1　默顿结构模型

首先考虑企业债券，引入一种管理企业信用风险（违约风险）的基本方法。设定 $p^d(0,T)$ 表示期限为 T 且名义 $F=1$ 的零息债券的零时价格。假设恒定无风险利率 $r>0$，$\exp(-rt)$ 为 t 年的贴现因子。对于每一年 t，违约概率由 $\mathbb{P}(\tau \leqslant t)$，$\forall t \in [0,T]$ 给出，其中 $\mathbb{P}$ 是给定的估值指标。假设违约回收率（作为未偿还名义金额的一小部分）δ 是已知的；回收款项在违约时间 τ 内完成。企业债券的一般估值公式为[①]

$$p^d(0,T) = \mathbb{E}\left[e^{-rT}1_{\{\tau>T\}} + e^{-r\tau}\delta 1_{\{\tau \leqslant T\}}\right] \tag{10-1}$$

这时有

$$p^d(0,T) = e^{-rT}\mathbb{P}(\tau>T) + \mathbb{E}\left[e^{-r\tau}\delta 1_{\{0 \leqslant \tau \leqslant T\}}\right]$$

$$= e^{-rT}\mathbb{P}(\tau>T) + \delta\int_0^T e^{-rt}d\mathbb{P}(\tau \leqslant t) \tag{10-2}$$

---

① IA 是指示函数（indicator function），如果事件 A 已经发生则取值为 1，否则取值为 0。

因此，为了对该债券估值，需要一个允许指定（计算）$\mathbb{P}(\tau \leqslant t)$ 的模型。

一种标准且广泛使用的方法是由 Merton（1974）首创的企业价值方法（又称为结构模型）。在这种情况下，假设一家企业由股权和单一零息债券提供资金，其名义金额（面值）为 F，到期期限为 T。如果资产价值低于负债价值，企业就会违约。在 Merton（1974）的著作中，企业价值过程由下式给出：

$$dV(t) = (r - \gamma)V(t)dt + \sigma V(t)dW(t), V(0) = V_0 \qquad (10-3)$$

式中，W 是一个布朗运动，γ 是固定支付（股息）率，也有可能为负。只有在到期时才可能违约。因此，要么 $V_T \geqslant F$ 且已偿还名义金额，即 $p^d(T,T) = F$ 或 $V_T < F$ 并且企业价值支付给债券所有者，即 $p^d(T,T) = V_T$（定义为回收率）。对于股权所有者，收益是剩余价值 $S_T = \max\{V_T - F, 0\}$。因此，股票可以被视为企业价值的看涨期权，当 $\overline{V_t} = e^{-\gamma(T-t)}V_t$ 时，价值是

$$S_t = C_E(\overline{V_t}, F) = e^{-\gamma(T-t)}V_t \Phi(d_1) - Fe^{-r(T-t)}\Phi(d_2)$$

式中，Φ 是累积标准正态分布函数，且

$$d_1(t, V_t) = \frac{\log(V/F) + (r - \gamma + \sigma^2/2)(T-t)}{\sigma \sqrt{T-t}}$$

$$d_2(t, V_t) = d_1(t, V_t) - \sigma \sqrt{T-t}$$

对于债券持有者来说，收益是

$$p^d(T,T) = F - \max\{F - V_T, 0\}$$

收益是无风险支付与企业价值看跌期权的差值。经过计算，我们发现：

$$p^d(t,T) = V_t e^{-\gamma(T-t)}\Phi[-d_1(t, V_t)] + Fe^{-\gamma(T-t)}\Phi[-d_2(V_t, t)]$$

$$(10-4)$$

默顿模型还可计算一家企业的违约概率。在这种情况下经常使用的指标是违约距离（Distance-to-Default，DD），表示企业价值在默认违约边界之上的程度。假设没有股息支付，DD 定义为[1]

---

① 上述计算设定 $r=0$。

$$DD(t) = \frac{\log\left(\dfrac{V_t}{F}\right) + \left(r + \dfrac{1}{2}\sigma^2\right)(T - t)}{\sigma\sqrt{T - t}} \qquad (10 - 5)$$

可以使用违约距离来表示违约概率（以 V_t 的当前值为条件）：

$$\mathbb{P}(V_T < F \mid V_t) = \Phi(-DD(t)) \qquad (10 - 6)$$

通常，我们不观察企业价值，而是观察具有波动率 σ_S 的股票价格过程 S。因此，为了计算与企业价值动态变化相关的参数，即 V_0 和 σ，我们必须使用恒等式以获得风险中性的违约概率（Bingham 和 Kiesel，2004）：

$$S_0 = V_0\Phi[d_1(0, V_0)] - Fe^{-rT}\Phi[d_2(0, V_0)]$$

$$\sigma_S = \frac{\Phi[d_1(0, V_0)V_0]\sigma}{S_0}$$

默顿模型还暗示，对于时间 $t = 0$ 的相应（债券）利差为

$$s(\gamma) = -\frac{1}{T}\log\{V_0 e^{-\gamma T}\Phi(-d_1) + Fe^{-rT}\Phi(d_2)\} \qquad (10 - 7)$$

对于较短的到期时间 $t \to T$，利差将趋于 0，即表明只要企业价值高于债券面值，企业不再有违约风险。这样做的原因是默顿模型中的随机性是由连续路径随机过程驱动的，因此无法捕捉到意外事件，例如突然违约。一个可能的扩展[①]是允许企业价值过程有跳跃，参见第 9.3.2 节 Bingham 和 Kiesel（2004）的论述。因此，对于可能的函数模型，假设企业价值过程是跳跃扩散的指数：

$$V_t = V_0\exp(X_t), X_t = \mu t + \sigma W_t + \sum_{i=1}^{N_t} Y_i \qquad (10 - 8)$$

式中，μ、$\sigma > 0$，且是常数，$W(t)$ 是标准的布朗运动。跳跃由强度为 λ 的泊松过程 N_t 生成，跳跃大小是分布为 F 的独立随机变量（Y_i）。F 的一个常见规范分布是正态分布或双指数分布，允许半解析结果。

现在，该模型允许极端事件发生，并且由此产生的短期利差具有正极限（根据经验观察）。然而，由于获得违约时间所需首达时（First - passage Time）的分布无法通过分析获得，因此债券价格和信用违约互换利差无法以

---

① 其他模型定义了更现实的企业价值过程和机制，这些过程和机制在结构框架中将触发违约，详细情况参见 Bielecki 和 Rutkowski（2002）。

封闭形式获得。

默顿模型（及其变体）提供了一个简洁的框架来考虑模型的不同参数对违约风险变化的影响。我们将在下文中频繁使用该框架。

10.1.2 信用违约互换

如果参考资产发生某些信用事件，信用违约互换是固定支付费用（息票）与一次性支付费用的风险转换。CDS 价格通常是根据 CDS 价差报价的，按照互换的标准方法计算，因此合同在启动时的价值为零。

设定 $i = 1, \cdots, N$，息票日期为 $0 \leqslant t_1 \leqslant \cdots \leqslant t_n = T$。如果在息票日期 t_i 没有发生违约，信用保护买方必须支付利差 s（用数学符号表示，付款为 $s1_{|\tau > t_i|}$）。信用保护卖方在违约时间 τ 的付款是 $(1-\delta)1_{|\tau \leqslant T|}$。等同于支付流 $\mathbb{E}\left[e^{-r\tau}(1-\delta)1_{|\tau \leqslant T|}\right] = \sum_{i=1}^{n} e^{-rt_i} s \mathbb{E}\left(1_{|\tau > t_i|}\right)$，可以求解 CDS 利差：

$$s = \frac{\mathbb{E}\left[e^{-r\tau}(1-\delta)1_{|\tau \leqslant T|}\right]}{\sum_{i=1}^{n} e^{-rt_i} \mathbb{E}\left(1_{|\tau > t_i|}\right)} \qquad (10-9)$$

10.1.3 CDS 利差对（银行）风险管理的重要性

银行必须配置资本以应对信用风险。除了企业违约概率（ProbDef）之外，违约风险敞口（ExpDef）和违约损失率（LossDef）都是计算企业预期损失（ExpLoss）所需的组成部分。预期损失被定义为

$$ExpLoss = ExpDef \times LossDef \times ProbDef \qquad (10-10)$$

观察到违约损失率是 $(1-\delta)$ 乘以违约敞口。通常，对于违约风险敞口，评级机构提供的历史数据可以用作基准判断。违约概率和违约损失率可以从市场数据中推断出来。Jarrow（2010）指出 CDS 利差在第一个近似值中可以反映 $ProbDef \times LossDef$。因此，预期损失可以估计为

$$ExpLoss = ExpDef \times CDS$$

10.1.4 信用违约互换利差决定因素

文献中经常分析 CDS 利差的决定因素（Ericsson 等，2009；Collin -

Dufresne 等，2001）。我们使用 Galil 等（2014）的研究作为起点，作者调查了 2002—2013 年美国企业的代表性样本。在一系列会计、宏观经济和股票市场因子中，他们发现股票收益率、股票波动率和信用市场整体状况影响最大。这些因子的影响符合基于预期的默顿模型（Merton，1974）。由于违约概率下降将增加股票的市场价值，因此利差将随着股票的价值增加而下降。另外，股票波动率上升意味着企业价值波动率更高（Bingham 和 Kiesel 对此进行了论证，2004），因此资产价值更有可能超过违约阈值。市场状况与预期回收率和违约概率有关（Galil 等，2014），因此会对 CDS 利差产生负面影响。由于 CDS 利差不平稳，因此根据具有相同影响因子（股票回报为负，股票波动率为正，CDS 利差中值变化为负）的一阶差分进行分析。

作为对碳排放配额初步分析的一部分，我们已经看到 CDS 利差反映了碳风险。然而，由于碳排放配额也对股票价格有影响（至少对公用事业和能源企业而言），我们需要构建一个不同的独立因子。

10.2　CDS 利差和碳风险

10.2.1　ESG 因子

根据 Blasberg 和 Kiesel（2021）研究，我们对 CDS 利差和碳风险进行了简要的描述性分析。

我们使用 2013—2018 年 100 多家期限为 1 年、3 年、5 年和 10 年的主要欧洲企业的每日 CDS 利差。每个企业也拥有一个信用评级。为了评估企业的碳风险，使用 Refinitiv 的环境、社会和治理（ESG）数据，尤其是 E 支柱。根据 E 支柱得分的三分位数和信用评级的中位数将所有企业分为六个投资组合。然后绿色（棕色）企业被识别为高（低）E – 分值投资组合中的企业。图 10 – 1 至图 10 – 4 比较了到期期限分别为 1 年、3 年、5 年和 10 年的绿色企业和棕色企业 CDS 每日平均利差的（经验）分布。

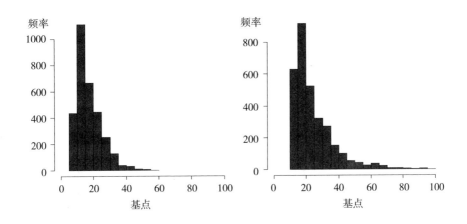

图 10 - 1　绿色企业（左图）和棕色企业（右图）1 年期 CDS 每日平均利差的直方图

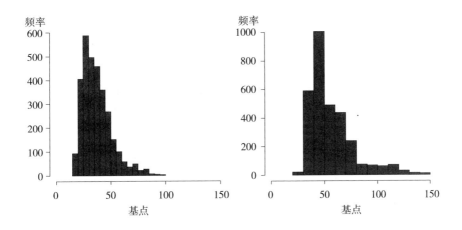

图 10 - 2　绿色企业（左图）和棕色企业（右图）3 年期 CDS 每日平均利差的直方图

在所有期限中，我们发现棕色企业的分布向右移动，表明环境绩效不佳的企业 CDS 利差更高。此外，对于较长期限的债券而言，影响会变得更加明显。

这些观察结果表明，CDS 利差中存在碳风险成分，其重要性随着期限的延长而增加。当然，由于气候变化的长期后果，期限效应属于意料之中。下一节将正式检验这种效应。

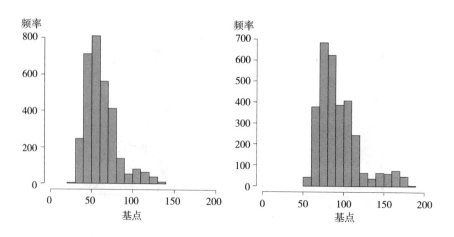

图 10 – 3　绿色企业（左图）和棕色企业（右图）5 年期 CDS 每日平均利差的直方图

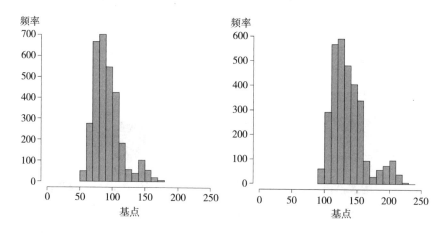

图 10 – 4　绿色企业（左图）和棕色企业（右图）10 年期 CDS 每日平均利差的直方图

10. 2. 2　基于 ESG 的碳指标

对于每个投资组合，我们现在计算 CDS 利差的等权平均值（Equally Weighted Mean），并将基于 E – 分值的碳指数（E – score – based Carbon Index，ECI）定义为两个最佳投资组合（绿色）和最差投资组合（棕色）之间的差值。也就是说，我们根据 E 支柱分值的三分位数和信用评级中位数（无条件分位数排序）将企业范围分为六组。之后，我们同样计算一个分别是绿色

（最好的两个组）和棕色（最差的两个组）企业的 CDS 利差的等权平均值。然后，ECI 被定义为这两种等权平均值之间的差值[①]。

基于 Galil 等（2014）的模型，并使用基于 E 分值的碳指数对其进行扩展建模，以解释 CDS 利差。执行面板回归并估计：

$$\Delta CDS_{i,t} = \beta_i + \beta_{1,i}r_{i,t} + \beta_{2,i}\Delta v_{i,t} + \beta_{3,i}\Delta mri_{i,t} + \beta_{4,i}\Delta ECI_t + \varepsilon_{i,t}$$

$$(10 - 11)$$

式中，$\Delta CDS_{i,t}$ 是指企业 i 在 t 时的 CDS 利差变化，β_i 是企业特定的截距项，$r_{i,t}$ 是企业 i 在 t 时的股票价格的对数回报，$\Delta v_{i,t}$ 是企业 i 在 t 时的波动率变化（基于前 300 个交易日的年化方差），$mri_{i,t}$ 衡量企业 i 和时间 t 评级指数中值的变化（同一评级组中所有企业的 CDS 利差中值，此处评级组分为 AAA/AA、A、BBB 和 BB + 或更低），ΔECI_t 是指碳指数的变化。得到的估计值是所有企业的平均值，即 $\tilde{\beta}_j = \dfrac{1}{N}\sum\limits_{i=1}^{N}\hat{\beta}_{i,j}$ 对于所有 $j = 0, \cdots, 4$，结果5[②]见表 10 - 1。

表 10 - 1　1 年期、3 年期、5 年期和 10 年期回归结果（混合）

变量	1 年	3 年	5 年	10 年
Intercept	- 0. 01	- 0. 01	- 0. 02 *	- 0. 02 *
	(0. 01)	(0. 01)	(0. 01)	(0. 01)
Stock return	- 0. 17 ***	- 0. 24 ***	- 0. 28 ***	- 0. 29 ***
	(0. 03)	(0. 03)	(0. 03)	(0. 03)
ΔVolatility	0. 50 *	0. 76 **	1. 29 ***	1. 29 ***
	(0. 20)	(0. 25)	(0. 25)	(0. 24)
ΔMRI	0. 71 ***	0. 57 ***	0. 44 ***	0. 46 ***
	(0. 05)	(0. 04)	(0. 03)	(0. 03)
ΔECI	- 0. 16 ·	- 0. 20 **	- 0. 23 ***	- 0. 22 ***
	(0. 09)	(0. 06)	(0. 06)	(0. 05)
R^2	0. 22	0. 27	0. 25	0. 25
Adj. R^2	0. 22	0. 26	0. 25	0. 24

注：*** $p < 0.001$，** $p < 0.01$，* $p < 0.05$，· $p < 0.1$。

[①]　Barth 等（2020）构建了类似的定义，见第 22～23 页。

[②]　t - 统计量是根据单个横截面回归系数进行计算。

标准变量的系数符合默顿模型的预测和文献结果。对数回报增加将减少 CDS 利差，因此预计信号为负。较高的波动性会导致较高的 CDS 利差，因此信号为正。然而，就显著性而言，正如文献中所述结果喜忧参半（Koutmos，2019）。市场条件指数是一个积极的、非常重要的信号，因为个体利差与市场利差同步。图 10-1 至图 10-4 显示了碳指数结果，且系数的显著性随期限增加而增加。此外，因为指数为负值，信号只能呈现预期值。因此，该指数增加意味着绝对值更小，反映了棕色企业和绿色企业 CDS 利差下降，反过来又提高了 CDS 利差的整体水平。

然而，由于 E-分值反映了多种指标，我们稍后将直接查看碳排放量生成的指数。

Barth 等（2020）分析将整个 ESG 分值与 CDS 利差联系起来。然而，文献中关于 ESG 实践对企业价值的影响还存在分歧。一种说法认为，高 ESG 标准转化为更高且波动性更小的现金流，因为此类企业可能较少受到自然灾害或监管环境变化的影响，企业价值会增加。另一种说法认为，由于要维持与利益相关者的关系或向潜在员工发出高 ESG 标准的信号，ESG 标准实施会导致浪费固定成本，从而降低企业价值。作者考虑了 2007 年 1 月至 2019 年 3 月美国和欧洲企业的 CDS 利差，结果支持第一种观点，因为他们发现更高水平的 ESG 会导致更低的 CDS 利差。此外，由于存在区域差异，欧洲企业较美国企业影响更为明显。

Von Avenarius（2019）使用欧洲企业样本调查了欧盟碳排放权交易体系碳排放价格对 CDS 利差的影响。然而，由于碳排放配额价格与股票价格（和回报）相关，因此无法建立稳固的关系。

10.3　碳风险效应的异质性

下面将研究碳风险因子对 CDS 利差整体分布的影响（上下文中的响应变量）。对于这种分析，分位数回归已被证明是一种非常有用的方法。

10.3.1　分位数（面板）回归

虽然普通回归旨在找到响应变量（分布）的均值，但我们想要估计 q 个百分位数，例如分位数回归（QR）中的 1%、5%、10%、中位数、90%、95%、99%。事实上，我们可以估计一整套百分位数来有效地描述整个分布，进而可以确定不同分位数水平的不同显著因子。当研究解释变量对响应变量整体分布的影响时，分位数回归非常重要。通常可以识别因子的异质性，且可以揭示跨分位数的响应差异。

先简要描述一下该方法。随机变量 Y 的第 q 个分位数由下面的分位数函数给出：

$$Q_Y(q) = F_Y^{-1}(q) = inf\{y: F_Y(y) \geqslant q\} \tag{10-12}$$

式中，$0 < q < 1$ 和 F_Y 是 Y 的累积分布函数。如果存在一个严格递增的累积分布函数，就像正态分布一样，则可以使用反函数来计算分位数。有关分位数回归特征的讨论，请参阅 Davino 等（2014）或 Yu 等（2003）。分位数回归有多个优点，其中实证结果会更加稳健，且不需要对基础数据生成分布的结构进行假设。

具有不可观测的个体效应 $\alpha_{q,i}$ 的基本框架是

$$QY_{i,t}(q \mid X_{i,t}) = \alpha_{q,i} + \beta_q' X_{it} \tag{10-13}$$

式中，$Y_{i,t}$ 和 $X_{i,t}$ 表示 $i = 1, \cdots, N$ 和 $t = 1, \cdots, T$ 测量时间点的响应因子和相应的驱动因子。β_q 表示随百分位数 q 变化的估计参数向量。

为了获得向量 β_q 的估计值，可以将分位数回归置于最小二乘法框架中。求解估计量的方法使用 L1 正则化惩罚项，也称为收缩方法（Davino 等，2014）。

10.3.2　CDS 利差的分位数分析

Pires 等（2015）首次运用分位数回归（QR）分析了 CDS 利差，作者使用的样本是 2002—2007 年来自欧洲和美国市场的 260 家企业的月度 CDS 利差数据。除了标准的解释变量集合外，作者还使用绝对买卖价差作为流动性的

衡量指标。分析结果表明，对于高 CDS 利差的企业，CDS 利差对解释变量的敏感性更强，且这些企业的估计类似于标准线性回归。因此，作者得出结论认为标准线性回归仅适用于高风险企业 CDS 利差的经验分布决定因素。

Koutmos（2019）使用分位数回归来解释了 20 家全球系统重要性银行（G - SIB）在 2002—2017 年每日 CDS 利差的变化。除了标准框架的变量外，作者还使用了宏观经济因子和五个全球 Fama - French 因子（Fama 和 French，2015），且在解释变量中发现了异质性特征。特别是波动风险与低分位数的 CDS 利差负相关，而与高分位数的 CDS 利差正相关。这可能有助于解释为什么一些关于 CDS 利差的波动风险实证研究存在不确定性（Collin - Dufresne 等，2001）。

我们现在对相同的数据集和与上述相同的变量进行分位数回归，结果显示在表 10 - 2 中。

除了较低百分位的波动率，所有解释变量都非常显著。比较表 10 - 1 和表 10 - 2，可以看到与 Pires 等（2015）研究的相似之处，结果表明较高分位数的系数（特别是波动率）与标准回归一致，且可以观察到 Koutmos（2019）研究中波动率的变化信号。此外，碳指数还显示了分位数之间的异质性，因为分布中心的影响较低（见图 10 - 5）。我们还参考 Blasberg 和 Kiesel（2021）以了解更多详情。

表 10 - 2　面板分位数回归（5 年期）（10 的 - 4 次方）

变量	1	2	3	4	5	6	7	8	9
Return	- 1525 ***	- 1259 ***	- 988 ***	- 765 ***	- 537 ***	- 682 ***	- 903 ***	- 1173 ***	- 1561 ***
	(1.97)	(2.60)	(1.41)	(1.15)	(0.51)	(0.70)	(0.93)	(1.71)	(1.44)
ΔVola	- 4593 ***	476	2107 ***	1554 ***	898 ***	1717 ***	1790 ***	4191 ***	8613 ***
	(687.98)	(634.65)	(406.04)	(316.22)	(161.92)	(150.46)	(290.92)	(519.60)	(454.76)
ΔMRI	3608 ***	3662 ***	3589 ***	3578 ***	3568 ***	3558 ***	3632 ***	3813 ***	3985 ***
	(2.44)	(2.13)	(2.85)	(2.77)	(2.76)	(2.70)	(2.59)	(0.81)	(1.11)
ΔECI	- 1122 ***	- 935 ***	- 844 ***	- 703 ***	- 577 ***	- 677 ***	- 760 ***	- 838 ***	- 916 ***
	(1.34)	(1.69)	(1.35)	(1.39)	(1.68)	(2.78)	(1.60)	(2.73)	(3.17)

注：　*** $p < 0.001$。

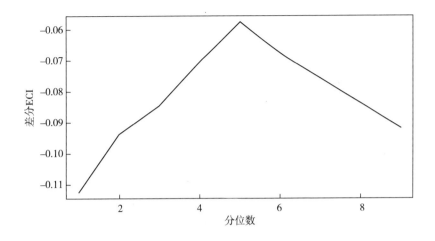

图 10 - 5　基于 5 年期 CDS 利差的差分 ECI 回归

正如在讨论资产市场中的碳风险一样，现在转向基于排放量（而不是 ESG 分值）的碳指标。本书前面已经讨论碳市场价格，例如欧盟碳排放配额价格如何影响欧洲公用事业和能源企业的 CDS 利差（见第 8 章）。可以扩展构建一个基于碳指标的因子，以捕捉未直接受到碳排放证书价格影响的企业。事实上，Blasberg 等（2021）沿着这个思路构建了一个基于碳强度的因子。此外，作者并没有按照一般的多空投资组合方法，而是构建了一个基于绿色企业（低碳强度）和棕色企业（高碳强度）CDS 利差整体经验分布的因子。为此，分布的距离是使用 Wasserstein 指标来衡量，参见 Rachev（1991）和 Kiseel 等（2016）关于 Wasserstein 指标应用的讨论和细节。作者详细分析了碳风险对样本美国公司 CDS 利差的行业和期限结构影响。

10.4　碳风险和债券

就交易量而言，债券市场是迄今为止最重要的证券市场。图 10 - 6 显示债券市场交易量不断增长，尽管金融危机期间有所放缓，但近期债券发行规模明显提速。由于债券持有人几乎不会面临上行风险，因此分析和评估碳风险在内的所有下行风险至关重要。

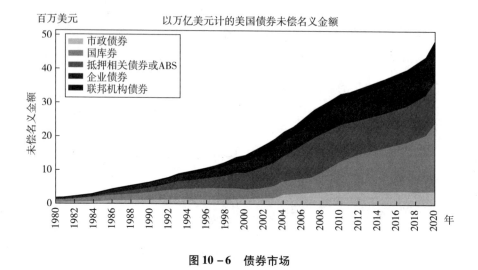

图 10 - 6　债券市场

10.4.1　债券价格和碳风险

Bouchet 和 LeGuenedal（2020）提出了一种将碳风险纳入债券价格的方法，以开展信用风险情景分析。作者基于默顿企业价值方法建立了一个信用风险模型，该方法直接将碳价格（碳税）考虑在内。基础模型假定通常的企业价值函数形式基于式（10 - 3），且企业价值表示为 $V(i)$、波动性表示为 $\sigma(i)$ 和未偿债务表示为 $F(i)$。因此，企业 i 在给定区域 j（允许不同的碳价格机制）t 时的范围 1 排放量为 $sc(i,j,t)$。现在，每个地区 j 和每个时期 t，存在一个碳价格 $CP(j,t)$，位于 M_i 地区的企业 i 在 t 时的碳总成本 CC 为

$$CC(i,t) = \sum_{j \in M_i} sc(i,j,t) CP(j,t) \qquad (10 - 14)$$

根据碳成本公式，作者计算了碳管制对变量 $\xi(i,t) \in [0,1]$ 给出的企业价值的影响。对于影响变量和冲击大小的定义，使用了碳成本与企业税息折旧及摊销前利润（EBITDA）指标[①]的关系，有关详细信息请参阅 Bouchet 和 LeGuenedal（2020）的文章。因此，碳管制下的企业价值为

---

　① EBITDA 即利息、税项、折旧和摊销前的利润，是衡量企业整体财务业绩的指标，通常用于判断企业现金流的规模。

$$V(i,t) = [1 - \xi(i,t)]V(i,0) \tag{10-15}$$

需要注意的是，等式中仅使用了企业价值的起始值。现在，违约距离和违约概率可以按式（10-5）和式（10-6）计算，调整后的企业价值为

$$DD(i,t) = \frac{\log\left[\dfrac{1 - \xi(i,t)V(i,0)}{F(i)}\right] + \left[r + \dfrac{1}{2}\sigma(i)^2\right](T-t)}{\sigma(i)\sqrt{T-t}}$$
$$\tag{10-16}$$

且

$$PD(i,t) = \Phi[-DD(i,t)] \tag{10-17}$$

现在可以在债券定价式（10-2）中使用违约概率得到碳风险调整后的债券定价公式。同样，Capasso 等（2020）研究制定了碳风险调整后的默顿模型。然而，作者直接使用碳排放指标，并没有为违约距离制定随机模型。相反，使用碳足迹作为二氧化碳排放量和碳强度，以企业收入作为分母，也是回归模型中的解释变量。特别地，企业 i 在 t 年的违约距离估计方程为

$$DD_{it} = \alpha + \beta X_{it} + \gamma' Y_{it} + \varepsilon_{it} \tag{10-18}$$

式中，X_{it} 是碳足迹或碳强度，Y_{it} 是企业层面、行业层面和国家层面特定变量的向量。Capasso 等（2020）发现两种碳排放量指标为负，且存在高度显著的贝塔值。因此，碳排放量较高的企业违约距离更低，被认为更有可能违约。事实上，《巴黎协定》后，高排放企业的违约距离确实变低了。

10.4.2　深入研究债券市场

本章最后进一步探讨了气候风险与债券市场之间的相互关系。Huynh 和 Xia（2020）运用 Engle 等（2020）提出的气候变化新闻指数（CCI），分析了气候变化新闻对企业债券收益率的影响。他们使用 2002 年 7 月至 2016 年 12 月的债券价格数据，根据公司每月债券超额收益率做滚动回归，窗口期为 60 个月，估计气候变化新闻 β^{CCN}。其回归方程为

$$R_{i,t}^e = \alpha_{i,t} + \beta^{CCN} CCN_t + \gamma' CV_t + \varepsilon_{i,t} \tag{10-19}$$

式中，$R_{i,t}^e$ 代表债券 i 在 t 月的超额收益率，CCN 代表每月气候变化新闻创新举措，CV 是控制股票市场超额收益率、债券市场流动性不足、期限利差、

违约利差和 TED 利差[1]的向量。ε_t 仍然是独立同分布均值为零的误差项。β^{CCN} 允许用气候变化指数来衡量债券协方差。正协方差表明债券价格对碳风险的暴露程度较弱，甚至为负。

与股票市场研究结果一致，Huynh 和 Xia（2020）发现正协方差债券的收益率较低。此外，由于受期限结构影响，气候变化新闻风险对长期企业债券的影响大约是对短期债券影响的两倍。由于投资级和非投资级债券的子样本结果可供比较，总体看评级结果较稳健。此外，在气候变化新闻出现频率较高的时间段，环境评分较高的发行人，其债券 β^{CCN} 明显较高。

Seltzer 等（2020）进一步研究了债券市场碳风险，指出企业环境绩效影响债券信用评级和收益率利差。对于位于环境法规执行更为严格地区的企业而言，这一点尤为明显。

研究气候物理风险影响的重点金融市场之一是市政债券市场，市政当局一般无法通过搬迁来避免海平面上升或极端天气事件等影响，因此研究市政债券市场至关重要。市政债券一般由州政府或地方政府发行，通常用于为基础设施项目进行融资，资金偿还来源包括税收或事先指定的其他收入来源（与电力、供水设施或其他类似项目挂钩的收入债券）。由于极端天气后的清理成本、减缓项目资金和保费增加，市政当局债务水平容易上升，导致因气候变化影响的偿还能力下降。不同于市政当局，企业和个人可以离开受灾区域，因企业和人口搬迁以及经济活动减少，计税基础将缩小。Schulten 等（2019）使用高度精细的气候数据和机器学习方法来生成场景，分析了美国市政债券市场气候物理风险的影响，包括飓风、海平面上升、极热或极冷天气影响发电厂等基础设施的所有物理风险。一个典型例子是得克萨斯州因 2021 年 2 月的极端寒冷天气而停电（Meyer，2021）。研究表明，受气候风险影响的美国大都市统计区（MSA）的比例将急剧上升。未来十年，在标普全国市政债券指数中涉及的大都市统计区，其受气候变化影响遭受 0.5% ~ 1% GDP 损失的统计区所占比重将超过 15%。如果将时间延长至 2100 年（假设无气候

---

① TED 利差是 3 个月伦敦银行间同业拆借美元利率与三个月美国国债利率之间的差值。

政策行动），迈阿密、休斯敦和达拉斯这些地区面临的风险最高，以及上述地区 GDP 损失将高达 4.5%。然而，作者认为市政债券市场尚未对气候风险影响进行定价。

Painter（2020）研究结果则有所不同，其以新奥尔良、迈阿密、坦帕等易受海平面上升威胁的城市为样本，根据 GDP 预期年均损失指标衡量海平面上升的气候风险，该指标会影响城市债务偿还能力。结果表明，海平面上升风险增加与长期债券（大于 25 年）发行成本增加两者之间具有统计显著性。对于与短期债券相关的气候风险，气候风险定价缺乏统计证据。此外，研究结果还表明较低评级债券比较高评级债券更易受到影响。最后，读者如有兴趣，可阅读 Volz 等（2020）的文章，作者对气候变化和主权风险的相互影响进行了深入和非常全面的评估。

第 11 章 绿色债券

11.1 绿色债券市场

绿色债券是针对环境气候、能源、交通、水资源、土地利用、建筑行业发挥积极影响的融资项目而发行的固定收益证券。按照定义，一般债券和绿色债券之间的根本区别在于资金用途不同，绿色债券旨在为具有气候适应能力的绿色项目提供融资或再融资，促进其走向低碳转型之路（国际资本市场协会，2018）。过去几年，绿色债券市场快速增长（见图 11 - 1），未来十年预计仍会继续加速发展。

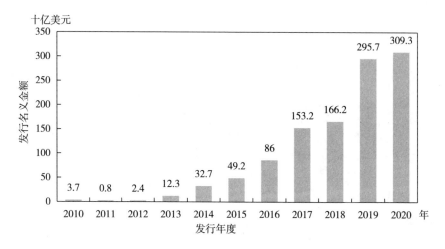

图 11 - 1　绿色债券发展概况

　　绿色债券发行主体包括政府、市政当局、政府支持机构、金融机构、非金融企业等。近期，绿色债券发行主体包括：德国开发银行（KfW）（30 亿欧元，8 年期）、荷兰电网运营商 TenneT（14 亿欧元，12 年期和 20 年期两只债券）和中国建设银行（5 亿美元，8 年期；7 亿美元，5 年期），债券发行详细情况见气候债券倡议发布的报告（2020）。图 11 - 2 显示了不同类型主体发行的绿色债券情况。

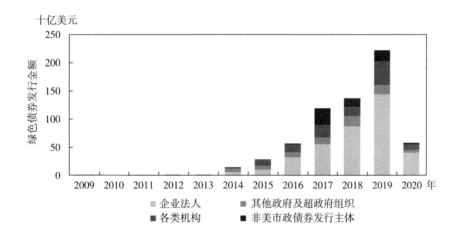

图 11 - 2　绿色债券发行主体

　　考虑到绿色债券融资方式普遍具有吸引力，发行主体热衷于依赖绿色基础设施项目发行绿色债券，特别是建筑、交通等行业的低碳基础设施项目。例如，法国政府投资设立的巴黎大铁路公司（Societe du Grand Paris），其目的是建设完全由电力驱动的大巴黎快车运输网络，以及德国汽车制造商大众汽车发行的两只绿色债券（12.5 亿欧元 8 年期债券和 7.5 亿欧元 12 年期债券），全部用于开发模块化电气化工具套件（Modular Electrification Toolkit）和电子充电基础设施，详情请参阅气候债券倡议组织（2020）。此外，能够提高能源效率和直接改善环境的项目也受到发行人青睐，如水资源开发、污水废物处理和土地开发利用。图 11 - 3 显示了随时间变化绿色债券投资的常见投资项目分类情况。

　　绿色债券期限结构也在发生明显变化，债券期限从短期逐渐转向长期。

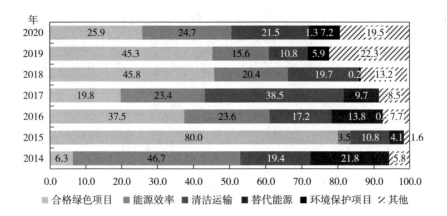

图 11 – 3　绿色债券运用领域

图 11 – 4 显示了 2015—2020 年绿色债券的期限结构。虽然绿色债券发行期限以中期为主，但长期债券的比重正在稳步增加，特别是发行期限在 20 年及以上的绿色债券。此外，不同期限范围内的债券发行量都在增加。

绿色债券包括公司债券、项目债券（Project Bonds）和资产支持证券。公司债券是由企业法人发行的特定用途债券，如有违约，投资者可就债券本金或利息向发行人行使追索权。项目债券是基于一个或多个项目支持发行的债券，无论是否可以对债券发行人行使追索权，投资者都面临直接的项目风险。资产支持证券是将一个或多个特定项目作为抵押品，仅对抵押资产行使追索权，资产担保债券除外。就资产担保债券而言，如果发行人违约，主要追索权是发行实体，次要追索权是担保标的资产池。

对于发行人而言，发行绿色债券有诸多好处。发行绿色债券有助于向社会和投资者说明发行人绿色业务开展情况，从而提升发行人的绿色声誉。强劲的投资需求可能导致超额认购和增加发行规模，近期不同发行人都面临着这种情况（气候债券倡议组织，2020）。由于投资者基础多样化，债券需求的波动风险降低。发行人发行绿色债券有助于将其可持续发展工作融入整体业务活动中，或将其视为促进实施公司可持续发展战略面临的机遇（Maltais 和Nykvist，2020）。但发行绿色债券在报告收益使用和证明方面会产生额外的交易成本。如果债券绿色环保资质遭受质疑，则存在声誉风险。

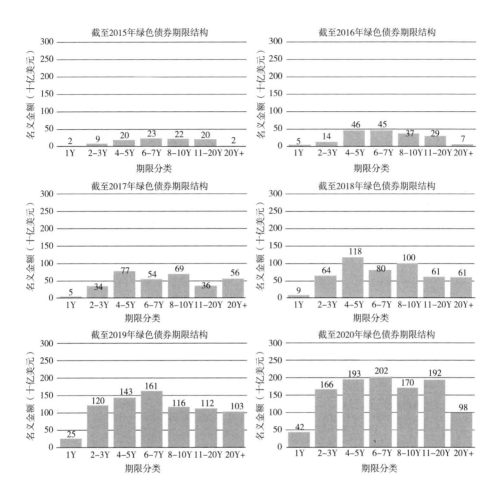

图 11 – 4　绿色债券期限结构

此外，作为联合国负责任投资原则（PRI）和气候变化机构投资者组织（IIGCC）的签署方，投资者可以通过发行绿色债券履行既定承诺。签署方可以满足资产管理公司和养老基金关于 ESG 投资的标准，并改善固定收益投资对气候变化的影响。为此，投资者需要平衡风险调整后的财务收益与环境效益。不利的方面是绿色债券市场依然流动性弱，成交量较小。一旦发行绿色债券的信用受到质疑，缺乏统一的标准可能会引发市场混乱和声誉风险。此外，绿色诚信的执法权限有限。缺乏标准化会导致研究变得复杂，并且需要进行额外的尽职调查，而上述情况很难在现实中予以解决。

绿色债券同样在再融资中发挥着重要作用。目前，全球项目和基础设施投资主要依赖银行贷款，在项目规划阶段对风险管理的要求极高。然而，绿色债券可以在项目的高风险建设阶段之后再发行，让银行能够更快地将资金回笼到新项目中。机构投资者可以承担建设后（较低）的风险，并获得更稳定的回报。银行可以使用资产支持证券将其长期项目贷款组合转移给长期投资者，并且有动力为该类贷款创造更多的投融资渠道。

目前，市场上已经有专门用于绿色债券的交易所交易基金（ETF）。Lyxor Green Bond DR UCITS 是规模最大且成立时间最长的绿色债券交易所交易基金，2020 年交易规模同比增长了两倍多。规模较小的基金增长幅度甚至更高（高达五倍）。二级市场需求也在增加，绿色债券交易所交易基金急剧增长是原因之一（气候债券倡议组织，2020）。

总而言之，过去十年全球绿色债券市场在多元化和市场规模方面发展迅速。在发行规模增加和政府支持下，这种趋势预计将持续下去。例如，作为基准发行人的德国政府计划为绿色债券创建收益率曲线，以提振可持续金融产品市场（德国联邦财政部，2020）。然而，过去几年绿色债券市场的快速增长引发了环境人士对债券发行是否符合绿色标准的质疑。由于关于绿色的概念缺乏清晰的、普遍接受的定义，大多数投资者表达了对"漂绿"的担忧，即债券收益被分配到环境价值很小或不确定的资产。这种行为既会动摇市场信心，也会阻碍向低碳经济转型项目提供资金。本章将在以下各节中讨论这些方面。

11.2　绿色债券标准

虽然各界就绿色债券的一般框架（环境保护、碳减排、可持续性）达成广泛共识，但对该术语的准确定义还是引发了市场参与者的普遍关注。由于环境效益是绿色债券的主要关注点，因此对绿色项目的准确定义和对资金用途的沟通和披露是绿色债券市场的基础。为此，国际标准和各国标准呈现出不同特点。就国际标准而言，普遍接受的标准是主要市场参与者和国际资本市场协会（ICMA）制定的《绿色债券原则（GBP）》（国际资本市场协会，

2018）。ICMA 于 2018 年 6 月制定了该原则，是私营部门共同建议的自愿准则，旨在提高绿色债券标准的透明度和清晰度。发行人和投资者在出售或购买绿色债券时可以使用这些原则来提高信誉。

《绿色债券原则》列出了识别绿色债券发行的四大核心要素，即募集资金投向、环境可持续项目筛选与评估流程、募集资金管理以及资金使用信息披露年度报告。所有四大核心要素都应在法律文件中列出，具有高透明度，并应进行外部认证（如果可能）。

此外，由于《欧洲绿色协议》（*European Green Deal*）需要绿色融资标准，欧盟提出了欧盟绿色债券标准。欧盟第一次评估发现，缺乏统一定义、审计程序复杂、缺乏可投资的项目和资产是当前绿色债券市场面临的主要问题，正是因为缺乏统一性导致发行绿色债券成本增加（欧盟委员会，2020）。因此，根据《欧盟可持续金融分类法》（欧盟技术专家组，2019），欧盟提出了绿色债券标准（欧盟可持续金融技术专家组，2020）。拟议的欧盟标准类似于与基于资金用途的《绿色债券原则》，但在发行资格和第三方监管标准方面更为详细。尽管该标准基于市场主体自愿行为，但可以想象，该标准在一致性和可信度方面标准高，再加上欧盟支持将使其成为事实上的市场标准。该分类的主要目标是为投资者、发行人、金融机构和公司等所有市场参与者提供有关投资和项目环境可持续性的信息，从而促进决策。目前，《欧盟可持续金融分类法》已经生效，并从 2021 年初开始实施。

由于环境效益是绿色债券的主要关注点，因此对绿色项目的准确定义和一般理解以及对资金用途的沟通和披露构成了绿色债券市场的基础。投资者需要清楚地了解绿色债券标签可以和不可以做哪些，以免将绿色债券发行误认为是降低或正在减少企业碳排放量的信号。绿色债券和类似工具的投资者面临的一个关键问题是如何验证承诺的环境效益是否"货真价实"（Beschloss 和 Mashayeki，2019）。精明的投资者可以通过尽职调查评估相关项目的（预期）环境效益。主要投资经理可以与发行人合作提供环境影响报告，事实上越来越多的发行人开展类似的合作（气候行动 100＋，2019），但并非所有投资者都有能力和资源进行效仿（请参阅"漂绿"章节）。

当前的绿色债券标准使用基于项目的方法（Project – based Approach），并且项目相对独立，而并非是企业的整体经营活动。因此，尽管项目承诺减少碳排放，但企业的总排放量可能会增加。然而，基于项目的方法为公司开发新技术或商业模式提供了动力，并将在未来产生环境效益。因此，标准还应考虑这些项目的前瞻性特征。

事实上，绿色标签几乎没有表明发行人的碳强度（分子是收入）较低或正在下降，因此漂绿仍然是一个问题，即在不采取实质行动的情况下努力提升对环境负责的公众形象。正如 Ehlers 等（2020）指出，碳强度最高的公司在绿色债券发行人中所占份额与碳强度较低的公司相同。大多数企业属于电力生产商，因此即使债券收益用于绿色项目（如可再生能源），企业的大部分活动仍可能是碳密集型的（如使用燃煤电厂）。此外，发行绿色债券是否会随着公司发展而降低碳强度，评估结果也并不稳定。Ehlers 等（2020）的研究结论表明，绿色债券发行前后各公司碳强度的中位数变化很小，而且在统计上并不显著。结果表明，发行绿色债券并不是减少企业碳排放量的有效指标。因此，为了更清晰地描述一家企业的绿色程度，作者提出了一个企业层面的评级体系，他们为此提供了一个程式化的例子。在另一项研究中，Flammer（2020）发现了减少碳排放量和绿色专利申请量增加的证据。因此，有关碳排放量（强度）总体减少的证据仍然不一致。然而，发行绿色债券不应作为衡量一家公司碳减排效果的唯一指标。

11.3 绿色债券溢价

学术文献和投资者研究中广泛讨论的一个问题是绿色债券溢价是否存在以及幅度大小。即我们能否在二级市场上找到绿色债券与其他方面相同的一般债券之间的收益率差值？那么需要研究可能决定溢价水平的绿色债券行业和水平等特征。正如前文所述，分析债券利差的实证方法主要包括执行基于回归的估计和标准因子控制。因此，第一步必须确定可解释债券利差内在价值的经济金融变量。

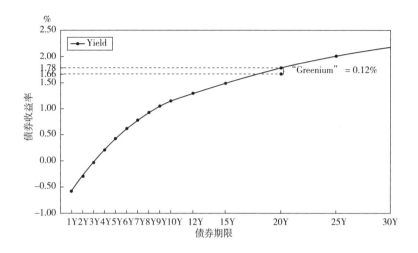

图 11 - 5 2021 年意大利政府债券收益率曲线

最近的几个案例表明，绿色债券的收益率可能低于一般债券。图 11 - 5 显示了意大利 2045 年到期以环境为重点的政府债券的绿色溢价，该债券在 2021 年 3 月筹集了超过 80 亿欧元。根据 Oliver（2021）收集的信息，这是意大利发行规模最大的主权绿色债券，债券收益率为 1.547%。但相对于意大利政府债券，其期限结构有 0.12 个百分点的溢价。气候债券倡议组织（2019）报告指出，2020 年下半年 33 只绿色债券中有 26 只存在绿色溢价。

以 Zerbib（2018）的工作论文为例来分析绿色溢价。该文章研究分析了 2013—2017 年的 1065 只债券。第一步使用匹配方法（Matching Method）来估计一般债券的收益率。匹配法要求一般债券在时间轴上紧邻（小于两年）绿色债券。此外，流动性和期限的差异受到限制。这种方法将样本中绿色债券的数量减少到 110 个。在这个样本中，$\Delta y_{i,t}$ 表示对收益率的时间平均差进行固定效应面板回归，以估计绿色溢价 p_i 作为固定效应。所以回归函数是

$$\Delta y_{i,t} = p_i + \beta \Delta L_{i,t} + \varepsilon_{i,t} \qquad (11-1)$$

式中，$\Delta L_{i,t}$ 是控制绿色债券和合成债券之间流动性残差的变量，$\varepsilon_{i,t}$ 表示一般误差项。结果表明溢价只有几个基点的小幅变动但具有统计显著性。除了绿色溢价，Zerbib（2018）还使用横截面回归确定了对其具有影响的特征。考虑的变量包括绿色债券评级、所属行业、发行币种、到期日和发行规模。

其中，所属行业和评级结果被证明是绿色债券溢价的重要驱动因素。

Ehlers 和 Packer（2017）使用 2014—2017 年发行的 21 只绿色债券的横截面进行了类似的研究，发现平均而言绿色债券发行人的借贷利差低于通过一般债券的借贷利差。

Hyun 等（2019）提供了进一步的实证分析，由于绿色债券的平均规模较小，他们在计算绿色债券溢价时特别强调控制流动性的影响。结果发现发行规模对绿色溢价产生负面影响，这种影响在其他研究中并不存在。

绿色债券溢价为负可能是由于绿色债券存在购买压力。考虑到绿色债券发行特点，投资者需求一般高于债券发行量。因此，由于资金成本较低，发行人可能会优先考虑绿色项目而不是传统项目，这种影响对环境呈现正面反馈。然而，绿色溢价也表明绿色项目存在结构特征，导致对没有绿色投资约束配额的投资者需求减少。

Kapraun 和 Scheins（2019）研究将分析拓展到二级市场。作者以全球 1500 只绿色债券作为样本，比较分析一二级市场上绿色债券与一般债券的收益率。结果显示，一级市场已确认存在绿色溢价，但二级市场绿色债券溢价为正（绿色债券收益率更高）。图 11-6 部分证实了分析结果。作者还比较了具有相似特征的超国家实体的绿色债券和一般债券的收益率，观察到绿色债券溢价为正，直到债券到期期限在 14 年左右才变为负数。

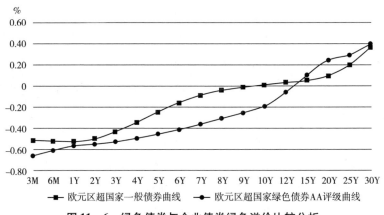

图 11-6　绿色债券与企业债券绿色溢价比较分析

第 12 章　碳风险和金融机构

碳风险之所以会影响系统性风险，是因为高碳生产系统转型将影响整个经济体系（Battiston 等，2017；Dietz 等，2018）。虽然与气候相关金融风险的规模高度不确定，但人们普遍认为碳风险已经并将继续影响金融机构。因此，需要探索新的风险管理方法应对碳风险，进而深化金融风险管理实践。本章简要介绍了碳风险和金融机构之间的关系，评估了中央银行作用发挥机理，详细描述了压力测试作为评估碳风险主要工具的运行机制。

12.1　标准风险管理考虑因素

巴塞尔协议 II/III 与偿付能力标准 II（Solvency II）是银行和保险机构风险管理方法的基本框架和业界标准。风险管理框架主要有三大支柱，即资本要求和合格资本类型、监管部门监督审查程序以及向市场披露风险管理信息（Hull，2018）。监管措施旨在提高银行和保险机构应对经济金融压力冲击的能力，无论冲击来自何处。同时，强调银行和保险机构应当完善内部风险管理流程，加强风险管理和公司治理，鼓励提高市场透明度。鉴于碳风险影响所有传统风险类型（见第 3.3 节），因此必须扩展和调整上述标准。中央银行与监管机构绿色金融体系网络（Network on Greening the Financial System，NG-FS）制定了相关指引。2019 年，NGFS 重申气候相关风险是金融风险的来源，提出的几项建议被视为巴塞尔协议 III 和偿付能力标准 II 监管规定的延伸。NGFS 建议将气候相关风险纳入金融稳定监测和微观监管中，并要求在更广层面探讨碳风险。碳风险探讨的重点应当聚焦增强碳风险监管意识和监管能力，鼓励开展技术援助和知识共享。因此，中央银行、监管机构和金融机构应提高内部能力建设，加强彼此合作，并与更广泛的利益相关者加强沟通，深化理解气候相关因素转化为金融风险和机遇的路径。当然，开发合适的数据库也是一个重要事项。NGFS 要求以稳健且一致的形式披露气候和环境相关信息。因此，鼓励所有公开发行债券或股票的公司以及金融机构按照气候相关财务信息披露工作组建议进行披露（TCFD，2020b）。建议披露内容包括对气候相关风险和机遇的公司治理。此外，还应当公开碳风险的识别、评估和管理情况。气候相关（排放）目标应与衡量指标一起披露。第 5.2 节中评估了公司的披露状况。按照 TCFD（2020b）要求，银行业和保险业（分别有 286家和 138 家机构纳入 TCFD 调查）披露并不处于领先水平，披露的机构数量所占比重仅为 25%。

金融机构信息披露不足主要原因是不愿意向竞争对手透露有关战略敏感信息或敏感数据。本书第 6.3 节和第 7.3 节讨论了联邦机器学习技术，有可能促进相关机构加强披露。

由各国中央银行和监管机构组成的中央银行与监管机构绿色金融体系网络（NGFS），深入讨论了中央银行在应对气候变化风险方面的作用。下一节将讨论中央银行的作用。

12.2 中央银行的作用

近年来，学术界、监管机构和金融业普遍关注中央银行在应对气候变化中发挥的作用，关注焦点在于中央银行是否拥有超越其传统职责的授权和工具。本书只讨论了部分观点，如果想要深入了解可阅读《绿天鹅》（Boltonetal等，2020）。除了让银行意识到气候风险和经济分析之间的关系、在经济预测和宏观经济模型中考虑气候变化以及分析气候变化对金融稳定的危害外，中央银行还可以将货币政策与气候目标结合起来。考虑到应对气候变化的紧迫性以及近期各国央行量化宽松政策的实施，欧洲中央银行（ECB）倡导所谓的绿色量化宽松（green QE）的理念已经得到广泛应用。通过支持发展绿色债券（见第 11 章），欧洲中央银行可以轻松地在其资产购买计划（APP）下实施此类战略。绿色量化宽松背后的策略是将投资目标锁定在绿色债券上，从而将资金流动战略性地重新引导到一部分绿色资产购买计划当中。欧洲中央银行可以有针对性地购买国家和地方政府、开发银行和企业发行的绿色债券，从而为这些发行人提供更好的融资条件。各类理论研究也支持欧洲中央银行的观点，例如，Dafermos 等（2018）或 Matikainen 等（2017）认为实施绿色量化宽松计划具备可行性。此外，近期研究表明目前的购买计划倾向于购买高碳发行人的债券（Campiglio 等，2018）。因此，绿色量化宽松成为中央银行投资组合平衡策略的重要内容。排除碳密集型债券间接增加了欧洲中央银行资产负债表中绿色债券的比重。

此外，绿色量化宽松政策可能导致绿色债券发行量增加而收益率下降，进而降低绿色项目的借贷成本。与发行传统债券相比，发行绿色债券的成本优势更具吸引力。至于欧洲中央银行的公司债购买计划（CSPP），Santis 等（2018）研究显示到期日明显增加，且发行货币转向以欧元为主的债券。这两种现象只在具备 CSPP 购买资格的非金融企业中观察到。相比之下，对于不符合 CSPP 购买资格的银行，未观察到发行规模、期限或发行币种出现明显变化。

然而，需求高涨引发的价格进一步升高和收益率下降可能会导致投资者将资金转移到其他领域，使其他债券价格上涨和收益率下降。因此，投资组合再平衡效应也可能改善其他债券状况。Schoenmaker（2019）研究得出了类似的结论，认为支持发行绿色公司债券将降低高碳公司和低碳公司发行债券的资金成本。

总体来看，学术文献研究表明，欧洲中央银行大规模购买欧洲公司债券，特别是对于符合资格标准的债券发行人来说融资条件更友好。然而，绿色量化宽松政策是否也会导致绿色债券收益率下降，从而为绿色项目提供更好的融资条件，这个问题还有待商榷。此外，严格且具有约束力的《欧盟分类法》（见第 11 章）是引入绿色量化宽松政策的先决条件。无论如何，引入《欧盟分类法》应当进一步推动发行欧盟绿色债券。基于《欧盟分类法》标准的绿色量化宽松政策可能会扩大绿色债券发行规模，从而提高欧洲（和全球）绿色债券市场的透明度和清晰度。

绿色量化宽松的官方合法化也面临着挑战。《欧洲联盟运作条约》（TFEU）第 127 条明确规定了欧洲中央银行的主要职责是维护价格稳定。然而，欧盟将可持续金融视为"支持经济增长同时减轻环境压力"的方式之一，并进一步"按照《欧洲绿色协议》（*European Green Deal*）目标，通过引导私人投资过渡到气候中性、气候适应性、资源高效和公平经济，作为公共资金的补充"（欧盟委员会，2020）。由于中央银行职责并非一成不变，未来还存在调整的可能性，因此绿色量化宽松政策纳入中央银行正式职责中尚存机遇。

12.3　压力测试

12.3.1　压力测试设计

中央银行的监管角色及其将与气候相关的压力测试引入监管流程中经历了一个长期过程。2018 年 12 月，时任英格兰银行行长马克·卡尼接受英国《金融时报》采访时宣布引入与气候相关的压力测试以来，中央银行在气候变化压力测试发挥的作用日益明显[1]。气候变化相关风险因子对银行投资组合管理实践的重要性以及对整个金融部门的稳定性引起了学术界、监管当局和市场参与者的极大关注[2]。监管部门和金融机构正在开展内部和监管气候压力测试，通过测试识别和评估气候变化引发的风险。巴塞尔银行监管委员会 2020 年的一项调查显示[3]，27 名受访者中有 24 名表示正在使用定性和定量方法来分析与气候相关的风险。本书在第 3 章中详细阐述了物理风险和转型风险，

---

[1] 《金融时报》，2018 年 12 月 17 日。

[2] 例如，2019 年 11 月 8 日，美联储理事莱尔·布雷纳德（Lael Brainard）在气候变化经济学会议上发表了《气候变化为何对货币政策和金融稳定至关重要》的演讲；德国央行执行委员会成员 Sabine Mauderer 2020 年 2 月 27 日在《金融时报》上发表《中央银行在应对气候变化中可以发挥作用》。

[3] 《与气候相关的金融风险：对当前举措的调查》，2020 年。

作为金融监管部门如何评估气候变化风险成为日后监管的重要内容。自国际金融危机以来，除了经典的投资组合分析方法外，压力测试在评估金融机构和整个金融体系应对极端不利冲击方面发挥着越来越重要的作用。2020 年的新冠肺炎疫情危机进一步凸显了单家机构吸收冲击能力的重要性。然而，与新冠肺炎疫情危机不同，气候变化的后果较为缓慢，需要采取影响深远的长期措施。在这种背景下，采取一些临时措施可能无法达到预期效果，并产生严重的副作用或使相关机构和人员的适应能力过度紧张，增大转型风险压力，这些因素必须加以考虑。因此，气候相关风险压力测试极其复杂，必须考虑大量相互关联的参数。此外，NGFS（2019）强调中央银行和监管当局需要将气候风险纳入分析框架以减轻系统性风险。但是模型中捕获风险数据和随机变量分布等具体操作上面临诸多挑战，详细情况见第 3 章。气候发生突变和不可逆变化的临界点、气候变化发生时间过长等因素也需要特别关注。此外，气候变化的物理运行机制及其相互作用存在高度不确定性。全球经济转型路径可能过于分散，且各国转型政策会有所不同。特别是各国会制定不同的监管规定（如碳排放交易或碳税）和技术使用政策（如氢能、可再生能源、核能）。

气候风险及其后果预测普遍存在不确定性，需要结合各个地区、经济和政治行动领域的减缓和适应措施共同应对。由此产生了一系列复杂的经济问题，当前条件下可以通过考虑多种情景和大量相互关联的压力源来更好地分析这些问题。物理风险、转型风险和各种风险组合等碳风险，需要认真建模。正如第 3 章所指出的，碳风险因子会影响常用所有风险分类。例如，搁浅资产很可能会影响信用风险和交易对手方风险。此外，共同基金、专项基金和养老金计划投资指引的变化可能会改变证券投资组合的市场风险状况，某些公司为应对巨大的社会压力而撤回投资信贷额度可能会导致实质性的流动性风险。因此，监管机构应考虑碳风险对金融机构风险管理实践的影响。这就需要对有关将碳风险整合到风险识别、测量、报告和控制流程中的要求进行规范和评估（见第 12.1 节）。评估过程的一个重要方面是压力测试设计和实施，下文将进行讨论。

2017 年以来和最近一次监管评估中，TCFD（2020b）强调了引入压力测试的必要性。为此，提出了以下建议：

- 范式转变必然会发生：气候风险应当是重大金融风险来源之一，而不能仅仅视为声誉风险。不同的认识决定了是否应当将气候风险纳入金融风险管理实践中。

- 披露相关战略、治理规则、风险管理实践、指标和目标。

- 情景分析：定性和定量评估转型风险和物理风险情景的影响。

- 开发气候情景及其相关的定量方法（特别是在压力测试中模拟不利冲击）。

紧随其后的第一步是生成气候情景。气候情景包括对大量气候相关数据和宏观金融数据的描述和预测。基于 IPCC 典型浓度路径（RCP）和 NGFS 提出的气候情景，可以单独进行建模练习。更具体地说，NGFS 提出的三种情景为进一步更详细、更全面地理解气候情景奠定了基础：

- 有序情景：该情景假设在早期阶段采取雄心勃勃的措施转向气候友好型经济，因此全球变暖最有可能限制在 2 摄氏度以下。

- 无序情景：该种情景较晚采取了应对气候变化的措施（即 2030 年之后），并且措施是破坏性的、不协调的、令人惊讶的和不可预测的。届时比有序情景采取的措施严峻得多，因此会导致更高的转型风险。

- 热室世界：气候变化应对措施不充分导致全球大幅变暖，物理风险急剧上升，结果发生了不可逆转的变化，如海平面急剧上升。

尽管情景变化不会影响全球变暖过程的最后阶段及其后果，但基于不同的技术假设（发电和碳去除技术），全球变暖过程以及适应气候变化的排放途径会有所不同。三种情景会导致经济发展结果大不相同，见图 12 - 1 和图 12 - 2。

此外，不能完全忽略转型风险和物理风险存在的巨大不确定性。情景的复杂性至少部分是物理因素和社会经济因素相互作用的结果。图 12 - 3 说明了现有的相互依赖关系。

现在说明一种分析碳风险对信贷组合影响的方法。首先创建一个合适的

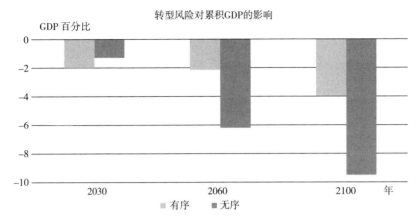

图 12 – 1　GDP 影响

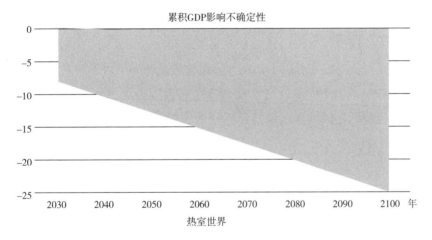

图 12 – 2　GDP 程度

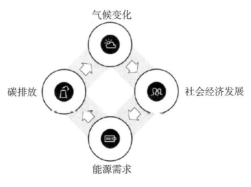

图 12 – 3　复杂性

信息库。一旦选择一种情景，就相当于从历史数据和预测数据的组合中生成相关的时间序列指标。个人对其他宏观金融变量的预测（也需要结合历史数据和预测数据）可以进一步增强潜在叙述。典型的数据字段类别包括能源组合（化石燃料和可再生能源）、碳排放配额定价、二氧化碳捕集与封存（CCS）、温室气体浓度、股票和债券市场指数、国内生产总值、消费、人口增长和集中度，以及土地利用和农业产出。

在数据准备和预处理步骤完成后，时间序列分析的统计方法用于计算数据序列对未来的预测。

每一种情景都需要对隐含的物理变化和转型过程的赢家和输家进行单独的预测。当然，这种分析的必要先决条件是能够识别出特定情景下的赢家和输家。线性模型中因变量的条件期望基本上被建模为假设影响因素的线性函数，通常无法捕捉调查中随机关系的真实复杂性。为了避免不正确的推论和不当的概括，需要应用可以近似统计依赖的非线性和不可加的灵活函数形式。在实证调查中，用于衡量公司气候友好性的因变量 Y 可以是二氧化碳强度，它被定义为二氧化碳排放当量与合适分母（如总收入）的比值。一般模型公式可以表示如下：

$$Y = f(X, Z, W) + \varepsilon \qquad (12-1)$$

式中，X 是特定企业基础数据向量，可能包括生产的资本和劳动强度指标、盈利能力指标或投资支出占总收入的百分比。Z 代表公司部门和区域关联的指标，如以特定部门的收入份额、公司总部的地理位置或居住国以美元表示的人均 GDP，根据购买力差异进行调整。最后，W 是用于捕获公司经济环境关键特征变量的占位符，如有关供应链和产品范围的信息，且 ε 是随机的、零均值误差项，随机独立于 X、Z 和 W。

数据收集和预处理过程及其统计分析通常需要在高维样本空间中执行高度计算机密集型任务。通常，"机器学习"（见第 5 章）分析技术在这种情况下非常有用。一旦执行了上述任务，就可以根据预测的、特定情景的数据点，针对不同的未来时间点分析信贷组合。

12.3.2　压力测试应用

在 2021 年双年度探索情景（Biennial Exploratory Scenario，BES）过程中，英格兰银行（BoE）检视了银行、保险公司和整个金融体系的经营模式应对气候变化物理风险和转型风险的弹性（英格兰银行，2019）。英格兰银行旨在量化上述风险的影响程度和需要调整措施的范围。因此，计划研究的重点本质上是探索性的，而不是以监管资本资源和新旧监管要求为中心。该测试旨在帮助公司发现数据差距并补救造成数据差距的缺陷，将促进风险管理技术创新发展。另一个主要目标是提高银行和保险公司对气候变化金融风险的认识。然而，这种方法对所涉及的银行和公司来说是一个新鲜事物，并且在许多方面都不同于一般的压力测试做法，例如：

- 多情景：英格兰银行使用了三种情景，这些情景与上面讨论的情景基本相符。

- 扩展参与群体：该测试由大型银行和保险公司进行，旨在测试整个金融体系的弹性。

- 扩展建模范围：相关预测和影响评估的时间范围将设置为 30 年。这样充分考虑了气候变化的时间范围。然而这对设计、校准和执行底层动态模型提出了重大挑战。在这种情况下，英格兰银行允许对资产负债表进行静态处理，因为研究重点更多地放在一般可持续性经营模式上。

- 整合宏观经济金融变量：对于每种情景，英格兰银行都提供了温度、排放量和主要气候政策指标的发展轨迹。还为每种情景提供了关于这些变量对物理风险和转型相关风险的关键指标以及相关宏观经济金融变量假设影响的单独信息集。

- 客户和交易对手建模：在这种情况下，英格兰银行希望分析中包括气候变化对客户和交易对手经营模式的影响（如"搁浅"资产的后果）。

根据情景及其为气候、宏观经济金融变量预先定义的轨迹，银行和保险公司需要分析自身经营模式以及其客户和交易对手的经营模式。为此，将对情景的资产负债表影响进行分析。更具体地说，资产负债表将在分析开始之日冻结，并在 30 年内保持不变。然后每隔五年对资产负债表进行一次重新评估。

这种分析需要进行大量复杂的分析操作，英格兰银行已使用一家在波兰和英国拥有煤和天然气发电厂的能源供应商发行的公司债券为例说明了这一点。图 12 - 4 总结了情景分析步骤。

上文阐述给出了与此类情景分析相关的数据和分析工具要求。即使在静态环境中，也需要解决高维度和数据密集型估值问题。

虽然英格兰银行的方法侧重于具有渐进转型过程的典型情景，但 Vermeulen（2019）的一份工作论文提出了向低碳经济进行颠覆性转型的可能情景。这些压力情景一方面与气候政策的特定维度保持一致，另一方面与能源技术的特定维度保持一致，并被用于分析 80 多家荷兰银行投资组合中的气候风险。相关叙述侧重于气候政策和可能的技术突破。关于气候政策的设计，分析完全集中在通过适当定价排放配额来减少温室气体排放。

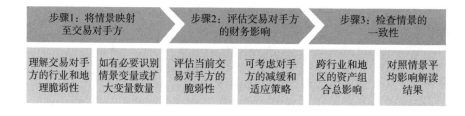

图 12 - 4 转型风险

就技术而言，化石能源和绿色能源之间的能源生产划分最受关注。然后在多国宏观经济模型的框架内分析由此产生的不同情景。在转型脆弱性因子（Transition Vulnerability Factor，TVF）下评估特定情景、预测的宏观经济发展的部门相关性（例如，原油精炼厂与电信服务供应商）。反过来，TVF 是使用被调查公司生产过程中标准化的温室气体排放量来确定。这样做时，会考虑直接排放（范围 1）和因使用初级产品、商品和服务而产生的间接排放（范围 2 和范围 3）。然后，TVF 在个别公司的特定情景风险评估中起决定性作用。根据传统压力测试的惯例，考虑了市场风险和信用风险。主要结果之一是，保险公司和养老基金投资组合的潜在损失可能高达当前资产净值的 11%，而传统银行投资组合的潜在损失预计略低（2% ~4%）。

同样，Bouchet 和 LeGuenedal（2020）研究（见第 10.4 节）使用各种碳价格情景（实际上是转型情景）来评估企业和银行投资组合的信用风险。Klusak 等（2021）使用随机森林模型预测 2015—2020 年标准普尔评级数据的主权信用评级，并模拟气候变化对 108 个国家主权信用评级的影响。然后，他们预测在各种全球变暖情景下与气候相关的主权评级调整，发现早在 2030 年，主权国家降级就会开始，并且在 21 世纪余下的时间里，降级强度增加，降级国家数量更多。

第13章 碳风险和投资者

正如各国为应对气候变化制定适应和减缓策略一样，投资者也面临着类似的选择，他们通过改进风险评估来调整投资策略，从而将更多资本分配给低碳行业和绿色企业，或者通过构建防范碳风险的稳健投资组合来降低气候变化风险。

贝莱德集团首席执行官拉里·芬克（Larry Fink）曾呼吁所有公司积极降低气候风险，并采取措施实现净零排放。他还强调根据气候相关财务信息披露工作组（TCFD）建议披露与气候相关的风险。可以说，贝莱德集团的做法是投资者努力适应和减缓气候风险的典型代表。

下面首先描述了机构投资者有关碳风险策略的现状，然后将讨论构建低碳投资组合的方式方法，并以构建低碳投资组合相应案例结束本章论述。

13.1 碳风险和投资组合

13.1.1 现状

2006 年，联合国正式启动了负责任投资原则（PRI），机构投资者认识到环境、社会和公司治理问题与投资实践紧密相关。目前，负责任投资原则签署成员已从 2006 年的 20 个初始成员发展到 2700 多个成员，管理资产规模超过 110 万亿美元。然而，气候变化始终还只是 ESG 中 E 支柱中的一个子项。现在，投资者认识到了气候变化作为金融风险的重要性。本书第 8 章至第 10 章分析了碳风险作为资产组合（长期）因子的学术证据。

因此，机构投资者已经开始在其投资决策中考虑气候风险。例如，气候变化机构投资者集团（IIGCC）是欧洲气候变化投资者合作的成员机构，拥有250多个成员，管理资产规模超过33万亿欧元，该组织在2019年启动了一项"遵守巴黎协定的投资倡议"（PAII），倡议投资者调整投资组合，推动实现《巴黎协定》目标。该倡议的重点是实现脱碳投资组合，到2050年实现温室气体净零排放目标。此外，应促进对可再生能源和节能技术等低碳产业的投资（IIGCC，2020）。然而，正如 Influence Map（2021）报告指出，目前由主要机构投资者管理的投资组合在交通、电力和化石燃料等主要领域与《巴黎协定》目标偏差在8%~27%。目前，企业在搁浅资产风险高的行业中仍有大量投资。

菲利普（2019）对400多家机构投资者进行了一项调查，其中48家机构投资者的管理资产规模超过1000亿美元。根据该调查，机构投资者认为气候变化风险对其投资组合公司具有财务影响，并且相应风险尤其是监管风险已经开始成为现实。大多数持有长期资产、管理资产规模较大且以 ESG 为导向的投资者更倾向于风险管理，而不是撤资来管理碳风险。

由于许多机构投资者停止投资碳密集型行业，如挪威国家养老基金停止投资40多家公司并将出售更多公司（《金融时报》，2020），我们可能会观察到投资者策略正从撤资转向更复杂的风险管理策略。

总之，目前的文献充分表明投资者积极地对其投资组合进行脱碳处理。当然，分析上述现象需要相应的目标和指标，下一节将对此进行讨论。

13.1.2　股票投资组合的碳核算

第3.2节介绍了碳强度（或足迹），用于衡量公司二氧化碳当量（CO_2e）排放量。根据 TCFD（2020b）指引，我们将此指标扩展到投资组合。

TCFD 推荐的指标是加权平均碳强度（使用公司收入），计算公式如下：

$$\sum_{i=1}^{n} \text{加权投资组合}_i \times \frac{\text{发行人碳排放量}_i}{\text{发行人营业收入}_i} = \text{碳强度} \times \frac{CO_2 \text{吨数}}{\$\text{百万美元收入}}$$

$$(13-1)$$

加权平均碳强度是将每家公司的碳排放量除以其收入从而得到每家公司的碳强度。使用投资组合中的公司权重对结果进行加权平均，可以获得投资组合的整体碳强度。或者建议使用投资组合碳足迹（基于公司收入和市场价值）。定义是：

$$\frac{\sum_{i=1}^{n} \frac{\$ 投资_i}{发行人整体市值_i} \times 发行人碳排放量_i}{\sum_{i=1}^{n} \frac{\$ 投资_i}{发行人整体市值_i} \times 发行人营业收入_i} = 碳强度 \times \frac{CO_2 吨数}{\$ 百万美元收入}$$

$$(13 - 2)$$

现在，投资组合中公司的碳排放量和收入是根据投资者拥有的市场价值所占份额进行分配。投资组合碳足迹也可表示为融资碳排放/融资收入。如果投资者拥有一家公司 $X\%$ 的股份，而该公司每年排放 Y 吨二氧化碳，则投资者融资碳排放量为

$$X\% \times Y = CO_2 吨数$$

把所有公司的碳排放融入投资组合中，可以得到：

$$\sum_{i=1}^{n} \frac{\$ 投资_i}{发行人整体市值_i} \times 发行人碳排放量_i = 投资组合 CO_2 排放吨数$$

$$(13 - 3)$$

投资组合价值除以发行人整体市值，再乘以碳相关资产敞口，得到每百万美元资产管理规模含有二氧化碳的碳足迹。

根据 TCFD（2020b），有三个指标是 PRI 签署方之间最广泛使用的碳指标，其中投资组合碳足迹指标最为常用。

其他使用的指标包括碳排放总量，定义为与投资组合相关的绝对温室气体排放量，以二氧化碳当量吨数表示，以及碳强度，即每百万美元收入的碳排放量（投资组合的碳效率），以二氧化碳当量吨数/百万美元收入表示。

通常，这些指标将用于定义优化函数中的约束条件。鉴于上述指标存在后顾性特征和碳排放数据不可靠问题（见第6.2节），一些方法考虑了更具前瞻性的指标。

13.2 对冲气候风险

13.2.1 基于新闻的气候风险指标

Engle 等（2020）使用文本分析构建总体气候变化风险指标。图 13 - 1 显示了新闻指数对重大全球气候变化新闻的反应。现在，我们拟构建利差投资组合，多头股票因坏消息而价值上涨，空头股票因坏消息而价值下跌。这样的投资组合因气候变化负面消息而产生利润，并对冲碳风险。Engle 等（2020）的著作中，显示了如何构建并不断更新投资组合（实际上只对基金加权平均做多）。对冲投资组合收益率和气候变化指数创新两者样本外的相关性在 20%~30% 范围内。因此，这种基于严格限制方法的对冲组合是对冲碳风险的宝贵工具。

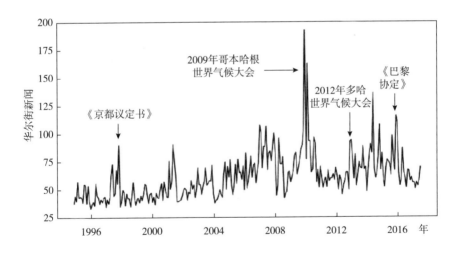

注：依据 Engle 等（2020）数据生成。

图 13 - 1 华尔街气候变化新闻指数

13.2.2 投资组合方法

气候风险可以对冲吗？Andersson 等（2016）是第一个从投资组合角度讨

论该问题的研究学者。作者摒弃了传统的对高碳或/和搁浅资产行业撤资策略，进而简单排除公司避免风险的做法，而是试图提供一种动态的投资策略，在不损失任何财务收益的情况下对冲气候风险。

为了解释 Andersson 等（2016）描述的方法，先理解一个包含 N 个成分股的基准指数。基准指数中每只股票的权重由下式给出：

$$w_i^b = \frac{市值(i)}{总市值} \quad i \in \{1, \cdots, N\} \tag{13-4}$$

此外，每个成分公司按碳强度 q_l^i 降序排列，其中公司 $l = 1$ 时碳强度最高，公司 $l = N$ 时碳强度最低。

我们可以区分两个不同的优化问题，以构建脱碳指数。在第一种情况下，新权重 w_i^g 是以下最小化问题的结果：

$$minTE = sd(R^g - R^b)$$

根据

$$\begin{cases} w_l^g = 0 & for\ all \quad l = 1, \cdots, k \\ 0 < w_l^g & for\ all \quad l = k+1, \cdots, N \end{cases} \tag{13-5}$$

式中，TE 是跟踪误差，sd 是标准差，$R^{g,b}$ 是权重为 w^g 和 w^b 的指数收益。因此，在碳强度方面表现最差的 k 个公司被排除在外，并对剩余的公司重新加权以最小化跟踪误差。在第二种情况下，允许新指数简单地减持高碳足迹股票，而不是完全排除。然而，总投资组合碳强度必须低于某个给定的阈值 Q：

$$minTE = sd(R^g - R^b)$$

根据

$$\begin{cases} \sum_{l=1,\cdots,N} q l w_l^g \leqslant Q \\ w_l^g \geqslant 0 & for\ all \quad l = 1, \cdots, N \end{cases} \tag{13-6}$$

该框架使用标准均值—方差方法优化投资组合（Bodie，2020），并得到数学上简单的优化问题。然而，对于大型投资组合规模 N，协方差矩阵的估计和计算变得棘手。为了评估标准均值—方差方法的质量，作者使用了跟踪误差。投资组合经理使用两种不同的跟踪误差测量方法，其中事后跟踪误差是衡量已实现收益率偏离基准收益率的程度，事前跟踪误差是用来优化多因子模型估计。

Andersson 等（2016）使用具有以下最小化问题的事前跟踪误差：

$$\min\left[\sqrt{(W^P - W^b)'(\beta\Omega_f\beta' + \Delta)((W^P - W^b))}\right] \qquad (13-7)$$

式中，$(W^P - W^b)$ 是投资组合相对于基准的有效权重向量，Ω 是协方差矩阵，β 是因子敞口矩阵，Δ 是特定风险方差的对角矩阵。

Andersson 等（2016）详细讨论了几个脱碳指数的例子。一个是第四瑞典国民养老基金（AP4），该基金采用类似的方法对冲其全球股票投资组合的碳敞口。它将碳强度（二氧化碳吨数/营业收入）表现最差的企业进行剔除，剔除比例在 20%，从而将其整体碳足迹减少了大约 50%。引人注目的是跟踪误差从未超过 0.5%，证明了该方法非常有效。

使用该方法一个重要的问题是如何过滤公司。跨越基准进行过滤意味着盲目地过滤掉高碳足迹行业，这可能会导致不平衡的脱碳指数。大多数化石能源行业、电力以及采矿和材料公司将被排除在外。按行业过滤可能会导致碳足迹显著减少，同时仍然保持与基准大致相似的行业构成。

Cheema-Fox 等（2019）的著作将过滤方法扩展到构建脱碳策略，该策略原则上构建了关于碳风险因子和金融风险因子组合的各种利差组合。

"遵守巴黎协定的投资倡议"（IIGCC，2020）建议优化投资组合以实现净零排放目标，同时还要考虑前瞻性指标。人们可以使用分配给气候解决方案的碳强度百分比或某种气候风险价值变体来管理风险，但是无论采用何种方式，必须使用统筹兼顾的方法。最优投资组合可能过度暴露于特定风险因子，例如监管风险。此外，投资组合应该在技术和行业之间更好地实施多样化。因此，专家判断往往伴随着先进的数学技术。

13.3　可持续性优化

13.3.1　简介

目前，投资经理面临的主要挑战包括帮助客户创造可观的投资回报、限制金融风险在可接受水平以及为实现可持续经济作出重大贡献的目标。在一定程度上，可持续发展目标本身是一个多重概念，包括环境目标（如减少温室气体排放）、社会原则（如遵守人权）和公司治理的各个方面（如激励机制与利益相关者利益的一致性）。在此背景下，本节试图解决两个问题。

一方面，需要证明深度分析专业供应商收集的全面性、高质量、公司层面的可持续性数据，可以使资产管理者能够将用户指定的可持续性指南转化为具体的、可衡量的标准，从而无缝集成到构建、监测和再平衡资产组合实践中（见第 13.3.2 节）。其间，需要从可能的和可接受的投资范围中"过滤"（Filter Out）特别友好型可持续性资产，因此在这种情况下我们使用"可持续性过滤"（Sustainability Filter）术语来表达。

另一方面，需要证明（如果满足一些基本的先决条件）财务盈利目标、有限风险预算和可持续性目标之间的权衡可以在多维标准函数的帮助下以数学形式表达，然后使用数值优化技术进行解决（见第 13.3.3 节）。总之，本章方法可应用于解决现实问题。

13.3.2 可持续性过滤：相关数据和应用示例

13.3.2.1 可用数据：选择性概述

数据驱动的投资组合管理需要将各种数据类型集成到一个"智能"平台，即一个集成的技术解决方案，允许不同来源的数据被管理、访问并交付给用户或应用于业务目的。一方面，资产管理过程中使用的典型数据类型包括市场数据（如股票价格和指数、债券价格和收益率、外汇汇率、CDS 利差）以及公司特定数据（如财务报表数据及其衍生的财务比率信息、行业和地理关系数据、交易所上市和指数组成数据）。另一方面，关于资产和发行人 ESG（即环境、社会和治理）相关特征的详细、高维数据的使用势头迅猛，导致依据 ESG 相关原则构建的投资组合产品数量和种类大幅增长（如共同基金）。表 13-1 列出了相关数据类别。

公司层面的 ESG 数据通常由定量和定性变量组成。专业的供应商提供的数据包括专业分值或评级等级，其中关于可持续性不同方面的信息已被浓缩为摘要和易于理解的指标。传统上，大多数与投资组合构建和管理相关的定量变量都与 ESG 数据提供的环境支柱有关。在这个子领域，典型的变量例子包括但不限于温室气体排放、能源消耗、可再生能源使用、废弃物排放量、购买的碳抵消数量或与环境目的相关的研发支出金额。

定性信息包括 ESG 数据集，其中包含数据字段以及针对以下问题的答案：

- 公司是否有保护客户健康和安全的政策？
- 公司是否有公平交易政策？
- 公司是否有针对不可预见情况的高管继任计划？
- 公司是否报告其影响或活动以减少其对生物多样性的影响？

为了将这些定性数据应用投资组合优化的数学和统计技术，通常需要使用二进制指标对基础信息进行编码，如 0 和 1，其中 "1" 表示与记录相关的组织已满足预定义 "是或否" 类型的条件，而 "0" 则表示相反。该预处理步骤将定性信息转换为数值变量的可解释值，因此能够通过相应的算法同时使用定性和定量信息。

表 13 – 1　相关数据库及其覆盖范围示例概述

项目	Asset4 数据库	Datastream 数据库	Worldscope 数据库	固定收益 数据库	汤森路透 基础数据库	CDS 数据库
数据类型	ESG 数据； 企业数据	股票价格和指数； 期货； 外汇交易； 大宗商品； 宏观经济数据	企业基础数据； 基础财务比率； 收入组成数据	利率； 债券价格及收益率； 债券统计数据； 基准收益率曲线数据	企业基础信息； 企业所处行业信息； 企业基础数据； 收入组成数据	CDS 利差
覆盖范围	1000 多家活跃公司数据，包括 424 个活跃项目数据和 13 个得分类别；31000 多家温室气体排放数据；8000 多家 ESG 数据（按年统计）	股价：107000 多家企业；指数数据：285000 多个指数；外汇交易数据：超过 900 组；大宗商品：105000 多个资产类别；宏观经济数据：890 万条序列数据	55000 多家企业数据；800 多个项目，子项目与标准产业分类代码挂钩	500000 只债券和可转换债券；20000 多条利率数据；800 种基准收益率曲线	45000 多家企业；800 多个项目，子项目与北美产业分类体系编码挂钩	96000 多个工具

项目	Asset4 数据库	Datastream 数据库	Worldscope 数据库	固定收益 数据库	汤森路透 基础数据库	CDS 数据库
时间序列数据更新频率	年度数据；更新周期：两周	日度数据；月度/季度宏观经济数据；更新周期：每日	季度/年度数据；更新周期：每日	日度数据；更新周期：每日	季度/年度数据；更新周期：每日	日度数据；更新周期：每日
应用情况	定量和定性 ESG 数据过滤；碳排放数据：碳敞口指数计算基础；ESG 得分用于公司排序；战略资产分配	外汇交易数据：数据可转换为常用币种；宏观经济数据：碳敞口指数；股票和指数价格和收益率用作投资组合计算的输入变量，以及测试碳敞口指数市场重要性的响应变量	基础数据和比率用于估计碳敞口指数；行业分解：用于分离和量化企业层面的风险敞口	利率期限结构；碳敞口指数对债券收益率影响的量化研究	基础数据和比率用于估计碳敞口指数；行业分解：用于分离和量化企业层面的风险敞口	用作响应变量和衡量碳风险市场影响

　　如前所述，可持续性原则的复杂性和多维性往往使相关原始数据的预处理和后续使用变得烦琐。一些专业机构和大多数 ESG 数据供应商针对这一问题提供了一种务实的解决方案，即从相当多的指标中汇总信息，形成一个或多个综合指标或分值，资产或公司可以根据这些指标或分值进行排名或评级。通常，三个支柱 E、S 和 G 中的每一个支柱都有单独的分值，在某些情况下，此类指标甚至可以更加细化。例如，Refinitiv 数据库中，环境支柱得分包括资源使用得分、碳排放和环境创新等项目得分，治理支柱得分包括管理质量、股东导向和企业社会责任战略得分，社会支柱包括劳动力、人权、社区和产品责任得分。然后，汇总这些分值为总体 ESG 分值，该分值根据公司所属的行业对各个分值进行加权。

13.3.2.2　可持续性相关过滤示例和应用结果

案例一：碳强度低于行业平均水平

　　第一个研究案例仔细选择了共同构成用于确定适当投资的约束条件，以剔除碳强度低于同行的合格投资对象集合中的公司[①]。过滤程序的次要条件是从不同的经济部门保留足够的公司，以形成一个多元化的投资组合。实际过滤过程按照表 13 – 2 总结逐步进行选择。应用此程序的公司集合是共同构成欧洲 STOXX 600 指数的公司集团。

表 13 – 2　过滤程序

过滤变量	算法	目标	剩余企业数量
企业注册地	等于	西欧	598
营业利润率	大于	10%	537
利息保障倍数	大于	5	371
温室气体强度[1]	小于	行业平均水平[2]	225
可再生能源使用	等于	是	185
环境供应链选择管理	等于	是	160
危机管理体系	等于	是	110

注：1. 碳强度定义为温室气体排放总量（范围 1 和范围 2）除以给定财政年度的总收入。

　　2. 考虑了 33 个行业（路孚特 TRBC 行业分类 – 经营行业）。

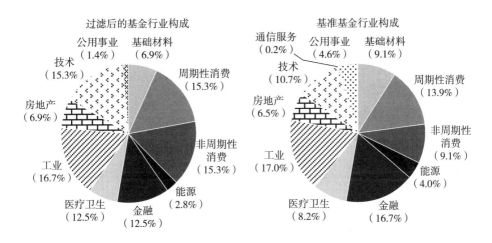

图 13 – 2　过滤后的投资组合行业组成与基准组成比较：案例一

这套标准的一个示例适用于构成欧洲 STOXX 600 股票指数基础的 600 家公司的子集合，2020 年总共产生 110 家公司，每家公司都符合所有规定的条件。根据上述过滤条件，图 13 – 2 比较了假设基金投资组合的行业组成与基

---

① 由于碳排放数据存在严重偏差，与平均水平比较仅剔除同类中最差的公司。

准行业组成。很明显，应用过滤导致目标投资组合的行业组成发生重大变化。然而，除电信服务（仅占基准的一小部分）外，基准中出现的所有行业也出现在过滤后的投资组合中（见图 13 - 2）。

此示例旨在展示过滤应用如何使投资经理能够首先将每个公司的气候足迹与行业平均值（和/或中值）进行比较，一方面与基准总量进行比较，另一方面调整各个基准构成的权重以得到新的组合，其中累积的温室气体强度降低到显著低于原始量的新目标值，同时与基准原始行业敞口比较偏差非常有限。

图 13 - 3 显示了过滤后投资组合的气候足迹与基准投资组合的差异。很明显，在所考虑的大多数行业中，温室气体排放强度远远超过行业中位数（由水平线表示）的个别公司（用彩色点表示）数量相对较少，因此将这些发行人从投资组合中提出可以显著改善其气候足迹，而无须对其行业结构进行任何重大改变。

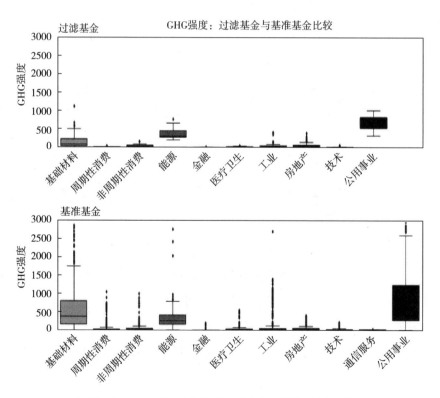

图 13 - 3 过滤投资组合与基准基金碳强度比较：案例一

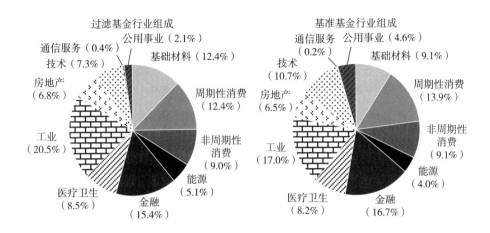

图 13 - 4　过滤投资组合与基准行业组成比较：案例二

案例二：ESG 类别得分：选择"最佳"股票

案例二应用的过滤程序是在 10 个 ESG 类别中的每个类别中选择排名最高的 30 家公司。由于许多公司在不止一个类别中排名较高，因此获得的最终样本仅包含 234 家公司。图 13 - 4 显示了所选择样本的行业组成。结果发现，过滤后的股票投资组合与基准组合之间只存在细微差异。进一步比较过滤后基金和基准基金在每个经济部门的 ESG 得分分布，结果如图 13 - 5 所示。一旦应用过滤，我们可以观察到所有行业的 ESG 得分中值明显改善。这一结果伴随着潜在有害公司的投资组合份额大幅下降。

总之，谨慎应用基于 ESG 标准的过滤程序有助于协调持有多元化投资组合和显著改善 ESG 状况这两个目标。

案例三：环保创新

在第三个案例中，公司为改善环境足迹所做的研究工作被用作过滤标准。更具体地说，我们从上述相同的基准投资组合开始，确定那些环境研发支出超过总收入 1% 的公司，最终得到的子集合由 17 家公司组成，并对其行业组成与图 13 - 6 中的基准行业组成进行了比较。与基准相比，它在工业和基础材料行业的权重明显偏高，而在集中度风险较高的行业要小得多。

下一节旨在借助数学模型和相关优化程序，结合多种定性和定量过滤标

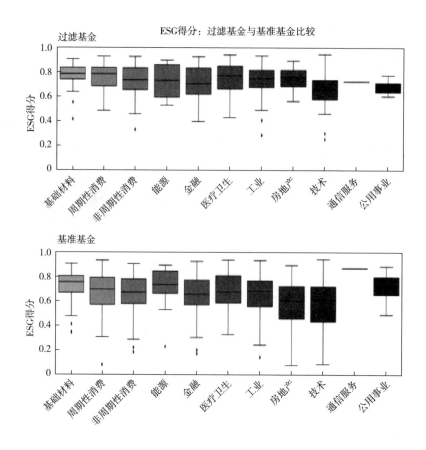

图 13 - 5 过滤投资组合与基准 ESG 得分比较：案例二

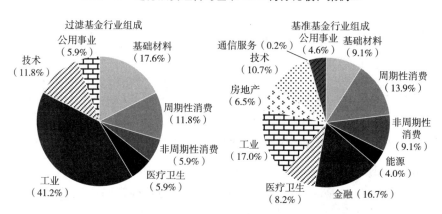

图 13 - 6 过滤投资组合与基准行业组成比较：案例三

准制定一组不等式约束条件（参考或不参考环境目标），进而得出目标投资组合的最佳组成。

13.3.3　可持续投资组合优化的约束条件：一个数学模型

13.3.3.1　定义和介绍性说明

作为起点，我们定义了一组被认为与所考虑投资组合相关的可投资资产，并将该集合的元素从 $i = 1 - N$ 连续编号。

我们将可投资资产组合定义为一组集合 $\{i, w_i\}, i = 1 - N$，其中每个相关资产 i 都被分配了一个加权因子 w_i，使加权因子之和为 1。

此外，假设存在一个基准投资组合 $\{i, \overline{w_i}\}, i = 1 - N$，其中风险收益状况用作任何实际或假设的现实世界投资组合的比较尺度。这样的基准投资组合可能基于外部提供或内部计算的指数，或者可能已经建立的"理想"投资组合结构，前提是没有边界约束（如所持头寸的数量限制）。

13.3.3.2　资产特征

组别关联

每个单独的资产 i 可能与一个或多个由 $g = 1, \cdots, G$ 构成的组别相关联，也可能不相关。这样的组别可以是资产 i 所属的资产类别、其发行人所在经济部门、居住国或资产计价货币。（$G \times 1$）向量 Z 捕获可能具有或不具有联系的全部关联组别资产，其中每个元素都是一个取值为 0 或 1 的二元指标变量。特定资产 Z_i 的第 g 个元素，用 $Z_{i,g}$ 表示，如果资产 i 属于组别 g，则设置为 1，否则设置为 0。

资产回报

时间刻度被分成等长的连续间隔，每个间隔由一个整数 t 表示。资产在时间间隔 t 的回报用 $r_{i,t}$ 表示，可以表示为 $r_{i,t} := (P_{i,t} + d_{i,t})/P_{i,t-1}$。

其中，$P_{i,t}$ 是时间间隔 t 结束时的资产价格，根据过去股息和资本指标的影响进行调整，$d_{i,t}$ 是时间间隔 t 内支付的每单位股息。

可持续性得分

假定每个资产 i 都有一个可持续性得分 S_i，范围从 0（最差）到 1（最好）。尽管资产的可持续性特征可能会随着时间的流逝而变化，但此处时间指数 t 受到限制，因为投资组合形成决策时，其价值被视为常数。

13.3.3.3 准则函数和边界约束

本节追求的目标是构建一个投资组合，其财务风险—回报率尽可能接近基准，同时等于或超过预定目标值 S^* 的投资组合可持续性得分超过基准可持续性得分。

投资组合的风险—收益状况与基准之间普遍存在的相似程度，实际上可以通过跟踪误差来衡量：

$$\tau := \sum_{i=1}^{N} (w_i - \overline{w_i})^2 \sigma_i^2 + 2 \cdot \sum_{i=1}^{N} \sum_{j=1}^{i-1} (w_i - \overline{w_i})(w_j - \overline{w_j}) \rho_{i,j} \sigma_i \sigma_j$$

$$(13-8)$$

通常，在构建投资组合时需要观察许多不等式约束（Inequality Constraint）。例如，可能已决定投资组合中不同资产数量不得超过预先定义的数量 M：

$$\sum_{i=1}^{N} I(w_i > 0) - M \overset{!}{\leqslant} 0 \qquad (13-9)$$

式中，$I(\cdot)$ 代表指示函数，如果满足括号中的条件则设置为1，否则设置为0。

此外，与可持续性指标相关的最低条件可以表述为

$$S^* - \sum_{i=1}^{N} w_i \cdot S_i \overset{!}{\leqslant} 0 \qquad (13-10)$$

同样，对投资组合中某些资产组别 g 的份额施加上限 $Z_g^{(u)}$ 和下限 $Z_g^{(l)}$ 约束，表达式则为

$$\sum_{i=1}^{N} w_i \cdot Z_{i,g} - Z_g^{(u)} \overset{!}{\leqslant} 0 \qquad (13-11\text{a})$$

和

$$Z_g^{(l)} - \sum_{i=1}^{N} w_i \cdot Z_{i,g} \overset{!}{\leqslant} 0 \quad i = 1 \qquad (13-11\text{b})$$

令

$$h(x) = \left[\max(x;0) \right]^2 \qquad (13-12)$$

然后，可以通过最小化准则函数来寻求该问题的近似解：

$$\Lambda := \sum_{i=1}^{N} (\tilde{w}_i - \overline{w}_i)^2 \sigma_i^2 + 2 \cdot \sum_{i=1}^{N} \sum_{j=1}^{i-1} (\tilde{w}_i - \overline{w}_i)(\tilde{w}_j - \overline{w}_j) \rho_{i,j} \sigma_i \sigma_j$$

$$+ \lambda_1 \cdot h\left(\sum_{i=1}^{N} I(w_i > 0) - M \right) + \lambda_2 \cdot h\left(S^* - \sum_{i=1}^{N} w_i \cdot S_i \right)$$

$$+ \lambda_3 \cdot h(w_i \cdot Z_{i,g} - Z_g^{(u)}) + \lambda_4 \cdot h\left(Z_g^{(l)} - \sum_{i=1}^{N} w_i \cdot Z_{i,g} \right) \quad (13-13)$$

投资组合权重 $\tilde{w}_i$ 表示辅助参数 $\delta_1 \sim \delta_N$ 的函数，如下所示：

$$\tilde{w}_i = \frac{\exp(\delta_i)}{\sum_{j=1}^{N} \exp(\delta_j)} \delta_1 = 1, \delta_2, \delta_N \text{ 都是实数} \qquad (13-14)$$

这种处理方式的一个问题是在式（13-14）中规定的条件下，没有一个权重可以完全变为 0，因此不可能满足条件式（13-9）。解决方案是引入一个正的但非常小的"重要性阈值" Θ（$\Theta = 10-8$），且将低于该阈值的权重视为 0。

由于准则函数式（13-13）可能具有多个局部最优值，因此需要应用全局启发式搜索（Global Search Heuristic）算法。下一节介绍的示例应用使用了"蛮力法"（Brute Force）随机搜索程序与 Price（1999）提出的差分进化算法（Differential Evolution Algorithm）组合。

13.3.3.4 基于模拟数据的示例

以下示例展示了上述方法在现实世界投资组合背景下的可行性。在这种情况下，允许的投资领域被假定为欧洲 STOXX 50 股票市场指数。在该范围，第一步是创建一个无约束基准投资组合，该组合由超出指数收益的历史业绩优秀的股票组成（使用 2020 年作为参考日期），同时将行业配置保持在预定范围内，确保投资组合相对多样化。所选择的叫持续性指标是单个公司的温室气体强度，每个单独的值都以负号进入计算，因为低排放与高可持续性贡献相关。特定公司的 GHG 强度数据（报告年份：2020 年），详见图 13-7。

上述优化程序是目标投资组合温室气体强度比无约束基准温室气体强度低 15%。

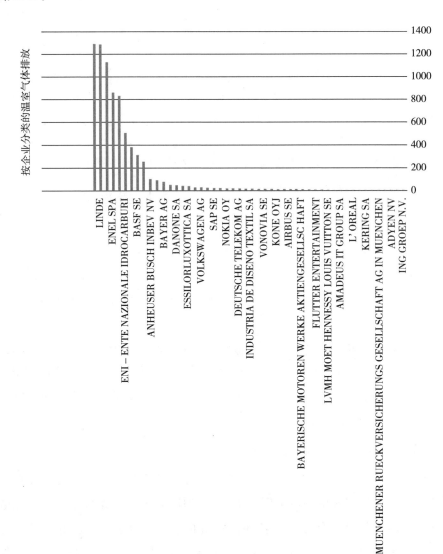

图 13-7 按企业分类的温室气体排放

计算结果总结如下：优化投资组合的跟踪误差可以限制在 0.15%，且大多数用户可以接受，特别是考虑到无约束基准的历史一年回报率与优化投资组合之间的差异实际上为零。在图 13－8 和图 13－9 中，横轴表示公司特定的温室气体排放强度，纵轴表示最佳约束投资组合中相关股票相对于基准的权重差异，因此每只股票都由相应散点图中的一个点表示。与无约束基准相比，预期所提出的优化程序会导致投资组合结构中高排放强度的股票权重较低。

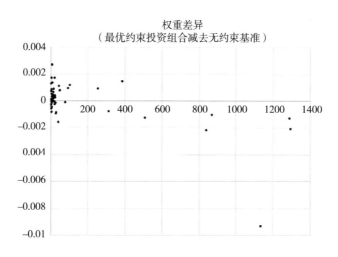

图 13－8　权重差异

由于可以使用公司层面大量的可持续微观指标数据，资产管理者履行社会义务和开发高收益产品方面面临巨大机遇。然而，为了从中获益，必须仔细选择、加权和汇总相关指标和选择标准。事实证明，数学模型（其中所追求的目标和要观察的约束条件由多维标准函数提供）可以帮助投资者进行科学决策。事实证明，运用复杂数值优化技术可以解决此类问题，产生的结果与经济直觉非常吻合实际中的股票投资组合情况，然而这并不能减轻决策者以逻辑一致和经验合理的方式设定投资目标和约束条件。

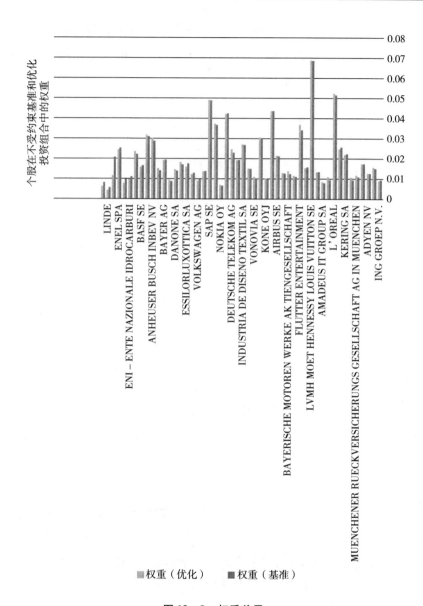

图 13 - 9　权重差异

附录 A　概率论和金融数学基础

基于 Bingham 和 Kiesel（2004）研究基础，本附录参考了其有关内容。

可测空间（Measurable space）：Ω 表示为样本空间。Ω 的子集的集合 $\mathcal{A}_0$ 是 Ω 上的代数，如果满足下列条件：

（1）$\Omega \in \mathcal{A}_0$，

（2）$A \in \mathcal{A}_0 \Rightarrow A^c = \Omega/A \in \mathcal{A}_0$，并且

（3）$A, B \in \mathcal{A}_0 \Rightarrow A \cup B \in \mathcal{A}_0$。

如果对于序列 A_n 成立，我们将 Ω 的子集的代数 A 称为 Ω 上的 σ – 代数：

$$A_n \in \mathcal{A}, n \geq 1 \Rightarrow \bigcup_{n=1}^{\infty} A_n \in \mathcal{A}$$

因此，每个 σ – 代数都是代数。(Ω, A) 则称为可测空间。

概率测度（Probability Measure）：如果 $\mathbb{P}$ 满足以下条件，则把 $\mathbb{P}$ 表示为可测空间 $(\Omega, \mathcal{A})$ 上的概率测度：

（1）对于每个 $A \in \mathcal{A}$ 在封闭区间 $[0, 1]$ 上存在一个实数 $\mathbb{P}(A)$，即集合 A 的概率。

（2）$\mathbb{P}(\Omega) = 1$。

（3）对于析取结果，$\{A_n, n \geq 1\}$ 成立，且

$$\mathbb{P}\left(\bigcup_{n=1}^{\infty} \mathbb{P}A_n\right) = \sum_{n=1}^{\infty} \mathbb{P}(A_n)(\sigma – 可加性)$$

概率空间（Probability Space）：三元组 $(\Omega, \mathcal{A}, \mathbb{P})$ 称为概率空间。

• 概率空间 $(\Omega, \mathcal{F}, \mathbb{P})$ 由样本空间 Ω、σ – 代数 $\mathcal{F}$（附加发生概率的样本空间 Ω 上的事件集合）和概率测度 $\mathbb{P}$ 组成。

• 过滤概率空间 $(\Omega, \mathcal{F}, (\mathcal{F}_t), \mathbb{P})$ 允许使用过滤（$\mathcal{F}_t$）动态增加信息（增

加 σ - 代数族代表 t 时 $\mathcal{F}_t$ 随 t 增加）。

- 一般条件是采用一定技术条件确保过滤概率空间有效运用。

假定在满足一般条件的过滤概率空间上使用。

随机过程（Stochastic Process）：考虑 Ω 的子集的集合 $\mathcal{F}$，其概率定义为 $\mathbb{P}(A)$ 且在 σ - 代数的条件下是完整的。因此，$\mathcal{F}$ 是定义 $\mathbb{P}$ 的 σ - 代数。随机变量 X 是 $\mathcal{F}$ - 测度函数 $X: \Omega \to \mathbb{R}$，对于每个 $\omega \in \Omega X(\omega)$ 都是实数。

随机过程 $\{X(t)\}_{t \in [0,T]}$ 是随机变量族，定义在一些常用概率空间上并由时间参数 t 参数化，即对于每个 $t \in [0, T]$，$X(t)$ 是一个随机变量。

鞅（Martingales）：$(\Omega, \mathcal{F}, \mathbb{P})$ 为概率空间，T 为固定正数，令 $\mathcal{F}(t)$，$0 \leq t \leq T$ 为 $\mathcal{F}$ 的子 σ - 代数的过滤值。考虑一个适应的随机过程 M_t，$0 \leq t \leq T$。

(1) 如果 $\mathbb{E}[M_t | \mathcal{F}_s] = M_s$，对于所有 $0 \leq s \leq t \leq T$，这个过程就是鞅。该过程没有上升或下降趋势。

(2) 如果 $\mathbb{E}[M_t | \mathcal{F}_s] \geq (\leq) M$，对于所有 $0 \leq s \leq t \leq T$，这个过程是次鞅（Supermartingale）。该过程没有下降（上升）趋势，但它可能有上升（下降）的趋势。

等价鞅测度（Equivalent Martingale Measure）：

- 定义在 $(\Omega, \mathcal{F}, \mathbb{P})$ 上的概率测度 $\mathbb{P}^*$ 是等价鞅测度（EMM），如果

(1) $\mathbb{P}^*$ 等价于 $\mathbb{P}$[①]，并且

(2) 贴现价格过程 $\tilde{S}$ 是 $\mathbb{P}^*$ 鞅。

- 本书中鞅性质具备以下特点：

—— $\tilde{S}$ 有一个固定 $\mathbb{P}^*$ - 期望，且

—— $\tilde{S}$ 的 $\mathbb{P}^*$ - 动态不包含漂移项。

等价鞅测度和套利（EMMs and Arbitrage）：假设 $\mathbb{P}^*$ 是一个等价鞅测度，所以市场模型不包含套利机会。

完全市场（Complete Market）：或有债权 X 是满足一定可积条件的随机变

---

① 等效概率测度是将零概率分配给相同的事件。

量。如果存在至少一种可接受的交易策略，则或有债权 X 称为可获得的债权。

$$V_\varphi(T) = X$$

这种交易策略 φ 为 X 的复制策略。如果任何或有债权是可获得的，则称金融市场模型是完全的。

期权（Options）：

- 期权是一种金融工具，赋予持有人权利但不是义务，在特定日期或之前以特定价格（行权价）进行特定交易。

- 看涨期权赋予持有人购买资产的权利。看跌期权赋予持有人出售资产的权利。

- 合同中规定的日期称为失效日或到期日。

- 欧式期权只能在到期日执行期权。美式期权可以在到期日或到期前的任何时间执行期权。

收益和利润（Payoff and Profit）：

- 看涨期权的收益是：

$$\max\left[S(T) - K, 0\right] = \begin{cases} S(T) - K & \text{如果 } S(T) > K \\ 0 & \text{其他} \end{cases}$$

简写为 $\left[S(T) - K\right]^+$。

- 看跌期权的收益是：

$$\max\left[K - S(T), 0\right] = \begin{cases} K - S(T) & \text{如果 } K > S(T) \\ 0 & \text{其他} \end{cases}$$

简写为 $\left[K - S(T)\right]^+$。

- 期权的利润是收益与期权费之差。

远期（Forwards）：

- 远期合约是合约双方约定在未来某个时间 T 以某个价格 K 买卖资产 S 的协议。

- 代理人同意购买标的资产被称为多头头寸，另一个代理人被称为空头头寸。

- 结算日称为交割日，特定价格称为交割价格。

远期合约收益（Payoff of a Forward Contract）：

● 远期合约中资产价格为 $S(T)$ 的多头头寸在合约到期时的收益为 $S(T) - K$。

● 与具有相同期限 T 和行权价 K 的看涨期权相比，投资者现在也面临下行风险，其有义务以价格 K 购买资产。

期货（Futures）：

● 期货可以定义为在交易所交易的标准化远期合约，清算所充当所有交易的中央对手方。

● 通常需要将初始保证金作为担保。

● 每个交易日都会确定一个结算价，收益或损失会立即在保证金账户中体现。

● 可以消除信用风险，但利率风险不可避免。

期权与期货/远期（Options vs. Futures/Forwards）：

● 期货/远期合约赋予持有人以一定价格买入或卖出的义务。

● 期权赋予持有人以一定价格买入或卖出的权利（但不是义务）。

套利（Arbitrage）：

● 套利意味着在无风险的情况下利润依然可以保证。假设代理人是理性人，总是会接受套利利润。

● 套利技术的本质是不承担风险就不可能保证利润。如果可能的话，套利者会无限地进行套利，将市场作为"金钱泵"获得大量的无风险利润。

● 套利概念是套利定价技术的核心。

● 假设不存在套利机会！

期权平价（Put – call Parity）：

● 标的资产 S 的价格和不支付股息的股票的欧式看涨期权和看跌期权之间有以下期权平价等式：

$$S(t) + P(t) - C(t) = Ke^{-r(T-t)}$$

● 考虑由一只股票、一只看跌期权多头和一只看涨期权空头组成的投资组合。投资组合价值以 $V(t)$ 表示：

$$V(t') = S(t) + P(t) - C(t)$$

对于所有 $t \in [0, T]$。

- 到期时，则变为

$$V(T) = S(T) + [K - S(T)]^+ - [S(T) - K]^+ = K$$

- 该投资组合保证 T 时获得 K 的收益。使用无套利原则，投资组合的价值必须在任何时间 t 对应于 T 的确定收益 K 的价值，即 $V(t) = Ke^{-r(T-t)}$。

风险中性定价公式（Risk - neutral Valuation Formula）：任何可获得债权的套利价格过程由风险中性定价公式给出：

$$\prod{}_X(t) = S_0(t) \, \mathbb{E}_{\mathbb{P}^*} \left[\frac{X}{S_0(T)} \middle| \mathcal{F}t \right]$$

布莱克—斯科尔斯模型（Black - Scholes）：经典的布莱克—斯科尔斯模型是：

$$dB(t) = rB(t)dt \qquad\qquad B(0) = 1$$
$$dS(t) = S(t)[bdt + \sigma dW(t)] \quad S(0) = p$$

其中，常系数 $b \in \mathbb{R}$，r、$\sigma \in \mathbb{R}_{+0}$。

欧式看涨期权的布莱克—斯科尔斯价格过程为（标准正态分布函数写为 Φ）：

$$C(t) = S(t)\Phi(d_1(S(t), T - t)) - Ke^{-r(T-t)}\Phi[d_2(S(t), T - t)]$$

函数 $d_1(s, t)$ 和 $d_2(s, t)$ 由下式给出：

$$d_1(s, t) = \frac{\log(s/K) + \left(r + \dfrac{\sigma^2}{2}\right)t}{\sigma\sqrt{t}}$$

和

$$d_2(s, t) = \frac{\log(s/K) + \left(r - \dfrac{\sigma^2}{2}\right)t}{\sigma\sqrt{t}}$$

简化的期货市场模型（Simple Futures Market Model）：

- 布莱克模型定义了期货（远期）合约期权定价的市场标准，对给定期限的单一期货合约建模，并且不考虑不同期限的任何依赖性。

- 假定期货动态的标准几何布朗运动模型（不参考到期日 T）为

$$dF(t) = \mu F(t)dt + \sigma F(t)dW(t)$$

- 由于建立期货头寸无须任何成本，因此无须为改变头寸而支付融资成本。定价则需转向风险中性设置并且漂移项 $\mu = 0$。

布莱克公式（Black's Formula）：

- 使用常用符号表述以下事项：行权价 K，到期日 T，$\tau = T - t$ 表示即期到期时间，Φ 表示标准正态分布函数。

- 欧式期货看涨期权的套利价格 C 是：

$$C_{K,T}(t,K) = 7e^{-r\tau}F(t)\Phi\{d_1[F(t),\tau]\} - e^{-r\tau}K\Phi\{d_2[F(t),\tau]\} \quad (\text{A.1})$$

其中 $d_{1,2}[F(t),\tau] := \dfrac{\log[F(t)/K] \pm \dfrac{1}{2}\sigma^2\tau}{\sigma\sqrt{\tau}}$

对冲期货头寸（Hedging a Futures Position）：

- 数量 d_1 和 d_2 不依赖于利率 r。

- 从经典的布莱克方法中可以直观地看出这一点：建立一个可复制的无风险投资组合，包括一个期货期权头寸和一个标的期货合约的抵消头寸。该投资组合不需要初始投资，因此无任何利息。

金融市场模型（Financial Market Model）：

- 我们称 $\mathbb{R}^{d+1}$ - 值过程 $\varphi(t) = [\varphi_0(t),\cdots,\varphi_d(t)]$，$t \in [0,T]$ 为交易策略（或动态投资组合过程）。

- $\varphi_i(t)$ 表示在 t 时持有的资产 i 在投资组合中的份额数量——根据 t 时之前可用的信息确定，即投资者在观察价格 $S(t-)$ 后选择 t 时的投资组合。

投资组合过程（Portfolio Process）：投资组合 φ 在 t 时的价值：

$$V_\varphi(t) := \varphi(t) \cdot S(t) = \sum_{i=0}^{d}\varphi_i(t)S_i(t)$$

$V_\varphi(t)$ 为交易策略 φ 的价值过程或财富过程。收益过程 $G_\varphi(t)$ 为

$$G_\varphi(t) = \sum_{i=0}^{d}\int_0^t\varphi_i(u)dS_i(u)$$

或有债权（Contingent Claims）：或有债权 X 是一个具有预期价值的随机变量。如果存在至少一种可接受的交易策略，则具备或有债权，如：

$$V_\varphi(T) = X$$

这种交易策略为 X 的复制策略。如果任何或有债权都是可获得的，则称金融市场模型是完全的。如果或有债权 X 是可获得的，则 X 可以通过投资组合 $\varphi \in \Phi(\mathbb{P}^*)$ 进行复制。这意味着从财务角度来看，持有投资组合和持有或有债权是等价的。在没有套利的情况下，或有债权的价格过程 $\prod_X(t)$ 必须满足以下条件：$\prod_X(t) = V_\varphi(t)$。

任何可获得债权的套利价格过程由风险中性定价公式给出：

$$\prod{}_X(t) = S_0(t)\,\mathbb{E}_{\mathbb{P}^*}\left[\frac{X}{S_0(T)}\,\Big|\,\mathcal{F}_t\right]$$

受控扩散过程（Controlled Diffusion Processes）：考虑一个控制模型，其中系统状态由 $\mathbb{R}^n$ 中的随机微分方程（SDE）控制：

$$\mathrm{d}X_s = b(X_s, \alpha_s)\mathrm{d}s + \sigma(X_s, \alpha_s)\mathrm{d}W_s \tag{A.2}$$

W 是满足通常条件的过滤概率空间 $(\Omega, \mathcal{F}, (\mathcal{F}_t), \mathbb{P})$ 上的 d 维布朗运动。还包括以下条件：

● 假设控制变量 $\alpha(\alpha_S)$ 是一个（渐进可测的）随机过程，在某个集合 $A \subset \mathbb{R}^m$ 中取值；

● 假设函数 $b: \mathbb{R}^n \times A \to \mathbb{R}^n$ 和 $\alpha: \mathbb{R}^n \times A \to \mathbb{R}^{n \times d}$ 满足正则性条件，即对于任何初始条件（A.2）中随机微分方程 $(t,x) \in [0,T] \times \mathbb{R}^n$ 在 $s = t$ 处有解 x；

● 用 $\{X_s^{t,x},\, s \in [t,T]\}$ 表示连续路径的解；

● 设 $f: [0,T] \times \mathbb{R}^n \times A \to \mathbb{R}$ 和 $g: \mathbb{R}^n \to \mathbb{R}$ 为两个函数，都满足适当的技术条件；

● f 和 g 分别表示运行收入和终端收入；

● 用 $\mathcal{A}(t,x)$ 表示 $\mathcal{A}$ 控制 α 的子集，使得：

$$\mathbb{E}\left[\int_t^T |f(s, X_s^{t,x}, \alpha_s)|\,\mathrm{d}s\right] < \infty$$

并假设 $\mathcal{A}(t,x)$ 对于所有 $(t,x) \in [0,T] \times \mathbb{R}^n$ 都是非空的。

增益函数（Gain Function）和价值函数（Value Function）：定义增益函

数为

$$J(t,x,\alpha) := \mathbb{E}\left[\int_t^T f(s,X_s^{t,x},\alpha_s)\,\mathrm{d}s + g(X_T^{t,x})\right]$$

对于所有 $(t,x) \in [0,T] \times \mathbb{R}^n$ 和 $\alpha \in \mathcal{A}(t,x)$。目标是通过控制过程最大化函数 J。为此，引入相关的价值函数：

$$v(t,x) := \sup_{\alpha \in A(t,x)} J(t,x,\alpha)$$

如果 $J(t,x,\hat{\alpha}) = v(t,x)$，$\hat{\alpha} \in \mathcal{A}(t,x)$ 称为最优控制。

连续时间动态规划原理（Continuous – time Dynamic Programming Principle）：与离散情况一样，优化问题可以分为两部分：整个区间 $[t,T]$ 的最优控制可以首先通过时间 θ 给定的情况下搜索最优控制来获得状态值 $X_\theta^{t,x}$，即计算 $v(\theta,X_\theta^{t,x})$，然后最大化对 $[t,\theta]$ 数量的控制：

$$\mathbb{E}\left[\int_t^\theta f(s,X_s^{t,x},\alpha_s)\,\mathrm{d}s + v(\theta,X_\theta^{t,x})\right]$$

从而：

$$v(t,x) = \sup_{\alpha \in A(t,x)} \sup_{\theta \in \tau(t,T)} \mathbb{E}\left[\int_t^\theta f(s,X_s^{t,x},\alpha_s)\,\mathrm{d}s + v(\theta,X_\theta^{t,x})\right]$$

$$= \sup_{\alpha \in A(t,x)} \inf_{\theta \in \tau(t,T)} \mathbb{E}\left[\int_t^\theta f(s,X_s^{t,x},\alpha_s)\,\mathrm{d}s + v(\theta,X_\theta^{t,x})\right]$$

哈密顿—雅可比—贝尔曼方程（Hamilton – Jacobi – Bellman，HJB）：HJB 是动态规划原理的无穷小版本。它描述了当 θ 接近 t 时价值函数的局部行为。

考虑时间 $\theta = t + h$，其中 $h > 0$ 和控制 $\alpha \in \mathcal{A}(t,x)$。根据动态规划原理：

$$v(t,x) \geq \mathbb{E}\left[\int_t^{t+h} f(s,X_s^{t,x},\alpha_s)\,\mathrm{d}s + v(t+h,X_{t+h}^{t,x})\right] \tag{A.3}$$

假设 v 足够平滑，可以应用 Itô 公式：

$$v(t+h,X_{t+h}^{t,x}) = v(t,x) + \int_t^{t+h}\left(\frac{\partial v}{\partial t} + \mathcal{L}^{\alpha_s}v\right)(s,X_s^{t,x})\,\mathrm{d}s + 残差$$

其中残差项是（局部）鞅，$\mathcal{L}^a$ 算子定义为

$$\mathcal{L}^a v := b(x,a) \cdot D_x v + \frac{1}{2}tr[\sigma(x,a)\sigma'(x,a)D_x^2 v]$$

将双方的期望值代入等式（A.3）得到：

$$\mathbb{E}\left[\int_t^{t+h}\left(\frac{\partial v}{\partial t}+\mathcal{L}^\alpha S_v\right)(s,X_s^{t,x})+f(s,X_s^{t,x},\alpha_S)\,\mathrm{d}s\right]\leqslant 0$$

除以 h，令 $h\to 0$，得：

$$\frac{\partial v}{\partial t}(t,x)+\mathcal{L}^\alpha v(t,x)+f(t,x,a)\leqslant 0$$

对于所有 $a\in A$。选择最优控制 $\alpha^*\in\mathcal{A}(t,x)$，使得：

$$v(t,x)=\mathbb{E}\left[\int_t^{t+h}f(s,X_s^{t,x},\alpha_s^*)\,\mathrm{d}s+v(t+h,X_{t+h}^{t,x})\right]$$

同时得到：

$$\frac{\partial v}{\partial t}(t,x)+\mathcal{L}^{\alpha^*}v(t,x)+f(t,x,\alpha^*)=0$$

这意味着 v 需满足：

$$\frac{\partial v}{\partial t}(t,x)+\sup_{a\in A}\left[\mathcal{L}^{\alpha^*}v(t,x)+f(t,x,\alpha^*)\right]=0$$

对于所有 $(t,x)\in[0,T]\times\mathbb{R}^n$，该方程叫作哈密顿—雅可比—贝尔曼方程（HJB 方程）。有时，该偏微分方程（PDE）写成以下形式[①]：

$$-\frac{\partial v}{\partial t}(t,x)-H(t,x,D_xv(t,x),)+D_x^2v(t,x))=0 \qquad (\text{A}.4)$$

对于所有 $(t,x)\in[0,T]\times\mathbb{R}^n$，从而

$$H(t,x,p,M)=\sup_{a\in A}\left[b(x,a)\cdot p+\frac{1}{2}tr(\sigma(x,a)\sigma'(x,a)M)+f(t,x,a)\right]$$

函数 H 称为关联控制问题的哈密顿量。

具备终端条件 $v(t,x)=g(x)$ 的 A.4 的解会导致价值函数考虑时间范围 T。

验证定理（Verification Theorems）：HJB 方程是一个必要但不充分条件。因此，这种经典的动态规划方法的关键步骤在于证明，给定 HJB 方程的平滑解，该候选值与价值函数重合。可以使用更广范围的"验证定理"，但超出了本书讨论的范围。

---

① D_x 和 D_x^2 分别表示对 x 的一次微分和二次微分。

附录 B 联邦学习算法

B.1 算法

现在起，我们用 $\mathcal{c}$ 表示联合统计（Federated Counting）：

count：int = $\mathcal{c}$（condition_for_1，broadcasted_value）

可以从以下各个方面进行理解，如果

Condition_for_1 = 'local_value > broad_casted_value'，

那么，每个机构都需要诚实地回答本地值（Local Value）是否大于服务器的给定值，如果大于则标注（信号 1），否则为（信号 0）。

通过修改本地值，可以实现差分隐私，因为目标不在于"大于"这个结果，而在于本地值自身。

B.1.1 [0，1] 范围内的联合中位数

假设每个机构都分别秘密地生成了一个介于 0 ~ 1.0 的值，并且对该值无异议，且目标是确定联合中位数。我们通过联合确定有多少机构实际上对该特定值有意见来进行初始化。之后，通过二分法确定中位数（Press 和 Flannery，1992）。因此，采取以下行动：服务器通过公开广播与机构分享当前对中位数的最佳猜测值。各机构秘密确定他们自己的值（由差分隐私修改）是否大于或小于该最佳猜测值。

（1）0：没有意见或值小于最佳猜测值。

（2）1：值大于最佳猜测值。中位数具有以下特征：

值的数值 > 中位数 = 值的数值 < 中位数。

由于单调性，我们必然会收敛算法。因此，我们得到以下中位数的联合算法，将其缩写为 $\mathfrak{M}$：

```
def 𝔐( )：
lower：float = 0. 0
upper：float = 1. 0
number_companies = 𝒞( 'has rating' )
For coun tin range( MAX_ROUNDS )：
median：float = ( lower + upper )/2
median_too_low = 𝒞( 'has rating and rank( rating ) > median' , median )
If median_too_low > number_companies/2：
lower = median
else：
upper = median
return median
```

服务器和机构可能了解有关分布统计数据的一些信息，但不知道谁真正在想这个值大于中位数，反之则相反。机构自身很清楚自己的值是大于还是小于中位数。欺诈机构有可能通过 ±1 改变计数值。如果其余值呈非病态分布，则中位数的变化微不足道。为了实现这一目标，显然也可以使用任何其他稳健的聚合方法（Pillutla 等，2019）。

然而，如果恶意机构数量占多数，则这些机构既可以主动决定其他参与者的值，也可以操纵结果。但是将这个值归于某个机构仍然是秘密。还有其他算法可以联合确定中位数和其他稳健的估计量，如 Pillutla 等（2019）。之所以选择上述方法，是因为它对欺诈参与者而言简单且具有弹性。

B. 1. 2　排名统计

对于综合评估而言，由于机构可以自由定义自己的评级 v，因此适当的评级基本上不可能再现。但仍然可以明智地确定以下陈述的真实性：公司 A 优于公司 B。人们可以在数学上将其映射到等同的排名统计中。

也就是说，如果值 $v_{i_0} \leqslant v_{i_2} \leqslant \cdots \leqslant v_{i_n}$ 成立，则相应的排名定义为

$$r_{ik}n = \frac{k}{n}$$

请注意，这不是维护平等和秩序。如果两个值相等，它们的排名仍然可能不同。

B.1.3　确定参与公司

使用联合统计，我们可以为每家公司确定是否至少有三个机构对该公司有意见。这个阈值设置得越高，评估"试图操纵"就越安全，且似乎是绝对最小值。

"加密实体对齐"（Encrypted Entity Alignment）（Yang 等，2020）等技术很可能会产生类似的结果。

为了使上述简单算法具有不同的私密性，每个参与者都需要以相反的概率 p 传递，而不是自己的真实值（是/否）。显然，这需要重新调整阈值，使至少三个机构具有极高的概率。

但由于我们认为此信息只是比较重要而已，因此运用联合统计增加的安全性就已经足够。

如果有人认为至少有一个恶意玩家，我们强烈建议将阈值提高到五个或更高。

B.1.4　优化说明

为了确定从评级到本地排名的映射函数，我们将遇到以下问题：

（1）$\mu(\Omega)$：服务器给公司 Ω 的排名，

（2）$f_{x_0, \cdots, x_n}(\nu(\Omega))$：将公司 Ω 的评级 $\nu(\Omega)$ 映射到排名的函数，以及

（3）$x_0, \cdots, x_n \in \mathbb{R}$：决定函数形式的参数。

也就是说，存在一个误差向量：

$$e = \begin{pmatrix} f_{x_0, \cdots, x_n}(\nu(\Omega_1)) - \mu(\Omega_1) \\ f_{x_0, \cdots, x_n}(\nu(\Omega_N)) - \mu(\Omega_N) \end{pmatrix}$$

现在，我们要优化 $f_{x_0},\cdots,x_n$，使其最小化服务器的给定排名与服务器运行出的排名之间的距离，类似于函数 $d(\ )$，即

$$\min_{x_0,\cdots,x_n} d(e)$$

为此，我们需要建立一个 Jacobian J 导数矩阵，即对于每个 $v(\Omega)$ 和每个 x_i，需要以下导数：

$$\frac{\partial f_{x_0},\cdots,x_n(v(\Omega))}{\partial x_j}$$

在此基础上，我们可以通过"反转"来确定搜索的方向：$J^{-1}e$。

在大多数情况下，求逆是重要的，因为要么 J 未满秩（我们需要添加关于 f 的辅助已知信息），要么 J 是矩阵，即存在一个超定线性系统（Overdetermined Linear System）需要解决。此外，由于特征值分布不利，J 的逆矩阵可能不稳定。因此，在这些情况下，我们将使用正则化的穆尔—彭罗斯（Moore – Penrose）逆矩阵来确定更新的方向：

$$(J^T J + \varepsilon I)^{-1} J^T e$$

其中，I 是单位矩阵，ε 是正则化参数。这种正则化方法有多种名称，例如，Tikhonov 正则化、Tikhonov – Phillips 正则化或岭回归（Engl 和 Neubauer，2000）。由于我们处理的是极小值问题，ε 的选择不会对解决方案产生太大影响（Bauer 和 Lukas，2011）。因此，方程组的维数不是公司的数量，而是 x_i 的数量。可以说，解决问题几乎毫不费力。

我们不能天真地将更新应用于函数，因为当前还处于非线性最优化（Nonlinear Optimisation）领域。因此，当知道更新方向时，可以使用简单的线性搜索来确定更新本身，从而最大限度地减少误差（Press 和 Flannery，1992）。这只不过是用于非线性最优化的最速下降法和牛顿法的修订内容之一（Press 和 Flannery，1992）。

B.1.5　确定本地排名

为了简化，假设排名被投影到区间 [0,1]。关于本地排名确定，需要考虑两种不同的情况。每当一个机构完全没有意见时，它就会发送一个 *NaN*

（非数字）。

也就是说，对于每家公司，每家机构都发出以下信号，其中 $r(\Omega,\Xi)$ 是公司 Ω 的 Ξ 的内部评级（如果有）：

$$f(\Omega,\Xi) = \begin{cases} f_{\Xi}(r(\Omega,\Xi)) & \text{如果存在 } r(\Omega,\Xi) \\ NaN & \text{其他} \end{cases}$$

因此，我们需要详细说明确定 f_{Ξ}。为了稍后执行最优化步骤，需要确定 f_{Ξ} 的导数。

评级类别：目前，假设有 n 个评级类别。为了简单起见，假设它们是连续编号的：1 代表最差，n 代表最好。

当对评级类别分类时，可以向服务器发送每个类别的 $r_1,\cdots,r_n$ 排名信号，其中 r_i 是单调的，即 $0 < r_1 < r_2 < \cdots < r_n < 1.0$。

正向步骤（Forward Step）：选择值 $x_0,\cdots,x_n \in \mathbb{R}$ 并确定 r_i：

$$r_k = \frac{\sum_{i=0}^{k-1} |x_i|}{\sum_{i=0}^{n} |x_i|}$$

在不失一般性的情况下，总是可以将 x_i 归一化，使其与 r_i 相互吻合：

$$x_i := \frac{|x_i|}{\sum_{i=0}^{n} |x_i|}$$

因此，可以假设在大多数情况下 $\sum x_i = 1$，得：

$$r_k = \frac{\sum_{i=0}^{k-1} x_i}{\sum_{i=0}^{n} x_i} = \sum_{i=0}^{k-1} x_i$$

雅可比矩阵：使用除法求导法则，$k \leq j$ 时的导数为

$$\frac{\partial r_k}{\partial x_j} = \frac{\partial}{\partial x_j} \frac{\sum_{i=0}^{k-1} x_i}{\sum_{i=0}^{n} x_i} = \frac{-\sum_{i=0}^{k-1} x_i}{\left(\sum_{i=0}^{n} x_i\right)^2} = -r_k$$

对于 $k > j$，则有

$$\frac{\partial r_k}{\partial x_j} = \frac{\partial}{\partial x_j} \frac{\sum_{i=0}^{k-1} x_i}{\sum_{i=0}^{n} x_i} = \frac{\sum_{i=0}^{n} x_i - \sum_{i=0}^{k-1} x_i}{\left(\sum_{i=0}^{n} x_i\right)^2} = 1 - r_k$$

因此，我们已经精确表示了映射的雅可比矩阵。由于维度原因，它不存在满秩，所以需要添加等式 $\sum x_i = 1$。

备注：欺诈机构，文献中也称为"拜占庭"机构，可以发送任何其想要的作为正向步骤的结果。雅可比矩阵计算并不必要，因为恶意机构对改进自己的结果没有兴趣。

连续评级（Continuous Rating）：对于排名确定，可以使用线性样条插值法（Press 和 Flannery，1992），否则该方法类似于离散类别的方法。

正向步骤：在最小评级和最大评级之间，我们放置均匀分布的支撑点 $s_1, \cdots, s_n$。每个评级对应地归因于其相邻的支撑点，即如果：

$$s_k \leqslant \rho(\Omega, \Xi) \leqslant s_{k+1}$$

然后我们将 Ω 归因于数值 $\dfrac{s_{k+1} - \rho(\Omega, \Xi)}{s_{k+1} - s_k}$ 和 $\dfrac{\rho(\Omega, \Xi) - s_k}{s_{k+1} - s_k}$，并加 1，每个支撑点映射到一个排名 $0 < r_1 < r_2 < \cdots < r_n < 1.0$，即

$$r_k \frac{s_{k+1} - \rho(\Omega, \Xi)}{s_{k+1} - s_k} + r_{k+1} \frac{\rho(\Omega, \Xi) - s_k}{s_{k+1} - s_k}$$

由于 r_i 的单调性，可推断出系数也具有单调性。同样，我们选择数字 $x_0, \cdots, x_n \in \mathbb{R}$，使得：

$$r_k = \frac{\sum_{i=0}^{k-1} |x_i|}{\sum_{i=0}^{n} |x_i|}$$

在不失一般性的情况下，总是可以将 x_i 归一化，使其与 r_i 相互吻合：

$$x_i := \frac{|x_i|}{\sum_{i=0}^{n} |x_i|}$$

因此，可以假设在大多数情况下 $\sum x_i = 1$，得：

$$r_k = \frac{\sum_{i=0}^{k-1} x_i}{\sum_{i=0}^{n} x_i} = \sum_{i=0}^{k-1} x_i$$

标注 $\tau = \dfrac{\rho(\Omega, \Xi) - s_k}{s_{k+1} - s_k}$。那么，以下条件成立：

$$f[\rho(\Omega,\Xi)] = r_k(1-\tau) + r_{k+1}\tau = \frac{\sum_{i=0}^{k-1} x_i + \tau x_k}{\sum_{i=0}^{n} x_i} = \sum_{i=0}^{k-1} x_i + \tau x_k$$

雅可比矩阵：对于倒数，需要区分以下三种情况。

第一种情况下，考虑 $k \leq j$ 时的导数：

$$\frac{\partial f}{\partial x_j} = \frac{\partial}{\partial x_j} \frac{\sum_{i=0}^{k-1} x_i + \tau x_k}{\sum_{i=0}^{n} x_i} = \frac{-\sum_{i=0}^{k-1} x_i + \tau x_k}{\left(\sum_{i=0}^{n} x_i\right)^2} = -f$$

第二种情况下，对于 $k = j$，有：

$$\frac{\partial f}{\partial x_j} = \frac{\partial}{\partial x_j} \frac{\sum_{i=0}^{k-1} x_i + \tau x_k}{\sum_{i=0}^{n} x_i} = \frac{\tau \sum_{i=0}^{n} x_i - \left(\sum_{i=0}^{k-1} x_i + \tau x_k\right)}{\left(\sum_{i=0}^{n} x_i\right)^2} = \tau - f$$

第三种情况下，对于 $k > j$，则有：

$$\frac{\partial f}{\partial x_j} = \frac{\partial}{\partial x_j} \frac{\sum_{i=0}^{k-1} x_i + \tau x_k}{\sum_{i=0}^{n} x_i} = \frac{\sum_{i=0}^{n} x_i - \left(\sum_{i=0}^{k-1} x_i + \tau x_k\right)}{\left(\sum_{i=0}^{n} x_i\right)^2} = 1 - f$$

B.2 模拟练习

模拟练习的一般思想总结如下：

（1）存在一个全局数值 $\aleph(\Omega)$，该数值反映了公司 Ω 的真实可持续发展绩效。然而，这个数值"不易察觉"，因为任何参与者都不知道该数值。我们可以使用这些量通过模拟练习确定所用模型的可靠性。

（2）如同现实生活，可持续发展存在几个特定因素，并且给定公司很少（如果有的话）在该领域的每个单独子领域中表现得同样好（或同样差）。例如，在可持续发展总得分方面，排名相同的两家公司在特定领域可能仍存在差异：一家可能通过使用复杂的碳捕获和储存技术降低碳足迹，而另一家则通过最大限度地减少化石燃料能源消耗来实现相同的目标。为了捕捉进入整体可持续性评估的多个因素，同时保持函数形式简约，我们将自己限制在四个随机因素中，它们将准确地平均为真实的、公司特定的、整体可持续性绩效指标。同样，这四个因素是不易察觉的，即任何参与者都无法观察到。选择四个因素完全是随意的，且综合考虑了可持续因素的多样性与简洁性、易计算之间的平衡关系。

（3）在现实生活中，如果近似估计某些可持续发展相关影响因素的强弱，可以通过研究公司年报中的相关披露内容或通过非常专业的数据供应商或研究机构获得相关信息内容。模型运用随机误差（或"噪声"）来衡量公司特定的四个因素。

（4）不同的金融机构有着不同的专业领域，服务于不同的客户群。在我们的模型中，假设每个机构都可以完全自由地选择或不选择所要考虑的公司。然而，将此归因过程模拟为纯随机过程，可能会导致观察到的模拟机构情况比现实生活中实际观察到的情况同质性程度高得多。因此，我们包含了一个偏差项，在公司的可持续发展绩效与被特定机构考虑的可能性之间引入了某种程度的统计依赖性。

（5）在现实生活中，汇总与可持续性不同方面相关的指标可以形成可持续发展总分或评级等级会因机构不同而有所不同。在模型中，这种现象反映在假设中，即每个机构都可以完全自由地选择如何将给定公司获得的四个数字汇总为一个评级。我们将为各个测量值随机分配权重来模拟这一点。大多数机构还会根据汇总评级分数所在的特定区间，将公司分配给评级"组"，从而进一步压缩由此获得的信息。根据现实生活经验，我们假设评级量表上的组别数以及相关区间的设置方式在机构之间随机不同。

为了将随机性和不确定性来源进行融合，我们将使用大量独立的随机变量。准确选择基础参数（如均值、标准差等）居于次要地位，因此可随意规定，但主要目标是捕捉公司、机构和评级方法的异质性以近似描述现实世界。

以下是一个简短的词汇表：

表1　词汇表

$\mathcal{N}(m,\sigma)$	具有平均值 m 和方差 σ 的标准正态分布
$\mathcal{G}(u,o)$	存在界限 u 和 o 的均匀分布
希伯来字母 $\aleph,\beth,\gimel$	隐变量，每个人都不知道
希腊小写字母	特征及其测量
希腊大写字母	名称或任务
带有"."的数值	浮点数，如 $\mathcal{G}(0,1)\in\{0,1\}$，且 $\mathcal{G}(0.0,1.0)\in\{0.0,1.0\}$

227

公司可持续性：为了模拟现实场景并同时能够可靠地评估 ansatz，现有如下假设：

（1）每个公司 Ω 都分配了一个 $\mathcal{N}(0,1)$ 分布的随机变量 $\aleph(\Omega)$，且描述了实际的可持续性。所有参与者都是秘密的，仅用于评估模拟中的 ansatz 质量。

（2）每个公司 Ω 被赋予四个额外的 $\mathcal{N}(0,0.2)$ 分布随机变量 $_1(\Omega)$、$_2(\Omega)$、$_3(\Omega)$、$_4(\Omega)$。其中，我们使用以下公式计算实际可持续性的外部可见特征：

$$_i(\Omega) = \aleph(\Omega) +_i(\Omega) - \frac{\sum_{i=1}^{4} \beth_i(\Omega)}{4}$$

因此：

$$\frac{\sum_{i=1}^{4} \daleth_i(\Omega)}{4} = \aleph(\Omega)$$

机构 Ξ 可以测量一次这些特征，并检索这些特征的四个测量值 $\alpha_i(\Omega, \Xi)$。对于每个 i，以下等式成立：

$$\alpha_i(\Omega, \Xi) = \daleth_i(\Omega) + \mathcal{N}(0,0.1)$$

原则上，每个机构 Ξ 都可以自由决定如何将 $\alpha_i(\Omega, \Xi)$ 聚合为评级 $\rho(\Omega, \Xi)$。除了发布定期评级的可能性外，我们还考虑了随意评估或合作评估的可能性。这些内容将在随后介绍。

欺诈评级：现在介绍不同类型的欺诈。显然，这个集合并不详尽。

错误评级或随意评级：Ξ 完全可以自由选择 $\rho(\Omega, \Xi)$。为了简化起见，假设5%的公司被标记为"最爱"（评分为1），另外5%的公司被标记为"敌人"（评分为0），还有40%的公司被标记为"我不在乎更少"（评分为0.5）。剩余的50%将被标记为"未知"。

合作：为了简单起见，假设在这种情况下，该机构对第二个机构的答案进行一对一的复制，并将这些答案作为自己的答案进行提交。

重放攻击：机构记住联合评级计算的最新结果并将其作为自己的评级进行传递。

有效评级：诚实的机构需要在内部回答以下问题：

（1）我们要对哪家公司进行评级？

（2）我们如何聚合已知信息？

（3）我们如何呈现聚合信息？

为了表示参与机构的异质性，我们在模拟中再次使用随机元素。

发布评估：并非每个机构都会了解每家公司并就该公司发表意见。此外，机构通常比较专业化并只考虑公司的模糊子集。因此，我们按以下方式处理任务。

对于机构，随机抽取 $\mathcal{G}(1,4)$ 一个整数 $i(\Xi) \in \{1,2,3,4\}$。此外，我们绘制了一个 $\mathcal{N}(0,1)$ 分布随机数 $\beta(\Xi)$，这是一种代表特定机构专业化的"偏差"。我们用另一个 $\mathcal{N}(0,0.5)$ 分布随机变量 $\varphi(\Omega,\Xi)$ 为每家公司随机化。最后，随机抽取 $\mathcal{G}(0.1,0.9)$ 一个覆盖率 $\tau(\Xi)$。

当且仅当 $|\alpha_{i(\Xi)}(\Omega,\Xi) - \beta(\Xi)| + \varphi(\Omega,\Xi)$ 在 $\tau(\Xi)$ 最小值内时，才会发布评级，否则不会发布评级。

局部连续评估：Ξ 自由选择（在模拟中随机进行）含有四个参数 $\overline{\beta_i(\Xi)}$ 的独立分布 $\mathcal{G}(0.0,1.0)$，并将其归一化为权重：

$$\beta_i(\Xi) = \frac{\overline{\beta_i(\Xi)}}{\sum_{i=1}^{4} \overline{\beta_i(\Xi)}}$$

然后，将局部连续评估定义为可持续性 $\aleph(\Omega)$ 的可见特征的加权和：

$$\overline{\rho(\Omega,\Xi)} = \sum_{i=1}^{4} \beta_i(\Xi)\alpha_i(\Omega,\Xi)$$

连续评级：返回 $\rho(\Omega,\Xi) = \rho(\Omega,\Xi)$。

评级类别：如连续案例中所述，首先选择 $\beta_i(\Xi)$ 来生成局部连续评估 $\overline{\rho(\Omega,\Xi)}$。之后，从 $\mathcal{G}(6,21)$ 中随机确定潜在评级类别的数量 $m(\Xi)$。然后，从 $\mathcal{N}(0,1)$ 中随机绘制边界 $\iota_1(\Xi),r_2(\Xi),\cdots,r_{m(\Xi)-1}(\Xi)$ 并按升序排列。实际上，添加了边界 $r_0(\Xi) = -\infty$ 和 $r_{m(\Xi)-1}(\Xi) = \infty$。为了排除病理情况，删除所有空的评级级别。以下等式仍然成立：

$$\rho(\Omega,\Xi) = k \Longleftrightarrow \gamma_{k-1}(\Xi) < \overline{\rho(\Omega,\Xi)} \leq \gamma_k(\Xi)$$

对于每一个 k，至少存在一个归属公司。

构成：假设选择多少机构是欺诈的、连续的或离散的评级水平，完全取决于我们自身。然而，为了达到最低限度的稳定性，需要模拟一定最小数量的机构，将欺诈机构的数量保持在少数。

此外，无条件保密的规定对整体精度有负面影响，这又需要更多的参与机构来弥补。

B.3 结束语

在实际运行之前，重点需要了解一般概念在原则上是否有效。因此，我们运用 Python 建立了一个原型模式，按照描述执行模拟操作。作为一个算法测试，下一步需要在现实环境中测试稳定性，最好是使用不稳定的通信线路。

部分数值示例：为了进一步熟悉，下面只显示了实验中的部分数字，模拟部分显示的是方差：

- 真正的可持续性（阴影）：$[0.4706]$
- 可持续性指标（阴影）：$[0.4684, 0.6714, 0.4025, 0.3400]$
- 测量值，公司 1：$[0.4364, 0.5247, 0.3645, 0.1449]$
- 测量值，公司 2：无，因为公司被排除
- 测量值，公司 3：$[0.5215, 0.6411, 0.2979, 0.3096]$
- ……

其他参数：

- 公司：1000
- 恶意机构（操纵价值）：2
- 恶意机构（另一副本）：1
- 恶意机构（重放攻击）：1
- 诚实机构（评级类别）：10
- 诚实机构（连续评级）：7

也就是说，根据对重复机构（Copied Institution）的计数方式，存在 20%

左右的恶意机构，就可能扰乱整体排名确定进程。

我们希望这个数字在实际应用中被夸大了。考虑人为因素：如果有人知道欺骗很可能不会给自身带来任何正面影响，即可能会伤害自身，那么这个人就不会参与。

联邦计算（Federated Computation）：我们选择秘密分享作为联邦方法，并由同一线程中的三个不同任务执行。因此，可以将其视为概念验证（Proof of Concept），但距离触手可及还很遥远。在将概念验证变为现实的过程中，一方面由于进程的内在并行性可以大幅提升运行速度，另一方面由于客户端——服务器必要的流量限制也可能显著降低计算速度。

与所有其他联邦计算一样，安全费用开销会导致计算相当慢。如果未优化单线程，最新台式计算机总体运行时间约为三分钟，比在没有任何安全预防措施情况下的简单中位数慢 2 ~3 个数量级。

值得注意的是，该算法与所考虑的公司数量、参与机构数量均呈线性关系。总体而言，算法本身应用能力需要综合判断。

结果：我们大量使用随机数，因此以下结果只是指示性结果，且每次运行结果会略有差异，但是整体结果具有可比性。

如果对公司进行任意排名，则会出现 40.3% 的误差，即平均而言，实际排名与指定的任意排名之间的距离为该字段的 40%。即使没有任何校准，通过简单地对本地排名进行联邦聚合，也可以将误差降到 11.4%。经历四个步骤后，误差将进一步降到 4.0%，如果超过三分之二的机构满意该结果则停止迭代。在这种情况下，假定恶意客户假装总是满意当前的解决方案，而实际上大约 50% 的老客户认为该解决方案无法改进。

正如预期，如果只处理受干扰的数据，机构内部误差会略高，而服务器处理平均数，因此数据相当于未受干扰。然而，总体趋势是相似的，误差在四次迭代中从之前的 13.9% 下降到 5.1%。

如果人为地运行更多的迭代，总体结果不会改变太多。通常，误差稳定在给定值附近。

参考文献

Alt, F. (2021). Der Märchenwald. *Transparenz TV.* Premiered at February 9, 2021. Available at https://www.youtube.com/watch?v=_J34lXxrp_o.

Alòs, E., Eydeland, A., and Laurence, P. (2011). A Kirk's and a Bachelier's formula for three asset spread options, *Energy Risk* **9**, 52–57.

Andersson, M., Bolton, P., and Samama, F. (2016). Hedging climate risk, *Financial Analysts Journal* **72**, 3, 13–32.

Atkins, T. (2014). Deutsche Bank settles Kirch case in milestone deal, *Reuters.*

Bajic, A., Hellmich, M., and Kiesel, R. (2021). Handle with care: Challenges and opportunities of using company-level emissions data for assessing financial risks from climate change, *HEMF Working Paper.*

Baltagi, B. H. (2001). *Econometric Analysis of Panel Data* (New York: Wiley).

Bank of England (2019). The 2021 biennial exploratory scenario on the financial risks from climate change, *BoE Discussion Paper.*

Bannör, K., Kiesel, R., Nazarova, A., and Scherer, M. (2016). Parametric model risk and power plant valuation, *Energy Economics* **59**, C, 423–434.

Barkemeyer, R., Figge, F., Hoepner, A., Holt, D., Kraak, J. M., and Yu, P.-S. (2017). Media coverage of climate change: An international comparison, *Environment and Planning C: Politics and Space* **35**, 1029–1054. doi:https://doi.org/10.1177/0263774X16680818.

Barnett, M., Brock, W. A., and Hansen, L. P. (2019). Pricing Uncertainty Induced by Climate Change, *University of Chicago, Becker Friedman Institute for Economics Working Paper No. 2019-109.* doi:http://dx.doi.org/10.2139/ssrn.3440301.

Barrieu, M. and Fehr, P. (2010). Integrated EUA and CER pricing and application for spread option pricing, *Working Paper.*

Barth, F., Hübel, B., and Scholz, H. (2020). ESG and Corporate Credit

Spreads, *SSRN*.

Battiston, S., Mandel, A., and Monasterolo, I. (2017). A climate stress-test of the financial system. *Nature Climate Change* **7**, 283–288.

Bauer, F. and Lukas, M. (2011). Comparing parameter choice methods for regularization of ill-posed problems, *Mathematics and Computers in Simulation* **81**, 1795–1841.

Behncke, N., Bassen, A., and Lopatta, K. (2020). *Klimaberichterstattung bei boersennotierten Unternehmen*, PwC report.

Bernoville, T. (2020). *What are Scopes 1, 2 and 3 of Carbon Emissions? Plan A Academy*. https://plana.earth/academy/what-are-scope-1-2-3-emissions/.

Beschloss, A. and Mashayekhi, M. (2019). A greener future for finance — Green bonds offer lessons for sustainable finance, *IMF Finance and Development* **56**, 4.

Bielecki, T. and Rutkowski, M. (2002). *Credit Risk: Modelling, Valuation and Hedging* (New York: Springer).

Bingham, N. H. and Kiesel, R. (2004). *Risk-Neutral Valuation: Pricing and Hedging of Financial Derivatives*, 2nd ed. (London: Springer-Verlag).

Blasberg, A. and Kiesel, R. (2021). CDS spreads and E-scores, *HEMF Working Paper*.

Blasberg, A., Kiesel, R., and Taschini, L. (2021). Climate default swap — Disentangling the exposure to transition risk through cds, *HEMF Working Paper*.

Bodie, Z., Kane, A., and Marcus, A. J. (2020). *Investments*, 12th ed. (McGraw-Hill Education Ltd.).

Bolton, P., Despres, M., Pereira da Silva, L., Samama, F., and Svartzman, R. (2020). *The Green Swan: Central Banking and Financial Stability in the Age of Climate Change Risk* (Bank for International Settlement).

Bolton, P. and Kacperczyk (2020). Do investors care about carbon risk? *NBER Working Paper*.

Bolton, P. and Kacperczyk, M. T. (2021). Global pricing of carbon-transition risk. doi:http://dx.doi.org/10.2139/ssrn.3550233.

Boscovic, D. (2021). How non fungible tokens work and where they get their value — A cryptocurrency expert explains NFTs, *The Conversation*.

Bouchet, V. and Le Guenedal, T. (2020). Credit risk sensitivity to carbon price. doi:http://dx.doi.org/10.2139/ssrn.3574486.

Boykoff, M. T. (2013). Public Enemy No. 1?: Understanding Media Representations of Outlier Views on Climate Change, *American Behavioral Scientist (ABS)* **57**, 796–817, doi:https://doi.org/10.1177/0002764213476846.

Brainard, L. (2021). The role of financial institutions in tackling the challenges of climate change, Speech at 2021 IIF U.S. Climate Finance Summit.

Bundesministerium der Finanzen (2020). Pressemitteilung.

Burke, M., Hsiang, S. M., and Miguel, E. (2020). Global non-linear effect of temperature on economic production, *Nature* **527**, 235–239. doi:https://doi.org/10.1038/nature15725.

Busch, M., Johnson, T., and Pioch, T. (2018). Consistency of corporate carbon emission data, *University of Hamburg Report WWF Deutschland*.

Caesar, L., McCarthy, G. D., Thornalley, D. J. R., Cahill, N., and Rahmstorf, S. (2021). Current Atlantic Meridional Overturning Circulation weakest in last millennium, *Nature Geoscience* **14**, 118–120, doi:https://doi.org/10.1038/s41561-021-00699-z.

Cai, Y. and Lontzek, T. S. (2019). The social cost of carbon with economic and climate risks, *Journal of Political Economy* **127**. doi:https://doi.org/10.1086/701890.

Campiglio, E., Dafermos, Y., Monnin, P., Ryan-Collins, J., Schotten, G., and Tanaka, M. (2018). Climate change challenges for central banks and financial regulators, *Nature Climate Change* **8**, 462–468. doi:https://doi.org/10.1038/s41558-018-0175-0.

Capasso, G., Gianfrate, G., and Spinelli, M. (2020). Climate change and credit risk, *Journal of Cleaner Production* **266**, 121634.

Carbon Tracker (2013). Unburnable carbon 2013: Wasted capital and stranded assets, *Technical Report*.

Carbon Tracker (2015). The $2 trillion stranded assets danger zone: How fossil fuel firms risk destroying investor returns, *Carbon Tracker Initiative*.

Carhart, M. (1997). On persistence in mutual fund performance, *The Journal of Finance* **51**, 1, 57–82.

Carmona, R. and Durrleman, V. (2003). Pricing and hedging spread options in an log-normal model, *SIAM Review* **45**, 627–685.

Carmona, R., Fehr, M., and Hinz, J. (2009). Optimal stochastic control and carbon price formation, *SIAM Journal of Control and Optimization* **48**, 2168–2190.

Carmona, R. and Hinz, J. (2010). Risk-neutral models for emission allowance prices and option valuation.

Carney, M. (2021). *Value(s) – Building a Better World for All* (UK: HarperCollins Publishers).

CDP, CDSB, GRI, and SASB (2020). Reporting on Enterprise Value,

Technical Report.

Cheema-Fox, A., LaPerla, B. R., Serafeim, G., Turkington, D., and Wang, H. (2019). Decarbonization factors. doi:http://dx.doi.org/10.2139/ssrn.3448637.

Chesney, M., Gheyssens, J., and Taschini, L. (2013). *Environmental Finance and Investments.* (Berlin, Heidelberg: Springer-Verlag). doi:https://doi.org/10.1007/978-3-642-36623-9.

Climate Bonds Initiative (2019). Greening the financial system. *Policy Paper*, https://www.climatebonds.net/resources/reports/greening-financial-system-tilting-playing-field-role-central-banks.

Climate Bonds Initiative (2020). Green bond pricing in the primary market: H2 (Q3–Q4) 2020, *Technical Report.*

Collin-Dufresne, P., Goldstein, R. S., and Spencer, M. J. (2001). The Determinants of Credit Spread Changes, *The Journal of Finance* **56**, 6, 2177–2207.

Croissant, Y. and Millo, G. (2018). *Panel Data Econometrics with r* (Wiley & Sons Ltd.).

Cullenward, D. and Victor, D. G. (2020). *Making Climate Policy Work* (Polity).

Da, Z., Guo, R.-J., and Jagannathan, R. (2012). CAPM for estimating the cost of equity capital: Interpreting the empirical evidence, *Journal of Financial Economics* **103**, 1, 204–220. doi:https://doi.org/10.1016/j.jfineco.2011.08.011.

Dafermos, Y., Nikolaidi, M., and Galanis, G. (2018). Climate change, financial stability and monetary policy, *Ecological Economics* **152**, 219–234. doi:https://doi.org/10.1016/j.ecolecon.2018.05.011.

Daniel, K., Litterman, R. B., and Wagner, G. (2016). Applying asset pricing theory to calibrate the price of climate risk, *NBER Working Paper Series* 22795.

Davino, C., Furno, M., and Vistocco, D. (2014). *Quantile Regression: Theory and Applications* (UK: John Wiley & Sons, Ltd.).

De Angelis, T., Tankov, P., and Zerbib, O. D. (2020). Environmental impact investing. doi:http://dx.doi.org/10.2139/ssrn.3562534.

Deutsche Energie Agentur (2021). Corporate green PPAs: Oekonomische analyse, *Technical Report.*

Dietz, S. (2011). High impact, low probability? An empirical analysis of risk in the economics of climate change, *Climatic Change* **108**, 519–541. doi:https://doi.org/10.1007/s10584-010-9993-4.

Dietz, S., Bowen, A., Dixon, C., and Gradwell, P. (2016). Climate value at risk of global financial assets, *Nature Climate Change* **6**, 676–679.

Dietz, S., Gollier, C., and Kessler, L. (2018). The climate beta, *Journal of Environmental Economics and Management* **87**, 258–274.

Dixon, D., Halperin, I., and Bilokon, P. (2020). *Machine Learning in Finance* (Switzerland: Springer Nature).

Dwork, C. and Roth, A. (2014). The algorithmic foundations of differential privacy, *Foundations and Trends Theoretical Computer Science* **9**, 3–4, 211–407, https://www.cis.upenn.edu/~aaroth/Papers/privacybook.pdf.

Ehlers, T., Mojon, B., and Packer, F. (2020). Green bonds and carbon emissions: Exploring the case for a rating system at the firm level, *BIS Quarterly Review*, September 2020, https://www.bis.org/publ/qtrpdf/r_qt2009c.htm.

Ehlers, T. and Packer, F. (2017). Green bond finance and certification. *BIS Quarterly Review*, September 2017, https://papers.ssrn.com/sol3/papers.cfm?abstract_id=3042378.

Embrechts, P., Klüppelberg, C., and Mikosch, T. (1997). *Modeling Extremal Events for Insurance and Finance*, 1st ed. (Berlin; Heidelberg, Germany: Springer-Verlag).

Endres, A. (2011). *Environmental Economics.* (Cambridge: Cambridge University Press). doi:https://doi.org/10.1017/CBO9780511976650.

Engl, H., Hanke, M. and Neubauer, A. (2000). *Regularization of Inverse Problems* (Dordrecht: Kluwer Academic Publishers).

Engle, R. F., Giglio, S., Kelly, B., Lee, H., and Stroebel, J. (2020). Hedging climate change news, *The Review of Financial Studies* **33**, 1184–1216. doi:https://doi.org/10.1093/rfs/hhz072.

Ericsson, J., Jacobs, K., and Oviedo, R. (2009). The determinants of credit default swap premia, *The Journal of Financial and Quantitative Analysis* **44**, 1, 109–132.

European Commission (2020). Overview of sustainable finance, European commission — Questions and answers.

Faccini, R. and Matin, R. (2021a). Are Climate Change Risks Priced in the U.S. Stock Market? *Danmarks Nationalbank. Analysis No. 3.*

Faccini, R. and Matin, R. (2021b). Are Climate Change Risks Priced in the U.S. Stock Market? *Danmarks Nationalbank. Working Paper No. 169.*

Fama, E. and French, K. (2015). A five-factor asset pricing model, *Journal of Finance Economics* **116**, 1, 1–22.

Fama, E. F. and French, K. R. (1993). Common risk factors in the returns on stocks and bonds, *Journal of Financial Economics* **33**, 1, 3–56. doi:https://doi.org/10.1016/0304-405X(93)90023-5.

Fankhauser, S., Hepburn, C., and Park, J. (2011). Combining multiple climate policy instruments: How not to do it, Centre for Climate Change Economics and Policy, *Working Paper No. 48*; Grantham Research Institute on Climate Change and the Environment, *Working Paper No. 38.*

Fasen, V., Klüppelberg, C., and Menzel, A. (2014). Quantifying extreme risks, in C. Küppelberg, D. Straub, and I. M. Welpe (eds.), *Risk – A Multidisciplinary Introduction* (Switzerland: Springer International Publishing), pp. 151–181.

Fichtner, M. (2018). Carbon risk and cost of equity capital for Germany and Austria. Master thesis. LEF, University of Duisburg-Essen, available on request.

Financial Times (2020). Norway's new oil fund chief seeks more ESG-driven investments, *Financial Times.*

Financial Times (2021). Time to clean up climate reporting standards, *Financial Times.*

Fink, L. (2021). Larry Fink's 2021 letter to CEOs, https://www.blackrock.com.

Fischer, A.-K. (2020). *The Risks of Terrorism, Demographic Change and Climate Change: Analyzing the Dynamics of Public Risk Perception and the Influence of Media Coverage in the USA and Germany from 1990 to 2015*, Ph.D. thesis, University of Duisburg-Essen.

Flammer, C. (2020). Corporate green bonds, *Journal of Financial Economics (JFE), Forthcoming.*

Frankhauser, S. and Hepburn, C. (2009). Carbon markets in space and time, Centre for Climate Change Economics and Policy, *Working Paper No. 4*; Grantham Research Institute on Climate Change and the Environment, *Working Paper No. 3.*

Galil, K., Shapir, O. M., Amiram, D., and Ben-Zion, U. (2014). The determinants of cds spreads, *Journal of Banking & Finance* **41**, 271–282. http://www.sciencedirect.com/science/article/pii/S03784266 13004676.

Gates, B. (2021). *How to Avoid a Climate Disaster: The Solutions We Have and the Breakthroughs We Need* (UK: Allen Lane, Penguin Random House).

Goergen, M., Jacob, A., Nerlinger, M., Riordan, R., Rohleder, M., and Wilkens, M. (2020). Carbon risk, *SSRN.*

Gollier, C. (2012). *Pricing the Planet's Future: The Economics of Discounting in an Uncertain World* (USA, UK: Princeton University Press).

Gollier, C. (2020). The cost-efficiency carbon pricing puzzle, TSE Working Paper. 18-952.

Greene, W. H. (2018). *Econometric Analysis*, 8th ed. (New York: Pearson).

Ghussain, A. Al. (2021). The biggest problem with carbon offsetting is that it doesn't really work, *Greenpeace UK*.

Griffin, P. A., Jaffe, A. M., Lont, D. H., and Dominguez-Faus, R. (2015). Science and the stock market: Investors' recognition of unburnable carbon, *Energy Economics* **52**, 1–12.

Gruell, G. and Kiesel, R. (2012). Quantifying the CO_2 permit price sensitivity. *Z Energiewirtschaft* **36**, 101–111.

Gu, S., Kelly, B., and Xiu, D. (2020). Empirical asset pricing via machine learning, *The Review of Financial Studies* **33**, 2223–2273. doi:https://doi.org/10.1093/rfs/hhaa009.

Ha-Duong, M. and Treich, N. (2004). Risk aversion, intergenerational equity and climate change, *Environmental and Resource Economics* **28**, 2, 195–207.

Hambel, C., Kraft, H., and Schwartz, E. (2020). Optimal carbon abatement in a stochastic equilibrium model with climate change, *European Economic Review* **132**, Article 103642.

Haya, B. and Orenstein, K. (2008). Trading in fake carbon credits: Problems with the Clean Development Mechanism. Available at: https://foe.org/blog/2008-10-trading-in-fake-carbon-credits-problems-with-the-cle. Retrieved on April 13, 2021.

Helm, D. (2020). *Net Zero: How We Stop Causing Climate Change* (Harper-Collins Publishers Limited).

Hepburn, C. (2009). Carbon taxes, emission trading, and hybrid schemes, in D. Helm and C. Hepburn (eds.), *The Economics and Politics of Climate Change* (Oxford, UK: Oxford University Press), pp. 365–384.

Hook, L. (2020). 2020 ties for hottest year on record, *Financial Times*.

Hull, J. C. (2018). *Risk Management for Financial Institutions*, 5th ed. (John Wiley & Sons, Inc., Wiley Finance).

Huynh, T. D. and Xia, Y. (2020). Climate change news risk and corporate bond returns, *Journal of Financial and Quantitative Analysis* First View, 1–25.

Hwang, I. C., Tol, R. S. J., and Hofkes, M. W. (2016). Fat-tailed risk about climate change and climate policy, *Energy Policy* **89**, 25–35. doi:https://doi.org/10.1016/j.enpol.2015.11.012.

Hyun, S., Park, D., and Tian, S. (2019). Differences between green bonds versus conventional bonds, in J. D. Sachs, W. Woo, N. Yoshino, and F. Taghizadeh-Hesary (eds.), *Handbook of Green Finance* (Singapore: Springer).

Ilhan, E., Sautner, Z., and Vilkov, G. (2020). Carbon Tail Risk, *The Review of Financial Studies.*

In, S. Y., Park, K. Y., Monk, A., *et al.* (2019). Is 'being green' rewarded in the market? An empirical investigation of decarbonization and stock returns. *Stanford Global Project Center Working Paper.*

InfluenceMap (2021). Asset managers and climate change 2021, *Influencemap report.*

International Capital Market Association (2018). Green Bond Principles. Voluntary Process Guidelines for Issuing Green Bonds.

IPBES (2020). Summary for policymakers of the global assessment report on biodiversity and ecosystem services of the intergovernmental science-policy platform on biodiversity and ecosystem services, *Technical Report,* https://www.economist.com/finance-and-economics/2021/02/27/can-chinas-new-carbon-market-take-off.

IPCC (2014). Climate change 2014, *Synthesis report.*, https://www.ipcc.ch/site/assets/uploads/2018/05/SYR_AR5_FINAL_full_wcover.pdf.

IPCC (2019). Global warming of 1.5°c, An IPCC special report on the impacts of global warming of 1.5°c above pre-industrial levels and related global greenhouse gas emission pathways, in the context of strengthening the global response to the threat of climate change, sustainable development, and efforts to eradicate poverty. https://www.ipcc.ch/sr15/.

IPCC (2007). *Fourth Assessment Report: Climate Change 2007.* (Cambridge: Cambridge University Press).

James, G., Witten, D., Hastie, T., and Tibshirani, R. (2017). *An Introduction to Statistical Learning* (New York: Springer).

Jarrow, R. A. (2010). The Economics of Credit Default Swaps (CDS), *SSRN.*

Jung, J., Herbohn, K., and Clarkson, P. (2018). Carbon risk, carbon risk awareness and the cost of debt financing, *Journal of Business Ethics* **150**, 1151–1171. doi:https://doi.org/10.1007/s10551-016-3207-6.

Kapraun, J. and Scheins, C. (2019). (In)-Credibly Green: Which Bonds Trade at a Green Bond Premium? https://papers.ssrn.com/sol3/papers.cfm?abstract_id=3347337, *Proceedings of Paris December 2019 Finance Meeting EUROFIDAI — ESSEC.*

Kiescl, R., Rühlicke, R, Stahl, G., and Zheng, J. (2016). The Wasserstein metric and robustness in risk management, *Risks* **4**, 3. https://www.mdpi.com/2227-9091/4/3/32.

Killick, R., Fearnhead, P., and Eckely, I. (2012). Optimal detection of changepoints with a linear computational cost, *Journal of the American Statistical Association.* **107**, 1590–1598.

Kim, Y.-B., An, H. T., and Kim, J. D. (2015). The effect of carbon risk on the cost of equity capital, *Journal of Cleaner Production* **93**, Supplement C, 279–287.

Kleimeier, S. and Viehs, M. (2018). Carbon disclosure, emission levels, and the cost of debt, *SSRN*.

Klibanoff, P., Marinacci, M., and Mukerji, S. (2005). A smooth model of decision making under ambiguity, *Econometrica* **73**, 6, 1849–1892.

Klibanoff, P., Marinacci, M., and Mukerji, S. (2009). Recursive smooth ambiguity preferences, *Journal of Economic Theory* **144**, 3, 930–976.

Klusak, P., Agarwala, M., M.and Burke, Kraemer, M., and Mohaddes, K. (2021). Rising Temperatures, Falling Ratings: The Effect of Climate Change on Sovereign Creditworthiness, *Bennett Institute working paper*.

Knuth, H. and Fischer, T. (2020). Plant for the Planet: Der Märchenwald, *Die Zeit*.

Koch, N., Grosjean, G., Fuss, S., and Edenhofer, O. (2016). Politics matters: Regulatory events as catalysts for price formation under cap-and-trade, *Journal of Environmental Economics and Management* **78**, 121–139. doi:https://doi.org/10.1016/j.jeem.2016.03.004, http://www.sciencedirect.com/science/article/pii/S0095069616300031.

Kollenberg, S. and Taschini, L. (2019). Dynamic supply adjustment and banking under uncertainty in an emission trading scheme: The market stability reserve, *European Economic Review,* **118**, 213–226. doi:https://doi.org/10.1016/j.euroecorev.2019.05.013.

Koutmos, D. (2019). Asset Pricing Factors and Bank CDS Spreads, *Journal of International Financial Markets, Institutions and Money* **58**, 19–41.

Kunreuther, H., Gupta, S., Bosetti, V., Cooke, R., Dutt, V., Ha-Duong, M., Held, H., Llanes-Regueiro, J., Patt, A., Shittu, E., *et al.* (2014). *Integrated Risk and Uncertainty Assessment of Climate Change Response Policies* (Cambridge: Cambridge University Press).

Kunreuther, H., Heal, G., Allen, M., Edenhofer, O., Field, C. B., and Yohe, G. (2012). Risk management and climate change. *Nature Climate Change.* **3**, 447–450. doi:https://doi.org/10.1038/nclimate1740.

Lemoine, D. (2020). The climate risk premium: How uncertainty affects the social cost of carbon. *University of Arizona Department of Economics Working Paper 15-01.* doi:http://dx.doi.org/10.2139/ssrn.2560031.

Lewellen, J. (2015). The Cross-section of expected stock returns. *Critical Finance Review* **4**, 1–44.

Maltais, A. and Nykvist, B. (2020). Understanding the role of green bonds in advancing sustainability, *Journal of Sustainable Finance & Investment*. doi:https://doi.org/10.1080/20430795.2020.1724864.

Mann, M. E. (2021). *The New Climate War: The Fight to Take Back Our Planet* (New York: PublicAffairs).

Margrabe, W. (1978). The value of an option to exchange one asset for another, *The Journal of Finance* **33**, 1, 177–186.

Matikainen, S., Campiglio, E., and Zenghelis, D. (2017). The climate impact of quantitative easing, *Policy Paper*.

McGlade, C. and Ekins, P. (2015). The geographical distribution of fossil fuels unused when limiting global warming to 2 degree Celsius, *Nature* **517**, 187–190.

Meinshausen, M., Meinshausen, N., Hare, W., Raper, S., and Frieler, K. (2009). Greenhouse-gas emission targets for limiting global warming to 2 degree Celcius, *Nature* 458, 1158–1163.

Merton, R. C. (1974). On the pricing of corporate debt: The risk structure of interest rates, *The Journal of Finance* **29**, 2. http://dx.doi.org/10.1111/j.1540-6261.1974.tb03058.x.

Meyer, G. (2021). Arctic blast triggers power squeeze in energy-rich texas, *Financial Times*.

Millner, A. (2013). On welfare frameworks and catastrophic climate risks, *Journal of Environmental Economics and Management* **65**, 2, 310–325.

Millner, A., Dietz, S., and Heal, G. (2013). Scientific ambiguity and climate policy, *Environmental and Resource Economics* **55**, 21–46.

Munk, C. (2013). *Financial Asset pricing Theory* (Oxford, UK: Oxford University Press).

Network for Greening the Financial System (2019). Annual report 2019.

New York Times (2012). Behind the Libor scandal, *New York Times*.

Nield, K. and Pereira, R. (2011). Fraud on the European Union emissions trading scheme: Effects, vulnerabilities and regulatory reform, *European Energy and Environmental Law Review* **20**, 255–289.

Nordhaus, W. (2008). *A Question of Balance: Economic Modeling of Global Warming* (New Haven: Yale University Press).

Nordhaus, W. D. (2007). A review of the Stern review on the economics of climate change, *Journal of Economic Literature* **45**, 3, 686–702.

Nordhaus, W. D. (2017). Revisiting the social cost of carbon, *Proceedings of the National Academy of Sciences (PNAS)* **114**, 1518–1523.

Oestreich, M. and Tsiakas, I. (2015). Carbon emissions and stock returns: Evidence from the EU Emissions Trading Scheme. *Journal of Banking Finance* **58**, 294–308.

Oliver, J. (2021). Italy raises 8.5 bn EUR in Europe's biggest-ever green bond debut, *Financial Times*.

Painter, M. (2020). An inconvenient cost: The effect of climate change on municipal bonds, *Journal of Financial Economics* **135**, 468–482.

Park, D. J. (2018). United States news media and climate change in the era of US President Trump, *Integrated Environmental Assessment and Management (IEAM)* **14**, 161–309. First published: 29 November 2017.

Pastor, L., Stambaugh, R. F., and Taylor, L. A. (2020). Sustainable investing in equilibrium, *Journal of Financial Economics, Forthcoming*.

Perino, G., Pahle, M., Pause, F., Quemin, S., Scheuing, H., and Willner, M. (2021). EU ETS stability mechanism needs new design. Policy Brief. *University of Hamburg. Center for Earth System Research and Sustainability (CEN).* https://www.cen.uni-hamburg.de/en/research/policy-briefs/eu-ets-perino-page.html.

Pesaran, M. H. (2007). A simple panel unit root test in the presence of cross-section dependence, *Journal of Applied Econometrics* **22**, 2, 265–312.

Philipp, K., Sautner, Z., and Starks, L. T. (2019). The Importance of Climate Risks for Institutional Investors, *Swiss Finance Institute Research Paper Series No. 18-58. European Corporate Governance Institute (ECGI) — Finance Working Paper No. 610/2019.* http://dx.doi.org/10.2139/ssrn.3235190.

Pillutla, K., Kakade, S., and Harchaoui, Z. (2019). Robust aggregation for federated learning. *arXiv.* https://arxiv.org/pdf/1912.13445.pdf.

Pindyck, R. (2012). Uncertain outcomes and climate change policy, *Journal of Environmental Economics and Management* **63**, 289–303.

Pires, P., Pereira, J. A. P., and Martins, L. F. (2015). The empirical determinants of credit default swap spreads: A quantile regression approach, *European Financial Management* **21**, 3, 556–589.

Press, W., Teukolsky, S., Vetterling, W., and Flannery, B. (1992). *Numerical Recipes in c* (Cambridge, New York, Melbourne: Cambridge University Press).

Quiggin, J. (2017). The importance of 'extremely unlikely' events: Tail risk and the cost of climate change, *Australian Journal of Agricultural and Resource Economics* **62**, 4–20.

Rachev, S. T. (1991). *Probability metrics and the stability of Stochastic models* (New York: John Wiley & Sons Ltd.).

RealClimate (2015). What's going on in the north Atlantic? http://www.realclimate.org/index.php/archives/2015/03/whats-going-on-in-the-north-atlantic/.

Riahi, K., van Vuuren, D. P., Kriegler, E. *et al.* (2017). The shared socioeconomic pathways and their energy, land use, and greenhouse gas emissions implications: An overview, *Global Environmental Change* **42**, 153–168.

Santis, R. A. D., Geis, A., Juskaite, A., and Cruz, L. V. (2018). The impact of the corporate sector purchase programme on corporate bond markets and the financing of euro area non-financial corporations, *ECB Economic Bulletin* **3**. https://www.ecb.europa.eu/pub/pdf/other/ecb.ebart201803_02.en.pdf.

Schoenmaker, D. (2019). Greening monetary policy. *Bruegel Working Paper* **2**. https://www.bruegel.org/2019/02/greening-monetary-policy/.

Schulten, A., Bertolotti, A., Hayes, P., and Madaan, A. (2019). Getting physical: Scenario analysis for assessing climate-related risks. *BlackRock Investment Institute. Global Insights.* https://www.blackrock.com/ch/individual/en/insights/physical-climate-risks.

Seifert, J., Uhrig-Homburg, M., and Wagner, M. (2008). Dynamic behavior of CO_2 spot prices, *Journal of Environmental Economics and Management* **56**, 180–194.

Seltzer, L., Starks, L., and Zhu, Q. (2020). Climate regulatory risks and bond returns, *SSRN*.

Semieniuk, G., Campiglio, E., Mercure, J., Volz, U., and Edwards, N. R. (2020). Low-carbon transition risks for finance, *WIREs Climate Change.* doi:https://doi.org/10.1002/wcc.678.

Smith, L. A. and Stern, N. (2011). Uncertainty in science and its role in climate policy, *Philosophical Transactions of the Royal Society of London A: Mathematical, Physical and Engineering Sciences* **369**, 1956, 4818–4841.

Spedding, P., Mehta, K., and Robins, N. (2013). Oil & carbon revisited: Value at risk from unburnable reserves, HSBC Bank plc. https://www.longfinance.net/media/documents/hsbc_oilcarbon_2013.pdf.

Steffen, W., Rockström, J., Richardson, K. *et al.* (2018). Trajectories of the Earth System in the Anthropocene, *Proceedings of the National Academy of Sciences (PNAS)* **115**, 8252–8259. https://doi.org/10.1073/pnas.1810141115.

Stern, N. (2007a). *The Economics of Climate Change: The Stern Review.* (Cambridge: Cambridge University Press). doi:http://dx.doi.org/10.1017/CBO9780511817434.

Stern, N. (2010). The economics of climate change, in S. M. Gardiner, S. Caney, D. Jamieson, and H. Shue (eds.), *Climate Ethics* (New York: Oxford University Press), pp. 39–76.

Stern, N. H. (2007b). *The Economics of Climate Change: The Stern Review* (Cambridge University press).

Taleb, N. (2008). *The Black Swan: The Impact of the Highly Improbable* (Penguin Books).

Tantet, A. and Tankov, P. (2019). Climate data for physical risk assessment in finance. doi:http://dx.doi.org/10.2139/ssrn.3480156.

Taskforce on Scaling Voluntary Carbon Markets (2021). Final report. https://www.iif.com/tsvcm.

TCFD (2020a). Task Force on Climate-related Financial Disclosures. Guidance on risk management integration and disclosure.

TCFD (2020b). Task Force on Climate-related Financial Disclosures. 2020 status report.

TCFD (2020c). Task Force on Climate-related Financial Disclosures. Forward-looking financial sector metrics. Consultation.

Technical Expert Group on Sustainable Finance (2020). Taxonomy: Final report of the Technical Expert Group on Sustainable Finance. *Teg Technical Report*, https://knowledge4policy.ec.europa.eu/publication/sustainable-finance-teg-final-report-eu-taxonomy_en.

The Economist (2021a). Telling all, *The Economist*.

The Economist (2021b). Cleaning up: Can China's new carbon market take off? *Technical Report*, https://www.economist.com/finance-and-economics/2021/02/27/can-chinas-new-carbon-market-take-off.

The Institutional Investors Group on Climate Change (IIGCC) (2020). Paris aligned investment initiative: Net zero investment framework for consultation. https://www.iigcc.org/resource/net-zero-investment-framework-for-consultation/.

The World Bank (2020). Blockchain and emerging digital technologies for enhancing post-2020 climate markets, *Technical Report*.

Tian, Y., Akimov, A., Roca, E., and Wong, V. (2016). Does the carbon market help or hurt the stock price of electricity companies? Further evidence from the European context, *Journal of Cleaner Production* **112**, 1619–1626.

Tol, R. S. J. (2019). *Climate Economics: Economic Analysis of Climate, Climate Change and Climate Policy*, 2nd ed. (UK, USA: Edward Elgar Publishing).

Traeger, C. P. (2014). Why uncertainty matters: Discounting under intertemporal risk aversion and ambiguity, *Economic Theory* **56**, 3, 627–664.

Trinks, A. *et al.* (2020). Carbon intensity and the cost of equity capital. *SSRN*. https://papers.ssrn.com/sol3/papers.cfm?abstract_id=3035864.

United in Science (2020). Global climate, *Technical Report*.

Van Vuuren, D. P. *et al.* (2011). The representative concentration pathways: An overview, *Climatic Change* **109**, 1–2, 5.

Vermeulen, R. (2019). The heat is on: A framework measuring financial stress under disruptive energy transition scenarios, *DNB Working Paper, No. 625*.

Volz, U., Beirneand, J., Preudhommeand, N. A., Fentonand, A., Mazzacurati, E., Renzhi, N., and Stampe, J. (2020). Climate Change and Sovereign Risk. *Technical Report.*

von Avenarius, A. (2019). Carbon finance — Evidence of successful carbon credit projects and carbon risk in credit risk, *Technical Report*, University of Duisburg-Essen.

Weitzman, M. (1974). Prices vs. Quantities, *The Review of Economic Studies* **41**, 4, 477–491.

Weitzman, M. (2009). On modeling and interpreting the economics of catastrophic climate change, *Review of Economics and Statistics* **91**, 1–19.

Weitzman, M. (2011). Fat-tailed uncertainty in the economics of catastrophic climate change, *Review of Environmental Economics and Policy* **5**, 2, 275–292. doi:https://doi.org/10.1093/reep/rer006.

Weitzman, M. (2014). Fat tails and the social cost of carbon, *American Economic Review* **104**, 544–546.

Wen, Y. and Kiesel, R. (2016). Pricing options on EU ETS certificates with a time-varying market price of risk model, in F. E. Benth and G. Di Nunno (eds.), *Stochastics of Environmental and Financial Economics* (Switzerland: Springer International Publishing), pp. 341–360.

Wesslen, R. (2018). Computer-assisted text analysis for social science: Topic models and beyond, *CoRR*, arXiv:1803.11045.

Wooldridge, J. M. (2010). *Econometric Analysis of Cross Section and Panel Data* (MIT Press Books, The MIT Press).

World Resources Institute and World Business Council for Sustainable Development (2004). *The Greenhouse Gas Protocol.*, Washington, D.C.

World Economic Forum (2021). The global risks report 2021, *Technical Report.*

Yang, Q., Liu, Y., Cheng, Y., Kang, Y., Chen, T., and Yu, H. (2020). *Federated Learning*, (USA: Morgan & Claypool Publishers).

Ying, W., Xin, Z., Haiyan, L., Minsi, Z., and We, T. (2018). Risk identification and management of carbon finance. *Environmental Defense Fund & National Center for Climate Change Strategy and International Cooperation.*

Yu, K., Lu, Z., and Stander, J. (2003). Quantile regression: Applications and current research areas, *Journal of the Royal Statistical Society:*

Series D **52**, 3, 331–350.

Zerbib, O. D. (2018). Is There a Green Bond Premium? The yield differential between green and conventional bonds. https://papers.ssrn.com/sol3/papers.cfm?abstract_id=2889690. In *Journal of Banking and Finance* **98**, 39–60, 2019, as 'The effect of pro-environmental preferences on bond prices: Evidence from green bonds.'